Sozialpolitik in einer Föderation

Europäische Hochschulschriften
Publications Universitaires Européennes
European University Studies

Reihe V
Volks- und Betriebswirtschaft

Série V Series V
Sciences économiques, gestion d'entreprise
Economics and Management

Bd./Vol. 2594

PETER LANG
Frankfurt am Main · Berlin · Bern · Bruxelles · New York · Oxford · Wien

Jörg Hülshorst

Sozialpolitik in einer Föderation

Eine theoretische Analyse bei Mobilität

PETER LANG
Europäischer Verlag der Wissenschaften

Die Deutsche Bibliothek - CIP-Einheitsaufnahme

Hülshorst, Jörg:

Sozialpolitik in einer Föderation : eine theoretische Analyse bei Mobilität / Jörg Hülshorst. - Frankfurt am Main ; Berlin ; Bern ; Bruxelles ; New York ; Oxford ; Wien : Lang, 2000
(Europäische Hochschulschriften : Reihe 5, Volks- und Betriebswirtschaft ; Bd. 2594)
Zugl.: Dresden, Techn. Univ., Diss., 1999
ISBN 3-631-36251-X

88
ISSN 0531-7339
ISBN 3-631-36251-X

Die vorliegende Dissertation entstand während meiner Tätigkeit als wissenschaftlicher Mitarbeiter am Lehrstuhl für Finanzwissenschaft und Öffentliche Steuerlehre an der Technischen Universität Dresden. Finanzielle Unterstützung im Rahmen eines Graduiertenstipendiums verdanke ich dem Freistaat Sachsen.

Ich danke Prof. Dietmar Wellisch für die Betreuung meiner Arbeit und den Gutachtern Prof. Marco Lehmann-Waffenschmidt sowie Prof. Uwe Walz für ihr Interesse und ihre Bereitschaft, als Zweitgutachter zur Verfügung zu stehen.

Besonders wertvolle Unterstützung, sowohl fachlich als auch menschlich, erhielt ich vom Lehrstuhl-Team, Elke Baumann, Ulrich Hange, Jörg Kroschel, Babette Krauße und Jeannette Löbl.

Unschätzbar war für mich der Rückhalt durch meine Familie, insbesondere durch meine Frau Annette, die meine vielen Reisen zwischen Essen und Dresden mit großer Geduld ertrug.

Inhaltsverzeichnis

1 Einleitung

Die politischen Ereignisse des zurückliegenden Jahrzehnts haben die internationalen Wirtschaftsbeziehungen nachhaltig beeinflußt. Damit sind auch die Möglichkeiten und Grenzen der ökonomischen Integration ins Blickfeld des gesellschaftlichen Interesses gerückt.

Mit Auflösung der Sowjet-Union kam es Anfang der 90er Jahre zu einer Neuordnung nationaler Grenzen und Kompetenzen. Beispiele hierfür sind die Abspaltung der baltischen Staaten und die Teilung der ehemaligen Tschechoslowakei. Aber auch in westlichen Industrieländern wie Spanien, Frankreich, Italien oder Kanada spielen regionale Autonomiewünsche eine Rolle.

Dem verbreiteten Streben nach politischer Unabhängigkeit steht ein Trend zur wirtschaftlichen Kooperation gegenüber. So ist z.B. im Rahmen der *Uruguay-Runde* des GATT 1993 eine Welthandelsorganisation (WTO) gegründet worden, deren Aufgaben in der Belebung des internationalen Handels und der Schlichtung von Handelskonflikten bestehen. Noch weitergehende Vereinbarungen haben die USA, Kanada und Mexiko in ihrem „North American Free Trade Agreement" (NAFTA) getroffen. Im pazifischen Raum sorgt die „Asia Pacific Economic Cooperation" (APEC) für eine Liberalisierung und Koordinierung der handelspolitischen Maßnahmen ihrer 21 Mitgliedstaaten.

Die Integrationsziele in Europa gehen weit über eine reine Liberalisierung der Gütermärkte hinaus. Bereits die *Römischen Verträge* aus dem Jahr 1957 sahen auch eine Öffnung der Arbeitsmärkte vor. In den 80er Jahren kamen der freie Kapital- und Dienstleistungsverkehr hinzu. Mit Inkrafttreten der *Einheitlichen Europäischen Akte* (EEA) haben sich die damals 12 Mitgliedstaaten im Jahr 1987 verbindlich auf die Schaffung einer „Europäischen Union" (EU) geeinigt. Die hiermit verbundenen Kompetenzverlagerungen auf die europäische Ebene und die vereinfachten Beschlußverfahren im Europäischen Rat bildeten eine wichtige Voraussetzung für die Vollendung des Binnenmarktes zum 01.01.1993. Auf Grundlage der

Vereinbarungen des *Maastrichter Vertrages* von 1991 traten sogar 11 der mittlerweile 15 EU-Mitgliedsländer zum 01.01.1999 einer Währungsunion bei und schränkten damit freiwillig ihren wirtschaftspolitischen Handlungsspielraum ein.
Derzeit erstrecken sich die wesentlichen Koordinierungsbereiche der EU auf eine gemeinsame Handels-, Agrar-, Verkehrs- sowie Außen- und Sicherheitspolitik. In den übrigen Politikfeldern besteht eine noch weitergehende Autonomie der Mitgliedstaaten. So reduzieren sich die sozialpolitischen Aufgaben der Gemeinschaft auf die Förderung einer engen zwischenstaatlichen Zusammenarbeit. Eine umfangreiche Rechtsgrundlage für eine gemeinsame Sozialpolitik existiert aber nicht. Auch in der Steuerpolitik sind die Mitgliedstaaten weitgehend ungebunden. Die begrenzte Normgebungshoheit der Gemeinschaft dient lediglich dem Zweck der Rechtsangleichung.

Der europäische Integrationsprozeß ist aber noch nicht abgeschlossen. Vielfach wird die Wirtschafts- und Währungsunion als wichtiger Entwicklungsschritt von einem Staatenbund hin zu einem Bundesstaat angesehen. Kennzeichen eines Bundesstaates bzw. einer Föderation ist die Aufteilung der politischen Entscheidungsgewalt zwischen einer übergeordneten Ebene und ihren untergeordneten Gebietskörperschaften. Wie sollte eine sinnvolle Zuordnung von Kompetenzen in Europa zwischen der EU-Zentrale und den Mitgliedstaaten aussehen?
Diese normative Frage kann nur auf Grundlage eines Werturteils beantwortet werden. Ein solches Werturteil ist Inhalt des *Subsidiaritätsprinzips*, das durch den *Maastrichter Vertrag* den Rang einer allgemein geltenden Kompetenzverteilungsregel erhalten hat. Demnach darf die Gemeinschaft in all jenen Bereichen, die nicht in ihre ausschließliche Zuständigkeit fallen, nur dann tätig werden, wenn ein bestimmtes Ziel auf der EU-Ebene besser verwirklicht werden kann als auf der Ebene der Mitgliedstaaten.

Die Umsetzung des Subsidiaritätsprinzips erweist sich jedoch als schwierig. Sinn (1994a) sieht den Hauptzweck dieser Norm in einer Verlagerung der Beweislast auf jene EU-Mitglieder, die eine stärkere Zentralisierung befürworten: Dezentrale Befugnisse sind die Regel und gemeinschaftliche Befugnisse die Ausnahme. Fraglich ist auch, was mit der „Besser"-Klausel des Subsidiaritätsprinzips gemeint ist. Die Anwendung dieser Klausel setzt voraus, daß *einheitliche* Bewertungsmaßstäbe existieren. Aus ökonomischer Sicht empfehlen sich hierbei die Kriterien der *Pareto-Effizienz* und der *Verteilungsgerechtigkeit*, wobei letztere allerdings einer Konkretisierung der gesellschaftlichen Wertvorstellungen bedarf. Folgen wir diesen normativen Kriterien, so sind die notwendigen Voraussetzungen für eine Kompetenzübertragung auf die EU-Ebene immer dann erfüllt, wenn unabgestimmte Maßnahmen der Mitgliedstaaten allokative Verzerrungen hervorrufen und/oder eine als gerecht empfundene (Einkommens-)Verteilung regelmäßig verfehlt wird.

Schwerpunkte der Arbeit

Die tiefgreifenden Reformen der nationalen Wohlfahrtssysteme in beinahe allen EU-Mitgliedstaaten werden häufig in einem Atemzug mit der fortschreitenden Integration der Güter-, Dienstleistungs-, Arbeits-, und Kapitalmärkte in Europa genannt (siehe z.B. Lejour, 1995; Sinn, 1997a; Wellisch, 1999). In einem gemeinsamen Markt können sich Haushalte und Unternehmen einer als zu hoch empfundenen steuerlichen Belastung durch Abwanderung in ein anderes Land entziehen. Kapitaleigner können ihr Vermögen umschichten, und Konsumenten können Güter und Dienstleistungen dort erwerben, wo sie am preiswertesten sind – im Regelfall also in demjenigen Land mit den niedrigsten Verbrauchsteuern. Gleichzeitig besitzen auch ausländische Arbeitnehmer die Möglichkeit, an Wohlfahrtsprogrammen ihres Gastlandes zu partizipieren. Damit gibt es heute eine Fülle internationaler Übertragungskanäle der sozialpolitischen Aktivitäten einzelner Staaten. Die nationale Sozialpolitik ist eine Angelegenheit mit gemeinschaftsweiten Auswirkungen.

Die durch den Binnenmarkt garantierten *Grundfreiheiten*, so eine gängige Argumentation, schränken den Handlungsspielraum der Regierungen ein. Die Mitgliedstaaten befinden sich in einer mit Wettbewerb vergleichbaren Situation. Aufgrund der Abwanderungsgefahr mobiler Steuerbasen wie Kapital werden sie gezwungen, eine größere Budgetdisziplin zu üben. Insbesondere senken geringere Sozialausgaben die Attraktivität eines Landes aus der Sicht fremder Transferempfänger und halten somit einen unerwünschten „Export von Sozialleistungen" in Grenzen.

	A	B	D	DK	E	F	GR	IRL	I	L	NL	P	UK	S	SF	EU
Einwohner[a]	8,1	10,2	82,1	5,3	39,4	58,7	10,6	3,6	57,4	0,4	15,6	9,9	59,0	8,9	5,1	374,3
BIP/Kopf[b]	110	112	109	116	77	106	65	104	103	164	105	69	100	97	94	100
Steuern[c]	30,0	31,0	23,3	49,7	23,0	26,1	22,0	28,5	28,8	28,6	25,2	25,2	29,5	37,6	33,1	27,1
Sozialbeiträge[d]	15,7	17,4	19,9	2,8	13,3	20,7	12,5	4,4	15,5	12,6	19,1	11,7	6,1	15,0	14,4	15,9
Übertragungen[e]	24,0	28,4	22,7	25,2	19,3	28,0	16,9	15,1	22,1	22,1	28,0	17,7	15,0	29,4	26,2	22,8
Sozialausgaben[f]	31,9	27,0	30,7	34,2	23,6	30,4	15,6	20,4	25,8	23,9	32,8	21,7	28,1	37,7	34,8	28,1

a: in Millionen (gerundete Werte), 1997. b: in Kaufkraftparitäten, EU-15 = 100 (gerundete Werte), 1997. c: direkte und indirekte Steuern in % des BIP (zu Marktpreisen), 1997. d: Sozialversicherungsbeiträge in % des BIP (zu Marktpreisen), 1997. e: Staatliche Übertragungen insgesamt in % des BIP (zu Marktpreisen), 1997. f: Ausgaben für Sozialschutz in % des BIP (zu Marktpreisen), 1994.
Quellen: EU-Kommission (1998a), Eurostat (1998).

Tab. 1.1: Ausgesuchte Charakteristika der EU-Mitgliedsländer

Aber noch ein weiterer Problembereich ist zu beachten. Realistischerweise orientieren sich Transferempfänger bei ihren Wohnortentscheidungen nicht ausschließlich an der Höhe ihres erzielbaren Markteinkommens, sondern berücksichtigen auch das Sozialleistungsangebot ihres Gastlandes. Große Unterschiede in den europäischen Sozialsystemen stehen daher einer internationalen Angleichung (knappheitsgerechter) Marktlöhne im Wege und verhindern eine Ausschöpfung der Vorteile der internationalen Arbeitsteilung.

Tabelle 1.1 verdeutlicht die Heterogenität in der EU. Deutschland als bevölkerungsreichster Mitgliedstaat hat in etwa 200mal soviele Einwohner wie der kleinste Staat, Luxemburg. Ökonomisch aussagekräftiger ist allerdings die Gegenüberstellung der Pro-Kopf Bruttoinlandsprodukte (BIP). Hier erzielt das „reichste“ Land, Luxemburg, mehr als das 2,5fache des „ärmsten“ Mitglieds, Griechenland. Auch Portugal und Spanien liegen mit ihrer Pro-Kopf Wirtschaftsleistung weit zurück. Alle übrigen Mitgliedsländer weisen wesentlich geringere Abweichungen vom EU-Durchschnitt auf.
Besonders bemerkenswert sind die Divergenzen im Umfang staatlicher Sozialleistungen und in der Struktur ihrer Finanzierung. So ist in Dänemark, Schweden, Finnland, Irland und Großbritannien eine zum Teil stark unterdurchschnittliche Belastung mit Sozialversicherungsbeiträgen und eine überdurchschnittliche Steuerbelastung zu beobachten. Hier schlägt sich unter anderem die Neigung der skandinavischen Länder nieder, Sozialleistungen verstärkt durch Steuern zu finanzieren. In Deutschland, Frankreich und den Niederlanden herrschen umgekehrte Verhältnisse. Dort haben die beitragsfinanzierten Sozialversicherungen einen vergleichsweise hohen Stellenwert. Auf der Ausgabenseite fällt auf, daß ärmere Staaten im allgemeinen weniger Übertragungen leisten und relativ gesehen ein geringeres Niveau an Sozialleistungen bereitstellen.

Effizienz- und Verteilungsaspekte sozialpolitischer Aktivitäten der Wohlfahrtsstaaten in einem Integrationsraum bilden den thematischen Schwerpunkt der Arbeit. Dabei wollen wir unter dem Begriff „Sozialpolitik“ solche Handlungen einer Regierung zusammenfassen, die sich auf das staatliche Umverteilungs- und Sozialversicherungssystem beziehen. Insbesondere sollen die folgenden, für die zukünftige Gestaltung der EU-Integration relevanten Fragen theoretisch untersucht werden:

- Inwieweit ist eine Harmonisierung der Sozialsysteme unter Effizienzgesichtspunkten erforderlich?

- Welche Instrumente benötigt eine Zentralregierung zur Verwirklichung einer gesellschaftlich optimalen Umverteilungspolitik? Wie ändern sich ihre Anreize, wenn diese – wie in der EU realistisch – lediglich beschränkte Kompetenzen besitzt?

- Wodurch ist das „Marktversagen“ dezentraler Umverteilungspolitik gekennzeichnet? Ist „soziales Dumping“ zu erwarten? Gibt es freiwillige Internalisierungsmaßnahmen untergeordneter Regierungen? Wie könnte ein korrigierender zentralstaatlicher Eingriff seitens einer zukünftigen EU-Regierung aussehen?

- Betreiben Regionen oder Länder eine effiziente Sozialversicherungs- und Beschäftigungspolitik, wenn Arbeitnehmer und Kapital Freizügigkeit genießen? Ist ein Zusammenhang zwischen der EU-Integration und der hohen Arbeitslosigkeit denkbar? Besteht Koordinierungsbedarf bei den Sozialversicherungen?

Da die sozialpolitischen Aktivitäten moderner Wohlfahrtsstaaten äußerst vielfältig sind, bedarf die Analyse einer inhaltlichen Einschränkung. Auch eine thematische und methodische Einordnung in die bestehende Literatur ist erforderlich.

Abgrenzung der Arbeit

Die Sorge um den Verlust der internationalen Wettbewerbsfähigkeit ist nur ein Aspekt zur Rechtfertigung des Reformbedarfs der europäischen Wohlfahrtssysteme. Die aktuellen demographischen Entwicklungen sind ebenfalls bedeutend. Langfristige Veränderungen in der Alters- und Familienstruktur und die massiven Ost-West-Wanderungen zu Beginn der 90er Jahre erschweren die Aufrechterhaltung existierender Sozialstandards. Hinzu kommen Finanzierungsprobleme der Sozialverversicherungen aufgrund der hohen Arbeitslosigkeit in vielen europäischen Ländern.

Politische Aktualität besitzen auch die angestrebten Neuerungen der EU-Finanzordnung: Im Rahmen der sogenannten *Agenda 2000* ist eine deutliche Entlastung der bisherigen Nettozahler vorgesehen.

Zusammenfassend können wir zwischen einer *intergenerationellen*, einer *interpersonellen* und einer *internationalen* Dimension staatlicher Sozialmaßnahmen unterscheiden. Im Vordergrund dieser Arbeit steht die interpersonelle Dimension. Da die Wohlfahrtsstaaten durch einen gemeinsamen Arbeitsmarkt miteinander verbunden sind, ist auch die internationale Dimension relevant. Probleme der intergenerationellen Umverteilung in Form umlagefinanzierter Alterssicherungssystems werden hingegen ausgeklammert. Hierzu empfehlen sich die beiden Studien der OECD (1988) und (1996a) sowie die Arbeiten von Franco und Munzi (1997) und Wildasin (1999).

Die nachfolgende Analyse beschränkt sich vornehmlich auf Haushaltsmobilität als Übertragungsmedium sozialpolitischer Aktivitäten. Sie knüpft dabei an die vielzitierten Literaturbeiträge von Brown und Oates (1987), Wildasin (1991) und (1994) sowie Razin und Sadka (1995a) an.

Einer Übertragung dieser Modelle auf die EU wird allerdings entgegengehalten, hier könne von einem gemeinsamen Arbeitsmarkt kaum die Rede sein, da Wanderungsbewegungen zu gering ausgeprägt seien (siehe z.B. Berthold, 1993). Die ökonomische Bedeutung der Arbeitnehmerfreizügigkeit sei daher vernachlässigbar. Derartige Aussagen greifen aber zu kurz.

Theoretisch ist erstens einzuwenden, daß von einem geringen Wanderungs*strom* nicht ohne weiteres auf eine geringe Wanderungs*neigung* geschlossen werden kann. Zweitens mag Haushaltsmobilität bereits dann das Verhalten einzelner Regierungen beeinflussen, wenn diese *potentiell* mit Wanderungsreaktionen rechnen müssen. Allein durch die Öffnung der Grenzen verliert „Umverteilung“ den Charakter eines rein nationalen (öffentlichen) Gutes wie bei Pauly (1973). Dies gilt sogar für den idealtypischen Fall identischer Integrationspartner. Drittens wird es mit der bevorstehenden Ost-Erweiterung der EU zu einem Anstieg der Heterogenität in den Lebensbedingungen kommen. Mögliche Folge dieser Entwicklung ist eine erneute Phase ausgeprägter Ost-West-Wanderungen, deren Politikimplikationen schon heute zu bedenken sind.

Konkrete Vorteile und Probleme einer EU-Erweiterung sind allerdings nicht Gegenstand der vorliegenden Arbeit. Anknüpfungspunkte zu diesem aktuellen Forschungsfeld ergeben sich z.B. in den theoretischen Beiträgen von Burbidge et al. (1997), Alesina und Spolaore (1997) oder Walz und Wellisch (1998). Während die Modelle von Burbidge et al. sowie Alesina und Spolaore Ansätze für eine endogene Erklärung der Größe und Struktur einer Freihandelszone bzw. einer Föderation bieten, untersuchen Walz und Wellisch, warum reiche Länder den freien internationalen Handel befürworten, sich gleichzeitig aber einer Öffnung ihrer Grenzen für freie Wanderung widersetzen. Ihr entscheidendes Argument ist dabei, daß die Umverteilungsmöglichkeiten reicher Länder durch Freihandel im Gegensatz zu freier Migration nicht beeinflußt werden.

Die einschlägige theoretische Literatur zur dezentralen Umverteilungs- und Sozialversicherungspolitik ist durch eine erhebliche Heterogenität gekennzeichnet. Hervorzuheben ist dabei die unterschiedliche Modellierung des staatlichen Sektors – speziell seiner Ziele und Instrumente. Grob mag man zwischen Modellen mit endogenen und exogenen Politikzielen differenzieren. Endogene Zielfunktionen ergeben sich immer dann, wenn *Public-Choice*-Ansätze wie z.B. Mehrheitswahlen in ein Wanderungsmodell integriert werden. Prominentes Beispiel hierfür ist die vielzitierte Arbeit von Epple und Romer (1991). Aufgrund ihres ausschließlich *positiv-theoretischen* Erklärungsgehalts sind solche Modelle allerdings nur beschränkt geeignet, die primär *normativ-theoretischen* Fragestellungen des vorliegenden Beitrags zu behandeln. Wir arbeiten daher mit einer allgemeinen politischen Zielfunktion in Gestalt einer Wohlfahrtsfunktion, deren Entstehung durch Aggregation individueller Präferenzen nicht weiter problematisiert wird. Staatliche Entscheidungsträger verhalten sich stets wohlmeinend. Eigennützige Politiker, wie sie z.B. bei Edwards und Keen (1996) vorzufinden sind, sollen keine Rolle spielen.

Wesentlich für die Qualität staatlicher Entscheidungen ist nicht nur die Abwesenheit von Unvollkommenheiten im politischen Prozeß, sondern auch die Existenz eines geeigneten Instrumentariums. Diese Voraussetzung wird in einer Föderation regelmäßig verletzt, wenn keine Ebene die vollständigen politischen Kompetenzen besitzt. Unvollständige Kompetenzen sind ein realistisches Szenario für die EU, denn auch zukünftig werden die Mitgliedstaaten selbst einer aus gemeinschaftlicher Sicht erforderlichen Einschränkung ihrer Verantwortungsbereiche kaum zustimmen. Insbesondere dürfte ein beliebiger Zugriff der Zentrale auf das Steueraufkommen der Länder politisch illusorisch sein. Damit ist die Verwirklichung eines sozial optimalen Transfersystems, wie etwa bei Boadway und Flatters (1982) beschrieben, ausgeschlossen.

Aber auch die mangelnde Verfügbarkeit unverzerrender Instrumente ist ein interessantes Szenario. In der realen Welt lösen Sozialleistungen unerwünschte Anreizeffekte bei Transferempfängern aus, und eine Finanzierung des Sozialsystems mittels Besteuerung mobiler Faktoren führt zu einer Erosion der Steuerbasen. Hier weist die vorliegende Arbeit einige Berührungspunkte zur Zweitbest-Theorie dezentraler Entscheidungen auf (siehe z.B. Zodrow und Mieszkowski, 1986; Krelove, 1993; Wellisch und Hülshorst, 1999).

Gliederung der Arbeit

Der Hauptteil der vorliegenden Arbeit läßt sich grob in drei Bereiche untergliedern. Kapitel 2 befaßt sich mit der empirischen Bedeutung der Haushaltsmobilität. Dort finden sich die wesentlichen rechtlichen Grundlagen für die Arbeitnehmerfreizügigkeit in der EU. Daten über interregionale und internationale Wanderungssalden sollen die demographischen Konsequenzen der Freizügigkeit verdeutlichen. Da die ökonomische Relevanz der Immigration in der empirischen Literatur sehr widersprüchlich beurteilt wird, ist auch ein Überblick über Wanderungsmotive und Wanderungswirkungen auf Einkommen, Beschäftigung und das staatliche Sozialsystem angebracht.

Die Kapitel 3, 4 und 5 bilden den ersten theoretischen Block mit dem Schwerpunkt „Umverteilung und Wanderung". Kapitel 3 erläutert das Grundmodell mit zwei Gebietskörperschaften und beschreibt eine effiziente Verteilung vollbeschäftigter Arbeitnehmer in der Föderation. Persönliche Wanderungskosten spielen dabei eine entscheidende Rolle für die Frage, inwieweit unterschiedlich hohe Sozialleistungen auf der dezentralen Ebene einer effizienten räumlichen Allokation im Wege stehen. Auch Verteilungswirkungen offener Grenzen werden diskutiert. Hier wird sich zeigen, daß eine Kompensation der Integrationsverlierer nur unter sehr restriktiven Bedingungen möglich ist. Die existierenden Einkommensverhältnisse stehen einer Beteiligung aller Haushalte am Zugewinn der internationalen Arbeitsteilung im allgemeinen entgegen.

Kapitel 4 beschäftigt sich mit zentraler Umverteilungspolitik zwischen mobilen und immobilen Haushalten in unterschiedlichen Szenarien. Als Referenzsituation beschreiben wir die sozial optimale Umverteilungspolitik einer Zentralregierung, die einen unbeschränkten Zugriff auf die Budgets ihrer untergeordneten Gebietskörperschaften besitzt. Unter dieser Voraussetzung kann sie interpersonelle und internationale bzw. interregionale Verteilungsziele simultan verwirklichen und eine effiziente Bevölkerungspolitik betreiben. Ist die Zentrale hingegen an ein bestimmtes Finanzausgleichssystem gebunden, so besitzt sie Anreize, ihre Umverteilungs- und Bevölkerungspolitik zu verzerren. Auch dieses Verhalten wollen wir ausführlich erläutern.

Kapitel 5 untersucht die Umverteilungspolitik der dezentralen Ebene. Im Gegensatz zur Zentrale können untergeordnete Regierungen nur dann von grenzüberschreitenden Einkommensübertragungen profitieren, wenn sie dadurch eine abwanderungsbedingte Nettoentlastung ihres eigenen Budgets erwirken. Gebietsfremde Budgeteffekte werden von streng rationalen Regionalregierungen ignoriert. Das dezentrale Gleichgewicht ist daher durch eine sozial suboptimale Allokation gekennzeichnet. Ein korrigierender Eingriff der Zentralregierung kann dieses „Marktversagen“ beseitigen. Die Gestalt des optimalen Anreizsystems für die dezentrale Ebene hängt allerdings wesentlich davon ab, ob bereits freiwillige grenzüberschreitende Transfers geleistet werden und ob die Zentrale untergeordnete Regierungen mit unverzerrenden Steuern belegen kann.

Der zweite theoretische Block mit dem Schwerpunkt „Arbeitsmarktpolitik“ umfaßt die Kapitel 6 und 7. Kapitel 6 erweitert die Analyse um (Effizienzlohn-)Arbeitslosigkeit. Für eine geschlossene Ökonomie charakterisieren wir eine effiziente Arbeitslosenversicherung und eine effiziente Beschäftigungspolitik. Da private Unternehmen im allgemeinen keinen Versicherungsschutz gegen entlassungsbedingte Einkommensausfälle anbieten, ist ein staatlicher Eingriff in den Arbeitsmarkt effizienztheoretisch gerechtfertigt. Aber auch gesellschaftliche Umverteilungsziele lassen sich mittelbar über den Arbeitsmarkt verwirklichen, sofern die Regierung ihr Budget mittels unverzerrender Steuern ausgleichen kann.

Kapitel 7 befaßt sich mit dezentraler Arbeitsmarkt- und Umverteilungspolitik, wenn Arbeitnehmer oder Kapital mobil sind. Zunächst werden wir analog zur Argumentation in Kapitel 5 zeigen, daß sich die Mobilität von Nettoempfängern negativ auf die Umverteilungsneigung einer dezentralen Regierung auswirkt. Die Effizienz der Arbeitsmarktpolitik bleibt davon allerdings unberührt: Da Nettoempfänger auf einen geringeren Erwartungsnutzen mit Abwanderung reagieren, bestehen keine zusätzlichen Anreize, die Beschäftigungspolitik und die Arbeitslosenversicherung zu verzerren. Diese Ergebnisse ändern sich, wenn keine unverzerrenden Steuern existieren und mobiles Kapital als Steuerbasis zur Finanzierung der Arbeitsmarktpolitik dienen muß. Nun besitzen dezentrale Entscheidungsträger Anreize, die Attraktivität ihres Standortes für Kapitalanleger zu steigern. Dies mündet in einer Senkung der Kapitalsteuer und einer ineffizienten Arbeitsmarktpolitik: Geringere Arbeitslosentransfers steigern das Arbeitsengagement der Beschäftigten und wirken sich mittelbar über eine höhere Kapitalproduktivität positiv auf die Anlageentscheidungen der Kapitaleigentümer aus.

Wir ergänzen die theoretische Analyse an geeigneten Stellen – insbesondere zum Ende der Kapitel 5 und 6 – durch Schilderungen aktueller Problemfelder wie etwa der EU-Finanzordnung oder des europäischen Beschäftigungsproblems.

Die Arbeit schließt mit Kapitel 8. Dort werden die wesentlichen Ergebnisse der voranstehenden Fragestellungen noch einmal zusammengefaßt.

2 Empirische Aspekte der Wanderung

Dieses einführende Kapitel liefert einige wichtige Vorleistungen für die theoretische Analyse grenzüberschreitender Wanderungsbewegungen. Den Schwerpunkt bilden Voraussetzungen, Motive und Wirkungen der Haushaltsmobilität sowie ihre empirische Relevanz. Aufgrund der politischen Aktualität des europäischen Integrationsprozesses und seiner besonderen Bedeutung für die Fragestellungen dieser Arbeit wollen wir uns dabei im wesentlichen auf die Europäische Union (EU) beziehen.

Notwendige Bedingung für Wanderung ist ein geeigneter rechtlicher Rahmen, der eine von staatlichen Beschränkungen unbeeinträchtigte Wohnortwahl der Bürger innerhalb des Integrationsraumes gewährleistet. Im *Vertrag zur Gründung der Europäischen Gemeinschaft* (EGV) manifestiert sich dieser Anspruch insbesondere durch die Arbeitnehmerfreizügigkeit, d.h. durch den freien Zugang aller Arbeitnehmer mit Staatsangehörigkeit eines EU-Mitgliedslandes zu allen nationalen Arbeitsmärkten. Für jeden Arbeitnehmer müssen unabhängig von seiner Herkunft die gleichen sozialen und steuerlichen Vergünstigungen gelten. Auch die vertraglich geregelte Koordinierung der nationalen Sozialsysteme zur Verhinderung von Anspruchsverlusten infolge von Emigration zielt auf eine Förderung der Mobilität ab.

Tatsächlich befinden sich die zwischenstaatlichen Wanderungsraten auch nach über 35jährigem Bestehen der EU und trotz einer fortgeschrittenen Harmonisierung weiterhin auf vergleichsweise geringem Niveau. Die Beseitigung formaler Mobilitätsschranken ist also möglicherweise (noch) nicht hinreichend für Wanderungsbewegungen in nennenswertem Umfang. So zeigt Werner (1973) in einer empirischen Arbeit für den Zeitraum 1962-72, daß die bilateralen Migrationsströme zwischen den ursprünglich sechs Mitgliedstaaten (Deutschland, Frankreich, Italien, Benelux-Länder) in keinem Fall schneller angewachsen sind als die jeweiligen Wanderungsbewegungen gegenüber Nicht-Mitgliedstaaten. Auch aktuelle

Daten belegen die demographische Bedeutung der EU-Außenwanderung, hervorgerufen durch die Grenzöffnungen in den Staaten des früheren Warschauer Pakts. Ein möglicher Grund für diese Beobachtung mag der extreme Unterschied in den Lebensbedingungen zwischen West- und Osteuropa sein. Wie Tabelle 1.1 verdeutlicht hat, können aber auch die derzeit 15 EU-Mitgliedstaaten sicherlich nicht als homogene Gruppe angesehen werden. Plausibel erscheint vielmehr, daß von persönlichen Präferenzen und Merkmalen abhängige Wanderungshemmnisse eine wichtige Rolle spielen. Hierzu zählen soziale und kulturelle Unterschiede ebenso wie divergierende Qualifikationsanforderungen, die sich negativ auf die Wanderungsbereitschaft auswirken.
Unser besonderes empirisches Interesse gilt dem Zusammenhang zwischen Migration und arbeitsmarktrelevanten Größen, d.h. (Netto-) Löhnen und Arbeitslosenquoten. Wanderungsmotive und Wanderungswirkungen sind dabei als interdependent anzusehen. Einerseits ziehen höhere Löhne und eine niedrigere Arbeitslosigkeit Immigranten aus anderen Ländern oder Regionen an. Andererseits erhöht sich je nach Qualifikation der Zuwanderer das Arbeitsangebot in den entsprechenden Sektoren des Gastlandes und verändert die relativen Knappheiten der dort eingesetzten Produktionsfaktoren. Dies schlägt sich in der primären Einkommensverteilung nieder. Existiert ein staatliches Umverteilungssystem zur Korrektur der Markteinkommen, so löst Zuwanderung auch Effekte jenseits der Märkte aus, indem sie die Finanzierungs- und Leistungsseite des staatlichen Sektors beeinflußt.

Der Aufbau dieses Kapitels trägt unseren Vorüberlegungen Rechnung. Abschnitt 2.1 beschäftigt sich mit Zielen und Inhalten der Arbeitnehmerfreizügigkeit in der EU. Zur Abschätzung des demographischen Stellenwerts externer und interner Wanderungen in Europa liefert Abschnitt 2.2 entsprechende Daten. In Abschnitt 2.3 schließlich werden Ergebnisse empirischer Arbeiten zu Wanderungsmotiven und -wirkungen präsentiert.

2.1 Arbeitnehmerfreizügigkeit

Rechtlicher Rahmen

Basis des Gemeinsamen Marktes in der EU bilden die *vier Grundfreiheiten*, die im EG-Vertrag verankert sind. Diese umfassen den *freien Warenverkehr* (Art. 9 - 37 EGV), den *freien Dienstleistungsverkehr* (Art. 59 - 66 EGV), den *freien Personenverkehr*, d.h. die Freizügigkeit für Arbeitnehmer (Art. 48 - 51 EGV) und die Niederlassungsfreiheit (Art. 52 - 58 EGV), sowie den *freien Kapitalverkehr* (Art. 73a - 73g EGV).

Kennzeichen des Gemeinsamen Marktes ist eine Öffnung der (Markt-) Grenzen zwischen den Mitgliedstaaten. Das in diesen Rechtsnormen festgeschriebene Integrationskonzept stellt also darauf ab, grenzüberschreitende privatwirtschaftliche Aktivitäten vor staatlichen Beschränkungen zu schützen.

Staatliche Schranken der Arbeitnehmerfreizügigkeit können materieller, technischer und steuerlicher Natur seien. *Materielle Schranken* beziehen sich auf die Kontrollen an den Binnengrenzen, denen Personen bei Überschreitung unterliegen. Die rechtliche Grundlage für den Abbau der Grenzkontrollen in Europa ist das *Schengener Durchführungsabkommen* aus dem Jahre 1990, das sich auf das gleichnamige Abkommen zwischen Deutschland, Frankreich und den Benelux-Staaten aus dem Jahre 1985 bezieht. Seit März 1995 sind die Ausweiskontrollen zwischen den genannten Ländern einschließlich Spanien und Portugal entfallen, und seit Frühjahr 1998 gilt dies auch für Österreich und Italien.[1]

Technische Schranken sind all jene (nicht harmonisierten) Vorschriften und Regelungen, die geeignet sind, die innergemeinschaftliche Freizügigkeit von Arbeitnehmern zu behindern. Hierunter fällt z.B. die mangelnde zwischenstaatliche Vergleichbarkeit beruflicher Befähigungen. Um diese zu beheben, fordert Art. 57 I EGV unter anderem die Aufstellung von

---

[1] Gleichzeitig sind die Kontrollen an den EU-Außengrenzen verstärkt worden, um illegale Einwanderer fernzuhalten. Darüber hinaus gibt es nun eine engere Zusammenarbeit bei der Strafverfolgung, deren Kern das Schengen-Informationssystem (SIS) mit Sitz in Straßburg ist.

Richtlinien zur gegenseitigen Anerkennung von Hochschulabschlüssen und Befähigungsnachweisen.
Steuerliche Schranken liegen vor, wenn Arbeitnehmer aufgrund ihrer Herkunft in einem Mitgliedstaat unterschiedlich durch direkte oder indirekte Steuern belastet werden oder ihnen staatliche Sozialleistungen vorenthalten bleiben. Rechtliche Grundlagen zur Beseitigung steuerlicher und sozialer Wanderungshemmnisse bilden den Mittelpunkt unseres Interesses.

Voraussetzungen und Inhalt der Arbeitnehmerfreizügigkeit
Begünstigte der Arbeitnehmerfreizügigkeit können grundsätzlich nur Staatsangehörige der Mitgliedstaaten sein,[2] und die Arbeitnehmereigenschaft einer Person ist an die tatsächliche Teilnahme am Wirtschaftsleben des Gastlandes gekoppelt. Arbeitnehmer im Sinne der Freizügigkeitsregelungen ist, wer für andere nach dessen Weisungen Leistungen erbringt und dafür eine Vergütung bekommt.[3] Dabei ist es z.B. unerheblich, ob die Entlohnung geringer ist als das Existenzminimum im Aufenthaltsland, oder ob der Arbeitnehmer nur teilzeitbeschäftigt ist.[4]
Der Inhalt der Arbeitnehmerfreizügigkeit wird durch Art. 48 EGV geregelt.[5] Danach besitzt ein gemeinschaftsangehöriger Arbeitnehmer das Recht, sich innerhalb der EU zur Ausübung einer Beschäftigung frei zu bewegen, er hat freien Zugang zum Arbeitsmarkt eines jeden Mitgliedstaates, und er darf nicht aufgrund seiner Staatsangehörigkeit hinsichtlich

[2] Gemäß einer Entscheidung des Gerichtshofs der Europäischen Gemeinschaften (EuGHE, 1988, 111) können sich auch Personen mit doppelter Staatsangehörigkeit auf dieses Recht berufen, und es gilt ebenso für außereuropäische Familienmitglieder gemeinschaftsangehöriger Arbeitnehmer (Art. 10 I a der EG-Verordnung (VO-EWG) 1612/68).

[3] EuGHE 1986, 2121 (2144).

[4] EuGHE 1982, 1035.

[5] Wir wollen uns hier auf die wesentlichen, für die Zielsetzung dieser Arbeit relevanten Rechtsnormen konzentrieren. Eine sehr detaillierte rechtswissenschaftliche Abhandlung über die Regelungen der Arbeitnehmerfreizügigkeit findet sich bei Hailbronner (1997).

Beschäftigung, Entlohnung und sonstiger Arbeitsbedingungen diskriminiert werden.
Durch die Konkretisierung der Freizügigkeit in der VO-EWG 1612/68 bleibt den Mitgliedstaaten nur ein sehr geringer Spielraum für eigene Gestaltungen. Das Diskriminierungsverbot des Art. 48 II EGV bzw. die Gleichbehandlung in den Arbeitsbedingungen ist als *umfassendes* Gleichheitsgebot zu interpretieren. So hat ein (EU-)ausländischer Arbeitnehmer gemäß Art. 7 II VO-EWG 1612/68 *Anspruch auf die gleichen sozialen und steuerlichen Vergünstigungen* wie inländische Arbeitnehmer. Als soziale Vergünstigungen sind dabei alle Leistungen anzusehen, die unabhängig davon, ob sie an einen Arbeitsvertrag geknüpft sind oder nicht, hauptsächlich aufgrund der Arbeitnehmereigenschaft oder des *Wohnsitzes im Inland* gewährt werden und die geeignet sind, die Mobilität von Wanderarbeitnehmern zu fördern.[6] Neben Vergünstigungen für Familien, Überbrückungshilfen für Arbeitslose und BAFöG fällt vor allem auch die allgemeine Sozialhilfe unter das Gleichbehandlungsgebot.
Eine Beschränkung der Freizügigkeit ist zulässig, wenn eine Störung der öffentlichen Ordnung, d.h. eine Gesetzesverletzung, vorliegt oder eine schwere Gefährdung der Grundinteressen der Gesellschaft - z.B. bei akuter krimineller Wiederholungsgefahr - existiert. Auch können sich Angehörige aus Drittstaaten nicht auf das Freizügigkeitsrecht berufen. Zwar gelten Sonderregelungen für türkische Arbeitnehmer, deren aufenthaltsrechtliche Bedeutung ist aber juristisch umstritten. Nach Auffassung des Bundesverfassungsgerichts (BVerfG) kann das Freizügigkeitsrecht türkischer Arbeitnehmer nicht aus dem mit der Türkei geschlossenen Assoziationsabkommen abgeleitet werden.[7]

[6] EuGHE 1979, 2019.

[7] BVerfGE 76, 1.

Koordinierung nationaler Sozialversicherungssysteme

Regelungen über die soziale Sicherheit von Arbeitnehmern sind eine notwendige Ergänzung des Rechts auf Freizügigkeit.[8] So sollen Arbeitnehmern gemäß Art. 51 EGV aus der Wahrnehmung des Freizügigkeitsrechts keine sozialrechtlichen Nachteile erwachsen. Die Maßnahmen zur Errichtung eines solchen Systems werden in der VO-EWG 1408/71 konkretisiert. Diese knüpft nicht an den arbeitsrechtlichen sondern an den sozialversicherungsrechtlichen Arbeitnehmerbegriff an. Die hieraus abgeleiteten *Leistungen der sozialen Sicherheit* erstrecken sich auf alle Personen, die vom innerstaatlichen Sozialversicherungssystem erfaßt werden. Leistungsbezieher können nach dieser Auslegung also auch im Inland lebende (EU-)ausländische Arbeitslose und Arbeitssuchende sein, die auf ergänzende Sozialleistungen angewiesen sind.

Ziel des Art. 51 EGV ist nicht die Errichtung eines gemeinschaftsweit einheitlichen Systems der sozialen Sicherheit in der EU, sondern die *Koordinierung nationaler Sozialsysteme*. Dies bedeutet, daß Gemeinschaftsverordnungen keine neuen Leistungsansprüche entstehen lassen oder alte beseitigen, vielmehr bleiben innerstaatliche Regelungen im wesentlichen unverändert erhalten. Die Mitgliedstaaten können also ihr internes Sozialversicherungsrecht grundsätzlich beliebig gestalten, sofern nicht entgegenstehendem EU-Recht ein Vorrang zukommt.

Im allgemeinen unterliegen Personen, für welche die VO-EWG 1408/71 zur Anwendung kommt, nur den Rechtsvorschriften desjenigen Staates mit dem Schwerpunkt des Sozialrechtsverhältnisses, d.h. im Regelfall des Beschäftigungsstaates. Diese Zuordnung soll eine Kumulierung von Beiträgen und/oder Leistungen vermeiden. Zu beachten ist dabei der *Grundsatz der Zusammenrechnung* von Versicherungszeiten. Demnach haben die verantwortlichen Sozialversicherungsträger alle nach den Rechtsvorschriften anderer Mitgliedstaaten zurückgelegten Versicherungszeiten wie eigene anzurechnen. Der *Grundsatz des Leistungsexports* fordert darüber

---

[8] Eine ausführliche Zusammenfassung gemeinschaftsweiter Koordinierungsnormen der Sozialsysteme bietet Borchardt (1997).

hinaus, Leistungen auch dann zu gewähren, wenn der Wanderarbeitnehmer seinen Wohnsitz in ein anderes Land verlegt hat.

2.2 Demographische Bedeutung der Wanderung

Bevölkerungsbewegungen in der EU

In der EU leben derzeit knapp 375 Millionen Menschen. Dabei ist die Bevölkerung in den heutigen 15 Mitgliedstaaten seit 1950 um rund 27% gewachsen – ein geringer Wert im Vergleich zur Weltbevölkerung, die in diesem Zeitraum um mehr als 125% zunahm. Laut Eurostat-Bevölkerungsstatistik 1997 belief sich das Gesamtbevölkerungswachstum in der EU im Jahr 1995 auf 0,29%. Fast drei Viertel davon waren auf Zuwanderung zurückzuführen. In absoluten Zahlen entspricht dies ca. 800.000 Immigranten.

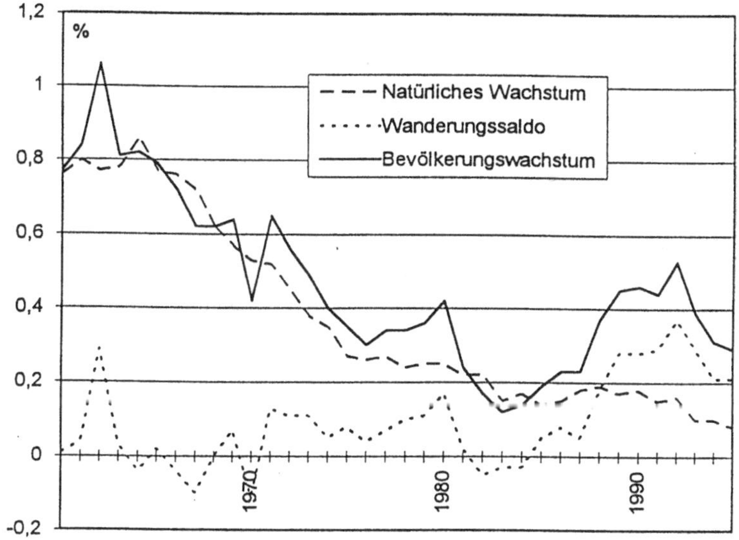

Quelle: Eurostat (1997a).

Abb. 2.1: Bevölkerungsbewegungen in der EU

Wie Abbildung 2.1 veranschaulicht, besitzt heute der *Wanderungssaldo*, d.h. die Differenz zwischen EU-Einwanderern und EU-Auswanderern, eine wesentlich größere demographische Bedeutung als das *natürliche Bevölkerungswachstum*, das sich aus der Differenz zwischen Geburten und Sterbefällen ergibt.

Lag die natürliche Zuwachsrate der Bevölkerung zu Beginn der 60er Jahre noch bei 0,8%, so betrug sie 1995 nur noch ein Zehntel dieses Wertes. Für das wanderungsinduzierte Bevölkerungswachstum hingegen konnte bis Mitte der 80er Jahre kein eindeutiger Trend beobachtet werden. Hier gab es Schwankungen zwischen -1,1% in 1970 und 1,7% in 1980. Mit Öffnung der Grenzen in Osteuropa kam es Ende der 80er Jahre in beinahe allen Mitgliedstaaten zu einem starken Anstieg der Zuwanderung, die 1992 mit 0,37% im EU-Durchschnitt ihren Höhepunkt erreichte. Im Jahr 1995 lag die EU-Nettozuwanderungsrate nur noch bei 0,21%. Alle fünfzehn Mitgliedstaaten wiesen aber einen positiven Wanderungssaldo auf, wobei die relative Nettozuwanderung zwischen 0,03% in Belgien und 1,12% in Luxemburg stark streute.

Eine mögliche Erklärung für die großen Unterschiede in den Nettozuwanderungsraten mag die geographische Lage der einzelnen Länder sein. So fällt z.B. auf, daß in der besonders zuwanderungsintensiven Dekade 1985 bis 1994 die am weitesten westlich gelegenen Länder Irland, Portugal und Spanien im Durchschnitt negative Wanderungssalden aufwiesen, während Länder mit einer östlichen EU-Außengrenze wie Deutschland, Österreich und Griechenland besonders hohe Zuwanderungsraten zu verzeichnen hatten. Bemerkenswert sind auch die seit den 60er Jahren zumeist überdurchschnittlich hohen Zuwanderungsraten in Mitgliedstaaten mit vergleichsweise hohen Pro-Kopf Einkommen. Hierunter fallen insbesondere Deutschland, Frankreich und die Niederlande.

Einkommens- und Arbeitsmarktunterschiede mögen auch als Erklärung für die erheblichen Ost-West-Wanderungen im Rahmen der deutschen Wiedervereinigung dienen, die sich bis Januar 1992 auf etwa 870.000 beliefen. Im Frühjahr 1992 stabilisierte sich dieser Strom auf einem Niveau von 12-15.000 Migranten pro Monat – eine Größenordnung die sich immer noch signifikant vom beobachtbaren Wanderungsverhalten in den übrigen Regionen Deutschlands und anderen Ländern unterschied (Schwarze und Wagner, 1992). Dementsprechend wiesen alle neuen Bundesländer mit Ausnahme Brandenburgs 1992 einen negativen Wanderungssaldo auf, der aggregiert -0,12% der dortigen Bevölkerung betrug (gewogenes arithmetisches Mittel), während die alten Bundesländer eine Zuwanderung insgesamt in Höhe von 1,2% verzeichneten. Dabei schwankten die Nettozuwanderungsraten zwischen -0,92% in Mecklenburg-Vorpommern und -0,03% in Sachsen (bzw. 0,62% in Brandenburg) einerseits sowie zwischen 0,54% in Bremen und 1,55% in Rheinland-Pfalz andererseits (Eurostat, 1996).

Binnenwanderungen in der EU

Während die Arbeitskräftemobilität zwischen den Mitgliedstaaten der EU weitaus geringer ist als zwischen Teilgebieten der USA, sind Binnenwanderungen in den einzelnen Ländern wesentlich stärker ausgeprägt und in ihrem Umfang durchaus mit US-amerikanischen Verhältnissen vergleichbar. Auf der Basis von NUTS-1 Regionen, deren Gesamtzahl sich EU-weit auf 70 beläuft, ergab sich 1995 eine durchschnittliche Wanderungsquote von etwas über 1% im Vergleich zu 2,5% in den USA.[9] Auf NUTS-2 Basis lag der EU-Durchschnitt bei 1,5%.

In der folgenden Tabelle 2.1 sind unter anderem Binnenwanderungsraten auf Basis von NUTS-2 Regionen für einige Mitgliedstaaten dargestellt.[10] Hier zeigen sich große zwischenstaatliche Differenzen in der Wanderungsbereitschaft der Erwerbsfähigen. Während Wanderungsneigungen

[9] Aus statistischen Zwecken werden die Mitgliedstaaten der EU nach einheitlichem Schema in NUTS-X Regionen weiteruntergliedert (NUTS=Nomenclature of Territorial Units for Statistics). Die 15 deutschen Bundesländer bilden jeweils eine NUTS-1 Region. NUTS-2 Regionen, von denen es in der EU ca. 200 gibt, entsprechen in Deutschland den Regierungsbezirken.

[10] Die übrigen Mitgliedstaaten verfügen entweder über keine vollständigen Daten, oder sind zu klein für eine sinnvolle Analyse.

in Großbritannien und Deutschland weit über dem EU-Durchschnitt liegen, sind Südeuropäer zwischen 15 und 64 Jahren wesentlich immobiler. Deutlich wird darüber hinaus die ausgeprägte Mobilität der jungen Generation, die in sämtlichen Ländern etwa doppelt so hoch ist wie die Wanderungsquote der arbeitsfähigen Bevölkerung insgesamt.[11] Der plausibelste Grund hierfür ist wohl die hohe Prozentzahl junger Erwachsener, die ihr Elternhaus verlassen, um auswärts eine Beschäftigung aufzunehmen oder zu studieren.

	B	D	F	GB	I	E	NL
Nettozuwanderung[a]	0,03	0,49	0,07	0,18	0,16	0,12	0,10
Binnenwanderung[b]	1,5	2,2	1,8	3,0	0,5	0,6	1,9
– nur $\leq$ 29 Jahre[c]	3,0	4,1	2,8	6,8	1,1	1,1	4,0
Grenzpendler[d]	1,49	0,08	0,47	0,02	0,15	0,11	0,49
Binnenpendler[d]	18,4	9,7	3,7	10,0	1,5	1,0	7,8

a: in % der Gesamtbevölkerung, 1995. b: in % der Erwerbsbevölkerung (15-64 Jahre, D 18-64 J.), 1995. c: D 18-24 J.; F, NL, GB 15-24 J.; B, I, E 20-29 J.. d: in % der Erwerbstätigen, 1996.
Quellen: EU-Kommission (1997), Eurostat (1997a) und Eurostat (1997b).

Tab. 2.1: Zu-, Binnenwanderung und Pendelverkehr in EU-Staaten

Es gibt auch Erwerbstätige, die ihren ursprünglichen Wohnsitz nicht aufgeben, wenn sie in einem anderen Land bzw. einer anderen Region eine Arbeit aufnehmen. Tabelle 2.1 erfaßt daher ebenso Bewegungen von Grenz- und Binnenpendlern. Hier fällt erstens auf, daß kleine Länder wie Belgien und die Niederlande einen vergleichsweise hohen Anteil an Grenzpendlern besitzen. Zweitens beläuft sich der binnenstaatliche Pendelverkehr zwischen NUTS-2 Regionen in allen betrachteten Mitgliedsländern

[11] Diese Beobachtung wird von zahlreichen empirischen Studien, unter anderem von LaLonde und Topel (1991), Plane (1993) und Greenwood (1997), bestätigt. Burda (1993) stellt auch für die wiedervereinigungsbedingten Bevölkerungsbewegungen in Deutschland eine deutlich negative Korrelation zwischen Wanderungsbereitschaft und Alter fest.

auf ein Vielfaches des grenzüberschreitenden Verkehrs. Hier mögen neben der Sprache als dem wohl wichtigsten Wanderungshemmnis auch formale Barrieren wie noch nicht harmonisierte Berufsanforderungsprofile und Steuergesetzgebungen ausschlaggebend sein.[12] Drittens bestätigt sich die geringe Wanderungsneigung in Südeuropa. Der Anreiz (oder die Möglichkeit), den Wohnort zu verlassen – und sei es nur zur Aufnahme einer Beschäftigung – ist auffällig geringer als in der übrigen EU.[13]

2.3 Wanderungsmotive und -wirkungen

Die Entscheidung eines Individuums, seinen Wohn- bzw. Arbeitsort in eine andere Region oder ein anderes Land zu verlegen, wird von zahlreichen ökonomischen, aber auch demographischen und sozialen Faktoren beeinflußt. Molho (1986) nennt in seinem Überblicksartikel unter anderem die Informationslage von Wanderern, die Reihenfolge, in der Wanderer ihre Arbeitsmarkt- und Wohnortentscheidungen treffen, die Bedeutung von Entfernungen zwischen Ursprungs- und Zielorten sowie die zugrundeliegenden Wanderungsmotive. Straubhaar (1988) ergänzt diese Aufzählung um politische Restriktionen, die sich z.B. in der Beschränkung demokratischer Rechte oder einer drohenden Enteignungsgefahr äußern können. Für Greenwood (1969) spielt aber auch die Existenz sozialer Netzwerke durch Freunde und Bekannte in der Fremde eine empirisch relevante

---

[12]Hinsichtlich der Relevanz steuerlicher Schranken denke man an das sogenannte *Schumacker-Urteil* des EuGH, das einen in Belgien wohnhaften, aber ausschließlich in Deutschland berufstätigen Arbeitnehmer erst kürzlich vor den Nachteilen einer beschränkten Steuerpflicht bewahrte (vgl. Europäische Zeitung für Wirtschaftsrecht 1995, 111).

[13]Faini et al. (1997) führen die niedrigen Migrationsraten in (Süd-)Italien auf die Monopolstellung der öffentlichen Hand bei der (interregionalen) Arbeitsvermittlung zurück. Für Spanien sieht Bentolila (1997) die seit den 70er Jahren rückläufigen regionalen Wanderungsraten in den institutionellen Veränderungen nach Auflösung der Diktatur begründet. Hierzu zählen insbesondere die Dezentralisierung einschließlich der Errichtung interregionaler Finanzausgleichsmechanismen und die Entstehung eines Systems der sozialen Sicherung.

Rolle.[14] Umgekehrt mögen Diskriminierung und Vorurteile Zuwanderer abschrecken.[15]

Sehr anschaulich vergleicht Straubhaar (1988) menschliches Wanderungsverhalten mit dem Fließverhalten von Wasser, auf das an unterschiedlichen Enden einer Pipeline Kräfte einwirken: Individuen werden entweder durch eine geringe ökonomische Attraktivität aus ihrer Heimatregion „herausgedrückt“ oder durch bessere Entfaltungsmöglichkeiten von einer fremden Region „angezogen“. Warum aber wandern nur bestimmte Haushaltsgruppen, während andere vollkommen immobil erscheinen? Borjas (1989) erklärt dies mit einem Immigrationsmarkt, der grenzüberschreitend und segmentiert ist und verweist damit nicht nur auf die Heterogenität von Ländern, sondern insbesondere auf die unterschiedlichen Eigenschaften potentieller Wanderer.

Krumm (1983) stellt voneinander abweichende Wanderungs*motive* in den Vordergrund. Er differenziert zwischen Wanderern, die ihren *Lebensraum* wechseln, und solchen, die ihren *Arbeitsort* verlegen. Dementsprechend empfiehlt sich eine grobe Klassifizierung in arbeitsmarkt- und wohnortrelevante Wanderungsmotive. Zu den wohnortrelevanten Motiven zählen regionale bzw. nationale öffentliche Güter und Dienstleistungen. Gebietskörperschaften mit einem hohen sozialen und kulturellen Standard werden dabei von Migranten bevorzugt. Ausschlaggebend mögen aber auch die persönlichen Merkmale eines Wanderers in Bezug auf sein (potentielles) Gastland sein. Man denke an räumliche Präferenzen, sprachliche Barrieren oder soziale Netzwerke. Da diese Charakteristika nur sehr

[14]Aus dieser Sicht sinken die Wanderungskosten der Daheimgebliebenen mit zunehmendem Bestand einer sozialen Gruppe in der Fremde, und folglich steigt deren Anreiz, ebenfalls umzuziehen. Mit Hilfe der so ausgelösten Dynamik werden z.B. die als „Great Migration“ bezeichneten enormen Wanderungsbewegungen ehemaliger schwarzer Sklaven zwischen dem Süden und dem Norden der USA in den Jahren 1915 bis 1960 erklärt (Carrington et al., 1996).

[15]Gang und Rivera-Batiz (1994a) zeigen für Deutschland, daß zwar keine Vorurteile gegenüber Fremden im allgemeinen, wohl aber gegenüber Menschen aus bestimmten Herkunftsländern bestehen.

schwer beobachtbar sind, werden sie in Teilen der späteren Analyse auch unter dem Oberbegriff *persönliche Wanderungsmotive* zusammengefaßt.

Einkommen

Unser Untersuchungsschwerpunkt gilt dem Arbeitsmarkt. Seit der Arbeit von Hicks (1932) werden (Real-)Lohndivergenzen allgemein als wichtigstes *monetäres Wanderungsmotiv* angesehen. Höhere Löhne in einer Gebietskörperschaft sind ein Indiz für bessere Lebensbedingungen im Sinne erhöhter privater Konsummöglichkeiten, und sie ziehen daher mobile Arbeitskräfte aus anderen Regionen an. Fraglich ist dann erstens, durch welche Merkmale sich Wanderer auszeichnen und ob sie tatsächlich höhere Löhne erhalten, und zweitens, wie sich Zuwanderung auf die Einkommen einheimischer Haushalte auswirkt.[16]

Für Schmidt (1994) ist es unbestreitbar, daß eine *Lohnlücke* zwischen Einheimischen und Zuwanderern im Laufe der Jahre bis zu einem bestimmten Grad geschlossen wird, d.h. Immigranten sind mit zunehmendem Verbleib in der Fremde in der Lage, höhere Löhne zu erzielen. Diese Aussage basiert auf einem Verständnis von Immigration als *positiver Selektion* und ist ursprünglich auf Chiswick (1978) zurückzuführen.

Auch Arbeiten von Borjas (1987) und (1991) bestätigen die Existenz einer positiven Auslese. Borjas stellt eine Verbindung zwischen der Wanderungsbereitschaft und der *ex-ante*-Verteilung individueller Einkommensaussichten in Ursprungs- und Zielländern her. Bedingt durch eine höhere Varianz auswärtig erzielbarer Einkommen und durch eine positive Korrelation zwischen der Einkommenshöhe eines Haushalts in der Heimat und der Fremde werden primär überdurchschnittlich qualifizierte Arbeitnehmer zur Wanderung veranlaßt.[17] Eine mögliche Erklärung für dieses

[16]Die vielfältigen Wirkungen der Zuwanderung auf die US-Wirtschaft werden in der umfassenden Studie von Borjas (1990) diskutiert.

[17]Insbesondere die häufig mit dem Begriff „Brain Drain" umschriebenen Wanderungen hochqualifizierter Arbeiter von Niedrig- in Hochlohnländer haben seit der theoretischen Arbeit von Bhagwati und Rodriguez (1975) zahlreichen Eingang in die Literatur zur internationalen Arbeitsmobilität gefunden.

Verhalten ist, daß Haushalte mit einem höheren Bildungsniveau allgemein die Fähigkeit besitzen, sich fremden Umweltbedingungen leichter anzupassen. Alternativ argumentiert Schwartz (1973), daß besser ausgebildete Arbeitnehmer auch besser über Berufschancen in der Fremde informiert sind und deshalb häufiger und über größere Entfernungen hinweg wandern.

Empirisch umstrittener sind die Wirkungen der Wanderung auf einheimische Einkommen zu beurteilen. Borjas et al. (1996) unterscheiden hierbei zwei Untersuchungsmethoden, die *Raumanalyse* und die *Faktorproportionenanalyse*. Die Raumanalyse setzt die Höhe der Zuwanderung in einem bestimmten Gebiet mit den Lohnveränderungen ansässiger Arbeitnehmer in Beziehung. Untersuchungen dieser Art zeigen eindeutig, daß von Immigration ein lediglich geringer Effekt auf das Einkommen Ansässiger ausgeht. Laut Borjas (1994) gibt es kaum Lohn- und Beschäftigungsunterschiede zwischen Einheimischen, die in Regionen mit einer besonders hohen Zuwanderungsrate leben, und der Heimatbevölkerung in nahezu zuwanderungsfreien Gebieten. Eine empirisch gesicherte Erklärung für dieses unerwartete Ergebnis liegt darin, daß die zuwanderungsinduzierte Arbeitsangebotsentwicklung regelmäßig überschätzt wird, weil es zugleich zu einer Abwanderung einheimischer Arbeitnehmer in andere Regionen kommt (Frey, 1995).[18]

Die Faktorproportionenanalyse ist eine allgemeine Gleichgewichtsanalyse, die Immigranten als zusätzliche Arbeitsanbieter in den für ihre jeweiligen Qualifikationen relevanten Sektoren betrachtet. Die relativen Einkommenswirkungen solcher Arbeitsangebotsentwicklungen lassen sich dann mit Hilfe der Substitutionselastizitäten zwischen den unterschiedlichen Produktionsfaktoren schätzen. Auf dieser Grundlage weisen Borjas et al. (1992) für die USA in den 80er Jahren eine leichte Zunahme der Einkommensungleichheit infolge der Zuwanderung – insbesondere aus Mittelamerika – nach.

[18]Eine theoretische Fundierung dieses Verhaltens findet sich z.B. bei Wellisch und Wildasin (1996).

Mit Daten aus den USA und Europa belegen Gang und Rivera-Batiz (1994b) sowie DeNew und Zimmermann (1994), daß Zuwanderungseffekte stark mit den von Immigranten eingebrachten relativen Ausstattungen wie Bildung, Arbeitsqualifikationen, Berufserfahrungen, Kapitaleigentum etc. korrelieren. Die entscheidende Frage zur Beurteilung des qualitativen Einflusses der Zuwanderung ist dann, ob ein eher komplementäres oder substitutives Verhältnis zwischen dem Eigentum an Produktionsfaktoren der Einheimischen und der Einwanderer besteht. Im ersten Fall ergibt sich ein mit Handelsgewinnen vergleichbarer Zugewinn für die Einheimischen,[19] und analog im zweiten Fall ein Verlust. Weber (1993) faßt die unterschiedlichen empirischen Befunde zu diesem Thema zusammen. Danach sieht z.B. Briggs (1974) die *Ersetzbarkeitshypothese* auf Grundlage der im Rahmen des *Bracero Program* der US-Regierung (1942-68) gewonnen Erfahrungen mit mexikanischen Arbeitern bestätigt.[20] Piore (1979) hingegen favorisiert die *Segmentationshypothese*, indem er auf die Bereitschaft von Einwanderern verweist, unattraktive Tätigkeiten, die von Einheimischen zurückgewiesen werden, zu verrichten. Für Ethier (1985) sind einheimische und fremde Arbeit „unvollkommene Substitute".

Obwohl jüngere Ergebnisse von LaLonde und Topel (1997) zeigen, daß existierende Lohnstrukturen durch Immigration kaum verändert werden, gibt es empirische Belege für einen Zusammenhang zwischen Migration und räumlicher Einkommenskonvergenz – so z.B. bei Barro und Sala-i-Martin (1991). Helliwell (1996) bestätigt für Kanada eine Tendenz zur Einkommensangleichung zwischen den unterschiedlichen Provinzen infolge von Wanderungsbewegungen in die „richtige" Richtung, d.h. von den armen zu den reichen Provinzen, und Carrington et al. (1996) messen den erheblichen Süd/Nord-Wanderungen in den USA bis Mitte dieses

[19] Vgl. Johnson (1967) in Engermann und Jones (1997): „...as long as immigrants bring an accumulated bundle of labor and physical or human capital that is different from that possessed by local residents, the latter must gain from migration."

[20] Das *Bracero Program* unterstützte die Anwerbung von insgesamt 4 Mio. mexikanischen Arbeitern und beinhaltete Klauseln zu ihrem Schutz.

Jahrhunderts („Great Migration") eine wichtige Bedeutung für die realisierten Einkommenszuwächse der schwarzen Bevölkerung bei.

Beschäftigung

Der Zusammenhang zwischen Migration und Arbeitslosigkeit geht auf eine Untersuchung von Harris und Todaro (1970) zurück. Ihr wesentlicher Beitrag besteht darin, neben den Löhnen auch die Wahrscheinlichkeit der Arbeitslosigkeit in die Nutzenfunktion eines Migranten integriert zu haben. Wanderung wird als Ergebnis eines Kalküls modelliert, bei dem Lohndivergenzen zwischen zwei Ländern bzw. Regionen mit der relativen Arbeitslosigkeit gewichtet werden, so daß die Attraktivität einer Gebietskörperschaft durch die dortigen Einkommens*chancen* bestimmt wird.

Straubhaar (1988) überprüft den Erklärungsgehalt eines als *Todaro-Index* spezifizierten Attraktivitätsmaßes für die zwischenstaatliche Wanderung in der EU. Dabei bestätigt sich empirisch, daß die Rate der Bruttoauswanderung von einem Land in ein beliebiges anderes umso höher ist, je höher die Differenz zwischen den Barwerten des Realeinkommens im In- und Ausland und/oder je größer die Wahrscheinlichkeit ist, im Ausland tatsächlich einen besser bezahlten Arbeitsplatz zu erhalten.

Unterschiedliche Arbeitslosenquoten allein sind jedoch nicht signifikant für die Erklärung von Wanderungsströmen. So findet regionale Migration in Spanien häufig unter theoretisch „falschem" Vorzeichen statt, d.h. Haushalte ziehen dort verstärkt in Regionen mit einer hohen Arbeitslosigkeit (und geringen Löhnen). Nach Bertolila (1997) ist dieses Phänomen mit niedrigeren Wohn- und Lebenshaltungskosten sowie besonderen staatlichen Unterstützungsleistungen in benachteiligten Regionen zu erklären.

Darüber hinaus weist McCormick (1997) auf das unterschiedliche Wanderungsverhalten von Anbietern physischer und nicht-physischer Arbeit in Großbritannien hin. Während nicht-physische Arbeit in diejenigen Regionen mit der geringsten Arbeitslosigkeit fließt, zeichnen sich Regionen mit besonders hoher physischer Arbeitslosigkeit überwiegend durch eine Nettozuwanderung entsprechender Anbieter aus.

Die Wirkungen von Immigration auf die Arbeitslosigkeit Einheimischer sind ebenfalls nicht eindeutig zu beurteilen. Wie Altonji und Card (1991) zeigen, haben gering qualifizierte US-Bürger in Regionen mit hohen Zuwanderungsraten eine niedrigere Pro-Kopf Beschäftigung als gleichqualifizierte US-Bürger in anderen Gebieten. Für Deutschland bestätigen Winkelmann und Zimmermann (1993) einen negativen Effekt der Zuwanderung auf die Beschäftigung einheimischer Haushalte.

Diese Ergebnisse widersprechen allerdings der nahezu arbeitsmarktneutralen Wirkung von Immigration bei Borjas (1994). Auch in einem jüngeren Beitrag von Pischke und Velling (1997), basierend auf einer Disaggregation des deutschen Arbeitsmarktes in 167 lokale Teilmärkte, findet sich keine empirische Unterstützung für einen Verdrängungseffekt zu Lasten Einheimischer. Der naheliegende Einwand, dieses Ergebnis sei auf eine entgegengerichtete Anpassung des Wanderungsverhaltens der einheimischen Bevölkerung zurückzuführen (siehe Frey, 1995), wird von Pischke und Velling verworfen. Zu bedenken ist aber, daß sich ihre Analyse auf die *Boom*-Jahre 1985-1989 mit generell sinkenden Arbeitslosenquoten konzentriert. Neben dieser konjunkturellen Komponente schränken sicherlich auch die existierenden institutionellen Unterschiede – man denke an den Grad der staatlichen Reglementierung des Arbeitsmarktes oder an die Verhandlungsmacht von Tarifparteien – die internationale Vergleichbarkeit der zitierten Studien ein.

Humankapital

Migration wird vielfach auch als *Humankapitalinvestition* angesehen (Sjaastad, 1962). In dem Umfang, in dem sich Zuwanderer im Gastland länderspezifisches Humankapital aneignen, übersteigt die Zuwachsrate ihres zunächst geringeren Einkommens im Zeitablauf diejenige einheimischer Arbeitnehmer und bewirkt entsprechend eine Niveauanpassung (Chiswick, 1978). Dabei ist die Bereitschaft eines Migranten, sich in der

Fremde weiterzubilden und zu integrieren, umso höher, je unwahrscheinlicher seine Rückkehr ins Heimatland ist. Ethier (1985) sieht im temporären Charakter der Migration sogar einen stilisierten Fakt. Wanderer verbleiben typischerweise nur so lange im Gastland, bis sie ein bestimmtes Vermögen akkumuliert haben.

Tatsächlich sind etwa 30% der Einwanderer in die EU rückkehrende Staatsbürger, und weitere 17% sind zumindest Bürger eines anderen EU-Staates (EU-Kommission, 1997). Die weitverbreitete Vorstellung eines positiven ökonomischen Effekts temporärer Auswanderung für das Heimatland, z.B. in Form eines rückwanderungsinduzierten „Know-how" Transfers, ist jedoch kritisch zu betrachten, denn bei Rückwanderungen findet im allgemeinen eine *negative Selektion* statt (Straubhaar, 1988). Wanderer mit der größten Neigung zur Rückkehr haben sich meist auf dem Arbeitsmarkt der Fremde nicht bewährt, während besonders produktive Auswanderer ihrem Heimatland tendenziell dauerhaft fernbleiben.

Staatliche Umverteilung

Migration entfaltet auch Wirkungen jenseits der Faktormärkte. Insbesondere beeinflußt sie die Finanzierungs- und Leistungsseite staatlicher Umverteilung. Fraglich ist dann, ob sich die Steuer- bzw. Beitragsbasis bei Einwanderung verbreitert, und wie sich die Transferinanspruchnahme mit zunehmender Aufenthaltsdauer entwickelt.

Basierend auf US-amerikanischen Daten des „Survey of Income and Education" für das Jahr 1975, kommt Simon (1984) zu dem Schluß, daß die Nachkriegsimmigranten in den USA das öffentliche Transfersystem in der ersten Dekade nach ihrer Einwanderung lediglich unterdurchschnittlich beanspruchten, um sich danach der landesweiten Norm anzupassen. Für Deutschland betonen jüngst Heilemann und Loeffelholz (1998), daß sich die fiskalischen Effekte der bisherigen Zuwanderungen nicht nur kurz-, sondern auch langfristig eher günstig darstellen. Ulrich (1994) führt den positiven Wohlfahrtssaldo vor allem auf die jugendliche Altersstruktur der Immigranten zurück, die diese zu Nettobeitragszahlern der umlagefinanzierten Rentenversicherung werden läßt. Dies entspricht auch dem Ergebnis von Ekberg (1983), der für Schweden einen signifikanten Unterschied der Transferinzidenzen zwischen jungen und älteren Einwanderern feststellt, wobei die Steuer- und Beitragszahlungen der ersten Gruppe die empfangenen Sozialleistungen der zweiten Gruppe überkompensieren.

Die Untersuchung von Blau (1984) bestätigt, daß beinahe alle Unterschiede in der Höhe der Transferbezüge auf altersspezifische Merkmale zurückzuführen sind. Sie verwendet den gleichen Datensatz wie Simon (1984) – allerdings unter Einbeziehung der vor 1950 eingewanderten Kohorten, was sich in einem deutlich höheren Durchschnittsalter der Zuwanderer niederschlägt. Entsprechend erhalten Immigranten gemäß Blau beträchtlich mehr Wohlfahrtsunterstützungen als Einheimische.

Wehrmann (1989) untersucht für Deutschland Querschnittsdaten über die Arbeitslosigkeit und Krankheitshäufigkeit von Einheimischen und Ausländern. Er weist auf eine erhöhte Anfälligkeit von Einwanderern für soziale Notlagen hin und folgert ebenfalls eine negative Wohlfahrtswirkung der Immigration. Vor einer derartigen Verallgemeinerung warnt Gustafsson (1986). Zwar bestätigt seine Untersuchung für Schweden, daß Einwanderer häufiger auf Sozialtransfers angewiesen sind, er begründet dies aber mit der herausragenden Anfälligkeit besonderer Gruppen, z.B. illegaler Einwanderer ohne Arbeits- und Niederlassungserlaubnis. Auch eine jüngere Arbeit von Borjas und Hilton (1996) spricht für diese Ansicht. Ihnen zufolge erhalten Immigranten mit einer deutlich höheren Wahrscheinlichkeit *bestimmte* Zuwendungen. So beziehen rund 21% der Zuwanderer Geldleistungen, Gesundheitsfürsorgezahlungen („Medicaid“) und (Lebensmittel-)Gutscheine – im Vergleich zu lediglich 14% der Einheimischen. Außerdem ist die Dauer der Leistungsinanspruchnahme eines typischen Einwanderers deutlich höher.

Insgesamt ergeben auch diese Studien kein einheitliches Bild. Sieht man einmal von länderspezifischen Einflüssen ab, so sind die widersprüchlichen Ergebnisse im wesentlichen auf zwei Mängel zurückzuführen: Er-

stens ist es kaum möglich, alle Bestandteile eines Transfersystems zu erfassen und zu bewerten – man denke neben den rein monetären Leistungen auch an reale Transfers wie öffentlich bereitgestellte (private) Güter –, und zweitens mindert die teilweise Konzentration auf bestimmte Gruppen, z.B. auf jüngere Einwanderer wie bei Simon (1984), die Aussagekraft manch einer Untersuchung.
Weber (1993) betont die weitgehende Unstrittigkeit der Bedeutung von *Aufenthaltsdauer* und *Assimilation* für die Wohlfahrtswirkung der Wanderung. Beide Größen entfalten allerdings gegenläufige Effekte. Mit zunehmender Aufenthaltsdauer im Gastland steigen sowohl die individuelle Verfügbarkeit von Informationen über das staatliche Sozialleistungsangebot – Borjas und Hilton (1996) unterstreichen in diesem Zusammenhang die Rolle von Informationsnetzwerken einer ethnischen Gruppe –, als auch die Wahrscheinlichkeit der altersbedingten Inanspruchnahme. Zugleich fördert die Assimilation den beruflichen Erfolg, so daß mit dem materiellen Aufstieg der Bedarf an Unterstützungsleistungen zurückgeht.

Nun, wie ist die fortschreitende Beseitigung rechtlicher Mobilitätsschranken in der EU unter Berücksichtigung der Wanderungsdaten sowie der Ergebnisse zitierter Studien zu beurteilen? Formal wird durch Integration der Übergang von *inter*nationaler Wanderung, die durch Immigrationskontrollen und -quoten gekennzeichnet ist, zu *intra*nationaler, d.h. grenzenloser Wanderung, vollzogen. In Verbindung mit der rechtlichen Gleichstellung einheimischer und fremder EU-Bürger ergibt sich so eine deutliche Reduktion wanderungsrelevanter Kosten. Eine Beseitigung dieser formalen Hemmnisse steht aber in keinem ersichtlichen Zusammenhang zum Abbau weniger offensichtlicher Schranken, die primär in der Persönlichkeit eines Wanderers begründet sind. So können Qualifikationen und Bildungsniveaus wanderungsbereiter Arbeitnehmer von den Anforderungen in potentiellen Gastregionen abweichen, und soziale, kulturelle sowie sprachliche Barrieren bleiben zunächst erhalten.

Auch wird durch die Öffnung der Grenzen *per se* noch keine Verbesserung der Informationssituation geschaffen. In Analogie zur Theorie der Bewertung und Optimierung von Investitionsentscheidungen mag daher der sogenannte *Optionswert des Wartens* eine weitere plausible Erklärung für den relativ geringen Umfang von Wanderungen innerhalb der EU darstellen.[21] Wanderung ist regelmäßig mit fixen und bis zu einem gewissen Grad irreversiblen Kosten verbunden, und zum Zeitpunkt der Integration existieren nicht versicherbare Risiken, die mit fortschreitender Zeit offenbar werden. Eine solche Unsicherheit liegt z.B. in der zukünftigen Entwicklung der Lohndifferenzen zwischen armen und reichen EU-Ländern. Abzuwarten kann für einen potentiellen Migranten in einem Niedriglohnland sinnvoll sein, denn im Falle einer zügigen Lohnangleichung profitiert dieser, ohne fixe Wanderungskosten investiert zu haben, während er seine Entscheidung bei einer Vergrößerung der Lohndifferenz, d.h. sobald eine bestimmte Schwelle – der sogenannte „Marshallsche Trigger“ – überschritten wird, jederzeit nachholen kann (Burda, 1993).

Obwohl formaler Integration also lediglich die Bedeutung einer notwendigen Bedingung für Migration zukommt, weisen sowohl die Daten als auch die zitierten Studien darauf hin, daß es sich bei Wanderung um ein sehr komplexes und empirisch keinesfalls zu vernachlässigendes Phänomen handelt. Wie die beachtliche Einwanderungswelle aus Osteuropa zu Beginn dieser Dekade nahelegt, bedarf eine Aktivierung der Wanderungsbereitschaft allerdings einer hinreichend großen Divergenz der Lebenschancen.

[21] Einen Überblick zur Bedeutung des „Wartens“ in der Investitionstheorie bietet Dixit (1992).

3 Wanderungsmodell

In diesem Kapitel werden die voranstehenden empirischen Ergebnisse zum Wanderungsverhalten privater Haushalte auf einige wesentliche Zusammenhänge verdichtet und mit Hilfe eines einfachen Modells abgebildet. Als wichtige Voraussetzung für die spätere Beurteilung zentral- und regionalstaatlicher Aktivitäten wollen wir untersuchen, wie eine gesellschaftlich wünschenswerte Wohnortwahl privater Haushalte im Sinne des Pareto-Kriteriums charakterisiert ist, und inwieweit nicht harmonisierte Politikmaßnahmen in einem Integrationsraum wie der EU einer Verwirklichung dieser Norm entgegenstehen können.

Wir haben Wanderung als ein hochkomplexes empirisches Phänomen kennengelernt, das sich auf viele ökonomische sowie außerökonomische Variablen auswirkt und zugleich von diesen Einflußgrößen abhängt. Eine theoretische Analyse privater Wanderungsentscheidungen bedarf daher einiger Vereinfachungen, die es einführend zu diskutieren gilt. Erstens erscheint es unter Berücksichtigung der weitreichenden rechtlichen Verankerung der *Freizügigkeit* im EG-Vertrag angemessen, formale Wanderungshemmnisse zu vernachlässigen. Damit beschränkt sich die Analyse auf Staatsangehörige der Integrationsländer, denn für alle übrigen Bürger gibt es kein Recht auf freie Wanderung. Auch werden die empirisch weniger bedeutsamen Grenzpendler ausgeschlossen, d.h. alle Arbeitnehmer leben und arbeiten jeweils in einem Land.

Zweitens empfiehlt sich hinsichtlich der existierenden *Wanderungsmotive* eine Unterscheidung in monetäre und persönliche Einflußfaktoren. Dabei wollen wir unter dem Einkommensbegriff in einem weiteren Sinne nicht nur den Marktlohn eines (Wander-)Arbeitnehmers verstehen, sondern auch die Differenz zwischen seinen geldwerten Ansprüchen und Leistungen gegenüber dem staatlichen Sektor miteinbeziehen. Diese mögen allgemein neben monetären Transfers bzw. Steuern auch die in Geldeinheiten ausgedrückte Wertschätzung für die Vielfalt öffentlich bereit-

gestellter Güter und Dienste umfassen. Persönliche Einflußfaktoren hingegen beziehen sich ausschließlich auf nicht beeinflußbare Eigenschaften eines Wanderers wie z.B. soziale, kulturelle, politische oder geographische Vorlieben, die in einem unmittelbaren Zusammenhang zum präferierten Wohnsitz stehen.
Drittens gilt es die *Wirkungen der Immigration* auf ansässige Haushalte zu erfassen. Hier spielt die Substitutionalität bzw. Komplementarität zu einheimischen Faktorausstattungen eine empirisch bedeutsame Rolle. Vereinfachend unterteilen wir daher die Bevölkerung einer jeden Gebietskörperschaft in zwei Gruppen, Arbeiter und Grundbesitzer. Arbeiter sind in der Produktion durch zuwandernde Arbeitnehmer vollkommen substituierbar. Grundbesitzer hingegen verfügen über den immobilen Faktor Land, der komplementär zur mobilen Arbeit in die Produktion eingeht. Wahlweise mag man Grundbesitzer auch als immobile Anbieter qualifizierter Arbeit ansehen, die ein Komplement zur unqualifizierten Arbeit der Wanderer darstellt, oder umgekehrt.

Ausgangspunkt der theoretischen Analyse ist eine modifizierte Version des Wanderungsmodells von Mansoorian und Myers (1993), die neben dem Einkommen und den Leistungen des öffentlichen Sektors auch die persönliche Heimatbindung eines Haushalts als entscheidungsrelevante Größe mit einbeziehen. Persönliche Präferenzen für die Heimat sind exogen, heterogen und stetig über alle Haushalte verteilt. Je stärker die Heimatbindung eines bestimmten Haushaltstyps ausgeprägt ist, d.h. je höher seine persönlichen Kosten der Emigration sind, desto unvollkommener ist seine Mobilität und desto geringer ist folglich auch seine Neigung, auf interregionale Einkommensunterschiede zu reagieren. Ähnliche Spezifikationen finden sich unter anderem auch bei Burbidge und Myers (1994a) oder Wellisch (1999). Weitere Wanderungsmodelle mit besonderer Beachtung von Wanderungskosten sind Hercovitz und Pines (1997) sowie Myers und Papageorgiou (1997). In diesen Arbeiten besteht allerdings lediglich interregionale Heterogenität, alle mobilen Haushalte innerhalb einer Region sind identisch.

Die Existenz von Wanderungskosten beeinflußt die Gestalt der effizienten räumlichen Allokation mobiler Haushalte. Wie wir zeigen werden, gibt es bei stetiger Verteilung der Heimatpräferenzen eine Menge effizienter interregionaler Allokationen. Aufgrund persönlicher Wanderungskosten ist eine Reallokation von Haushalten innerhalb dieses Effizienzbereichs selbst dann nicht mehr anzustreben, wenn dadurch eine Steigerung des gesamtwirtschaftlichen Einkommens ermöglicht wird. Einkommensmaximierung kann sogar ineffizient sein. Dieser Fall tritt bei regional stark unterschiedlichen Produktionsbedingungen auf, wenn eine Angleichung der Arbeitsproduktivitäten eine entsprechend asymmetrische Haushaltsverteilung erfordert, d.h. wenn sehr umfangreiche Wanderungsbewegungen stattfinden müssen.

Neben Markteinkommen und Wanderungskosten beeinflussen auch öffentliche Steuer- und Ausgabenprogramme in den einzelnen Regionen die Wohnortentscheidungen privater Haushalte. Bereits Buchanan und Goetz (1972) weisen darauf hin, daß nicht harmonisierte staatliche Leistungen in einer ineffizienten Haushaltsallokation münden. Eine allgemein akzeptierte, intuitive Begründung für dieses Ergebnis ist die Existenz *fiskalischer Externalitäten* der Wanderung (Flatters, Henderson und Mieszkowski, 1974; Wildasin, 1980, 1986, 1987). Kann ein mobiler Haushalt seine Position als Transferempfänger oder Steuerzahler verbessern, indem er seinen Wohn- und Arbeitsort in eine andere Gebietskörperschaft verlegt, so schlägt sich dies im öffentlichen Budget sowohl seiner Heimat- als auch seiner Zielregion nieder und mündet entsprechend in einer zusätzlichen fiskalischen Be- oder Entlastung dortiger Einwohner. Diese Effekte spielen für die Wanderungsentscheidung eines streng eigennützigen Haushalts aber keine Rolle, d.h. die sozialen Grenzkosten dieser Handlung übersteigen die privaten Grenzkosten. Persönliche Heimatbindungen wirken hier wie ein Puffer, der fiskalisch motivierte Wanderungsanreize abschwächt. Fiskalische Externalitäten der Wanderung wiegen daher umso stärker, je höher die interregionalen Steuer-/Transferunterschiede relativ zur Intensität der persönlichen Wanderungskosten ausgeprägt sind.

Wir beginnen nun mit der theoretischen Analyse. Abschnitt 3.1 überträgt die voranstehenden Überlegungen in ein formales Modell, dessen Effizienzeigenschaften in Abschnitt 3.2 diskutiert werden. Auf dieser Grundlage beleuchtet Abschnitt 3.3 die Problematik interregional unabgestimmter Transferleistungen. Abschnitt 3.4 schließlich untersucht, welche Einkommenswirkungen durch eine Arbeitsmarktintegration hervorgerufen werden, und unter welchen Bedingungen alle Haushalte hiervon profitieren können.

3.1 Grundlagen

Haushalte

Betrachten wir eine Föderation, die sich aus zwei Regionen, 1 und 2, zusammensetzt.[22] In jeder Region leben zwei Gruppen von Haushalten, Arbeiter und Grundbesitzer. Dabei bezeichne N die exogene Anzahl an Arbeitern in der Ökonomie. Diese können sich in einem persönlichen Merkmal, ihrer Heimatbindung, unterscheiden. Jeder Arbeiter verkörpert genau einen Haushaltstyp n, $n \in [0, N]$, mit der additiven Nutzenfunktion

$$U(n) = \begin{cases} x_1 + c(N - n), & \text{falls } n \text{ in Region 1 lebt,} \\ x_2 + cn, & \text{falls } n \text{ in Region 2 lebt.} \end{cases} \tag{3.1}$$

Die Komponente x_i, $i = 1, 2$, steht für das einheitliche Einkommen, das einem in Region i ansässigen Arbeiter für seinen privaten Konsum zur

[22]Der Begriff „Region" mag dabei sowohl für eine untergeordnete Gebietskörperschaft innerhalb eines *Bundesstaates* wie der BR Deutschland, als auch für ein Land als untergeordnetem Bestandteil eines *Staatenbundes* wie der EU stehen. Die Beschränkung auf zwei Regionen erfolgt lediglich zur Vereinfachung und berührt die qualitativen Ergebnisse nicht.

Verfügung steht. Der Grenznutzen des Einkommens sei konstant und betrage Eins.
Die exogenen Komponenten $c(N-n)$ bzw. cn repräsentieren jeweils den persönlichen Nutzen, den ein Haushalt vom Typ n daraus zieht, daß er in Region 1 bzw. 2 lebt.[23] Der Parameter $c \in [0, \infty]$ charakterisiert die Intensität der Bindung an den Wohnsitz und beeinflußt somit den Grad der Haushaltsmobilität. Zugleich zeigt c die Heterogenität der Präferenzen an. Im unteren Grenzfall, $c = 0$, gibt es keine persönlichen Wanderungshemmnisse. Arbeiter sind also vollkommen mobil. Da der Nutzen ausschließlich aus der Komponente x_i besteht, liegen auch vollkommen homogene Präferenzen vor. In allen Fällen $0 < c < \infty$ ist die Haushaltsmobilität unvollkommen, und Präferenzen sind heterogen. Im oberen Grenzfall, $c = \infty$, wird der Nutzen nahezu ausschließlich durch die Intensität der Bindung an den Wohnsitz bestimmt. Dies impliziert vollkommene Immobilität und Heterogenität von Präferenzen.[24]
Jeder Arbeiter lebt in einer der beiden Regionen. Sei N_i die Anzahl an Arbeitern in Region i. Dann lautet die Bevölkerungsrestriktion:

$$N = \sum_{i=1,2} N_i. \tag{3.2}$$

Ein rationaler Haushalt lebt dort, wo er den höchsten Nutzen erzielt, und er betrachtet dabei das Wanderungsverhalten der übrigen Arbeiter als gegeben.[25] Im Migrationsgleichgewicht ist genau ein Typ Arbeiter, der *marginale* Haushalt $\bar{n}$, indifferent zwischen Region 1 und 2. Alle Arbeiter des Typs $n < \bar{n}$ bevorzugen eindeutig Region 1, und diejenigen vom Typ $n > \bar{n}$ sind eindeutig in 2 bessergestellt.

[23]Da die persönliche Bindung eine Kostante ist, beeinflußt weder die additive Gestalt der Päferenzen, noch der konstante Grenznutzen des Einkommens die Qualität der folgenden Aussagen.

[24]Dieser Grenzfall soll in der Analyse nur eine untergeordnete Rolle spielen. Ist im weiteren von *mobilen* Arbeitern die Rede, so wird stets $c << \infty$ unterstellt.

[25]Diese Verhaltensannahme geht auf Nash (1950) zurück und wird entsprechend als *Nash*-Verhalten bzw. -Annahme bezeichnet.

$$
\begin{aligned}
x_1 + c(N - \bar{n}) &= x_2 + c\bar{n}, \\
x_1 + c(N - n) &> x_2 + cn, \qquad \forall n < \bar{n}, \\
x_1 + c(N - n) &< x_2 + cn, \qquad \forall n > \bar{n}.
\end{aligned} \tag{3.3}
$$

Der Typ des marginalen Haushalts determiniert die gleichgewichtige Anzahl von Arbeitern in den Regionen, $N_1 = \bar{n}$ und $N_2 = N - \bar{n}$. Bei vollkommener Mobilität reduziert sich (3.3) auf die obere Gleichung, weil jeder Arbeiter mit dem marginalen Haushalt identisch sein kann. Bei unvollkommener Mobilität können je nach Höhe der interregionalen Einkommensdivergenz unterschiedliche Typen von Arbeitern den marginalen Haushalt verkörpern. Bei vollkommener Immobilität schließlich kann sich unabhängig von der vorherrschenden Einkommensdifferenz kein Haushalt durch einen Wohnortwechsel besserstellen.

In Region i leben zudem identische Grundbesitzer, deren Anzahl wir vereinfachend auf 1 normieren wollen. Grundbesitzer haben eine unendlich starke Bindung an ihre Wohnsitzregion und sind folglich vollkommen immobil.[26] Sie erhalten ein einheitliches Einkommen in Höhe von y_i, und

---

[26]Unterschiedliche Mobilitätsannahmen für die beiden Haushaltsgruppen mögen auf vielfältige Weise gerechtfertigt werden. Eine den empirischen Ergebnissen angemessene Möglichkeit ist es erstens, die Intensität der Heimatbindung an das persönliche Lebensalter zu knüpfen (siehe Fußnote 11). Der jüngste Haushalt ist dann vom Typ $\frac{N}{2}$, und 0 bzw. N sind jeweils die ältesten Arbeiter in Region 1 bzw. 2. Grundbesitzer befinden sich im Ruhestand und sind dementsprechend immobil. Zweitens mag man die Existenz regionenspezifischer Qualifikationen unterstellen. In diesem Fall ist der Arbeiter $\frac{N}{2}$ für beide Regionen gleichermaßen qualifiziert, während 0 bzw. N bei einem Wohnortwechsel jeweils die höchsten (exogenen) Umschulungskosten z.B. in Form von Freizeitverzicht hinehmen müssen. Bei Grundbesitzern steht dann die besonders einseitige Ausgangsqualifikation einer Beschäftigung in der Fremde stets entgegen – eine Situation die im Fall interregional sehr heterogener Arbeitsmärkte auftreten kann. Derartige Wanderungsmodelle – allerdings mit endogenen Ausbildungsentscheidungen – finden sich z.B. bei Leach (1996) sowie Razin und Sadka (1997). Drittens denke man an eine räumliche Ökonomie, deren Peripheriebewohner – die Grundbesitzer – prohibitiv hohe Umzugskosten hinnehmen müssen, während gleichmäßig im Raum

ohne Beschränkung der Allgemeinheit betrage ihr Grenznutzen ebenfalls konstant Eins.

Produktion
Grundbesitzer verfügen über L_i Einheiten Land an ihrem Wohnsitz, und jeder der N_i ansässigen Arbeiter stellt unelastisch eine Einheit Arbeit für die regionale Produktion eines homogenen privaten Gutes bereit. Die Produktionstechnologie $F^i(L_i, N_i)$ sei linear-homogen und strikt konkav, $F^i_* \equiv \frac{\partial F^i(L_i,N_i)}{\partial *_i} > 0$ und $F^i_{**} \equiv \frac{\partial^2 F^i(L_i,N_i)}{\partial *_i^2} < 0$, $* \in \{L, N\}$.[27]
Die gesamtwirtschaftliche Erreichbarkeitsbedingung für das private Gut lautet dann:

$$\sum_{i=1,2} F^i(L_i, N_i) = \sum_{i=1,2} (N_i x_i + y_i). \tag{3.4}$$

Das gesamtwirtschaftliche Einkommen in der Föderation, ausgedrückt in Einheiten des privaten Gutes, muß also mit dem aggregierten Konsum beider Haushaltsgruppen in beiden Regionen übereinstimmen.

3.2 Effiziente Allokationen

Problem des Zentralplaners
Die Bevölkerungsrestriktion (3.2), das Migrationsgleichgewicht (3.3) und die Erreichbarkeitsbedingung (3.4) beschreiben die Menge aller zulässigen Allokationen. Da Arbeit der einzige mobile Produktionsfaktor ist, wird die Höhe des gesamtwirtschaftlichen Einkommens ausschließlich durch die räumliche Verteilung der Arbeiter in der Föderation bestimmt. Das allokative Grundproblem des vorliegenden Modells besteht also in der Charakterisierung einer *effizienten interregionalen Haushaltsallokation.* Eine solche Situation liegt vor, wenn es nicht möglich ist, einen weiteren Arbeiter für die persönlichen Wanderungskosten eines Wohnsitzwechsels

verteilte Arbeiter je nach Grenzentfernung nur geringe Distanzen zu überbrücken haben.

[27]Tiefgestellte Indizes symbolisieren hier und im folgenden partielle Ableitungen, sofern nicht ausdrücklich eine andere Notation vereinbart wird.

einkommensmäßig zu kompensieren, ohne zugleich das Einkommen irgendeiner anderen Haushaltsgruppe reduzieren zu müssen.

Zur Charakterisierung effizienter Allokationen wird das Kalkül eines fiktiven, allwissenden und wohlwollenden Zentralplaners herangezogen. Wir unterstellen dabei als Ziel die Maximierung einer Linearkombination der Einkommen von Arbeitern in beiden Regionen, $\gamma x_1 + (1-\gamma)x_2$ $\forall\, \gamma \in [0,1]$, wobei Grundbesitzern ein Reservationseinkommen von $\bar{y}_i$ zustehen soll.[28] Man beachte hierbei, daß exogene Heimatbindungen nicht explizit berücksichtigt werden müssen. Da ein rationaler Haushalt seinen Wohnort gemäß (3.3) dann und nur dann wechselt – und damit seine Heimatpräferenzen offenbart –, wenn die interregionale Einkommensdivergenz seine persönlichen Wanderungskosten übersteigt, muß jede zulässige Reallokation, die mit einem Einkommensanstieg der Arbeiter in einer der beiden Regionen verbunden ist, immer eine Pareto-Verbesserung darstellen. Formal erhält man als Problem des Zentralplaners:

$$\max_{\{x_i, N_i\}} \quad \gamma x_1 + (1-\gamma)x_2, \tag{3.5}$$

unter den Nebenbedingungen (3.2) $[\beta]$, (3.3) $[\alpha]$ und (3.4) $[\lambda]$ sowie $x_i, N_i \geq 0$, $i = 1, 2$. Die zugehörigen Lagrange-Multiplikatoren $\{\beta, \alpha, \lambda\}$ befinden sich jeweils in den eckigen Klammern hinter den genannten Restriktionen.

Notwendige Bedingungen

Notwendige Bedingungen für ein Maximum der Zielfunktion des Zentralplaners sind die Nebenbedingungen (3.2) – (3.4) sowie die Marginalbedingungen

$$(x_i): \quad \gamma_i + \alpha_i - \lambda N_i = 0, \tag{3.6}$$

$$(N_i): \quad \lambda(F_N^i - x_i) - \alpha_i c - \beta = 0, \tag{3.7}$$

[28] Ähnliche Zielfunktionen zur Lösung des Pareto-Problems finden sich auch bei Burbidge und Myers (1994a) und Wellisch (1995).

$i = 1,2$, wobei die Definitionen $\gamma_1 \equiv \gamma$, $\gamma_2 \equiv 1-\gamma$, $\alpha_1 \equiv \alpha$ und $\alpha_2 \equiv -\alpha$ zu verwenden sind.[29]

Die notwendigen Bedingungen (3.2) - (3.7) bilden ein System, bestehend aus sieben Gleichungen mit den sieben endogenen Variablen $\{x_1, x_2, N_1, N_2, \alpha, \lambda, \beta\}$ und den fünf exogenen Variablen $\{\bar{y}_1, \bar{y}_2, L_1, L_2, N\}$. Für *alle* Parameterwerte $\gamma \in [0,1]$ wird die Lösungsmenge des Maximierungsproblems somit ausschließlich durch den Grad der interregionalen Haushaltsmobilität, c, bestimmt.

Effiziente interregionale Haushaltsallokationen

Auflösen von (3.6) nach α für beide Regionen, Gleichsetzen beider Bedingungen und Berücksichtigung von (3.2) ergibt $\lambda = \frac{1}{N}$ als Schattenpreis des gesamtwirtschaftlichen Einkommens. Berücksichtigt man nun (3.6) für α_i in (3.7), eliminiert β und multipliziert mit $\frac{1}{\lambda} = N$, so erhält man als Effizienzbedingung für *einen bestimmten* Parameterwert γ: $(F_N^1 - x_1) - (F_N^2 - x_2) = 2c(N_1 - \gamma N)$. Entsprechend erhält man für *alle* $\gamma \in [0,1]$ das folgende Effizienzintervall:

$$-2cN_2 \leq (F_N^1 - x_1) - (F_N^2 - x_2) \leq 2cN_1. \tag{3.8}$$

Alle Bevölkerungsallokationen, die sich im Intervall (3.8) befinden, zeichnen sich dadurch aus, daß der marginale Nettoeffekt der Wanderung auf das gesamtwirtschaftliche Einkommen mit den sozialen Grenzkosten der Wanderung übereinstimmt. Durch Zuwanderung eines mobilen Haushalts z.B. in die Region 1 steht dort eine zusätzliche Einheit Arbeit zur Verfügung, während 2 eine Einheit Arbeit entzogen wird. Das Gesamteinkommen in der Föderation erhöht sich brutto um $F_N^1 - F_N^2$. Da mit einem

[29] Die voranstehenden Marginalbedingungen erhält man nach Überführung des Maximierungsproblems (3.5) in eine Langrange-Funktion mit den genannten Multiplikatoren für die Nebenbedingungen und anschließender Differentiation der Wahlvariablen. Da hier unterstellt werden soll, daß Arbeiter in beiden Regionen ein positives Einkommen erhalten, und daß beide Regionen stets bevölkert sind, $x_i > 0$ und $N_i > 0$, $i = 1,2$, werden die Kuhn-Tucker Bedingungen in (3.6) und (3.7) vernachlässigt.

Wohnortwechsel zugleich ein Einkommensverzicht des Wanderers in seiner Heimat- und ein Einkommensanspruch in seiner Zielregion verbunden ist, müssen $x_1 - x_2$ zusätzliche Einheiten Einkommen bereitgestellt werden, die den wanderungsinduzierten Anstieg des gesamtwirtschaftlichen Einkommens entsprechend mindern.

Die sozialen Grenzkosten der Wanderung hängen vom Grad der interregionalen Haushaltsmobilität, c, ab. Gilt $c = 0$, so ist die effiziente Allokation eindeutig. Da Wanderung kostenlos möglich ist und folglich alle Arbeiter unabhängig von ihrem Wohnsitz ein identisches Einkommen erhalten, reduziert sich das Ziel des Zentralplaners auf die Maximierung des Einkommens eines beliebigen Arbeiters in einer beliebigen Region. Bei gegebenen Reservationseinkommen der Grundbesitzer ist dieses Kalkül identisch mit der Maximierung des Gesamteinkommens, charakterisiert durch eine interregionale Angleichung der Grenzproduktivitäten des Faktors Arbeit, $F_N^1 = F_N^2$.

Bei unvollkommener Mobilität, $0 < c < \infty$, sind Arbeiter nur dann bereit ihren Wohnsitz aufzugeben, wenn sie dafür eine einkommensmäßige Kompensation erhalten. Um einen marginalen Arbeiter aus Region 2 zu einem Umzug nach 1 zu bewegen, ist gemäß (3.3) in Verbindung mit (3.2) ein Anstieg der interregionalen Einkommensdivergenz in Höhe von $\frac{d(x_1 - x_2)}{dN_1} = 2c$ erforderlich. Im Fall $\gamma = 0$ sind die sozialen Grenzkosten der Zuwanderung in die Region 1 mit $2cN_1$ maximal, denn hier findet ein Einkommensanstieg für die N_1 Arbeiter um jeweils $2c$ Einheiten keine soziale Berücksichtigung im Kalkül des Zentralplaners. Entsprechendes gilt bei Zuwanderung in die Region 2 für $\gamma = 1$. Folglich befindet sich die effiziente Anzahl von Arbeitern in Region 1 im Fall $\gamma = 0$ an der Untergrenze des Effizienzintervalls und im Fall $\gamma = 1$ an seiner Obergrenze.

Bei Immobilität, $c = \infty$, ist die interregionale Haushaltsallokation vollkommen unabhängig von der Höhe der interregionalen Einkommensdivergenz. Jede Allokation ist effizient, weil den unendlich hohen sozialen Grenzkosten der Wanderung ein lediglich endlicher marginaler Nettoeffekt auf das gesamtwirtschaftliche Einkommen gegenübersteht.

Zur Erleichterung der grafischen Darstellung effizienter Haushaltsallokationen formen wir nun (3.8) unter Verwendung von (3.3) für $x_1 - x_2$ um und erhalten als modifizierten Ausdruck:

$$-c(4N_2 - N) \leq F_N^1 - F_N^2 \leq c(4N_1 - N). \qquad (3.9)$$

Alternativ zu (3.8) stellt (3.9) den marginalen Bruttoeinkommenseffekt der Wanderung den sozialen Bruttogrenzkosten gegenüber.

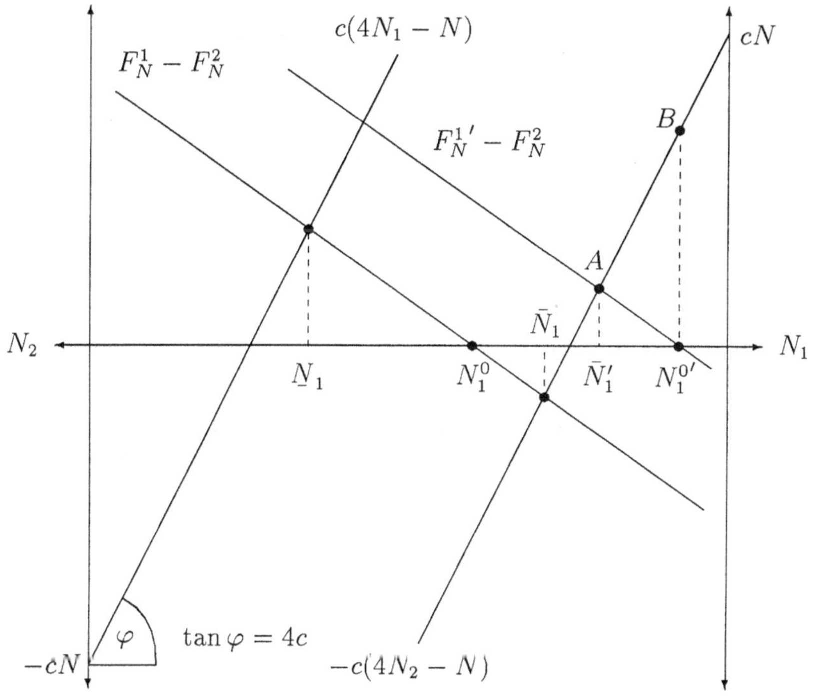

Abb. 3.1: Effiziente interregionale Haushaltsallokationen

In der voranstehenden Abbildung 3.1 befinden sich auf der Abszisse innerhalb der beiden Ordinaten alle Haushaltsallokationen zwischen den

Regionen, die mit der Bevölkerungsrestriktion (3.2) vereinbar sind. Je weiter man sich an der Abszisse entlang nach rechts bewegt, desto höher ist die Anzahl der Haushalte in Region 1 und desto geringer ist sie in 2. Im Schnittpunkt der $(F_N^1 - F_N^2)$-Funktion mit der Abszisse - an der Stelle N_1^0 - liegt das gesamtwirtschaftliche Einkommensmaximum. Die Funktionen $c(4N_1 - N)$ bzw. $-c(4N_2 - N)$ stellen die maximalen bzw. minimalen sozialen Bruttogrenzkosten der Zuwanderung in die Region 1 dar. Bei vollkommener Haushaltsmobilität, $c = 0$, existieren keine Wanderungskosten. Beide Funktionen fallen folglich mit der Abszisse zusammen, und die Menge der effizienten Allokationen enthält nur ein Element, N_1^0. Für $0 < c < \infty$ wird die Menge der effizienten Allokationen durch das Intervall $[\underline{N}_1, \bar{N}_1]$ beschrieben.

Das gesamtwirtschaftliche Einkommensmaximum muß aber nicht Bestandteil des Effizienzbereichs sein, wie durch Punkt $N_1^{0\prime}$ für eine alternative Grenzproduktivitätsfunktion $F_N^{1\prime}$ angedeutet wird. Da die Bruttogrenzkosten der Zuwanderung in die Region 1 an der Stelle $N_1^{0\prime}$ positiv sind, können alle Haushaltstypen $n \in]\bar{N}_1', N_1^{0\prime}]$ durch einen Umzug nach 2 strikt bessergestellt werden, ohne daß die übrigen Haushalte dadurch einen Einkommensverlust hinzunehmen haben. Zwar reduziert sich beim Übergang von $N_1^{0\prime}$ nach $\bar{N}_1'$ das gesamtwirtschaftliche Einkommen um die Fläche $\bar{N}_1' A N_1^{0\prime}$, gleichzeitig sinken aber auch die sozialen Bruttowanderungskosten um $\bar{N}_1' A B N_1^{0\prime}$, so daß $A B N_1^{0\prime}$ als Summe der Nettovorteile aller Wanderer übrigbleibt.[30] Konkret folgt aus (3.9), daß Einkommensmaximierung bei unvollkommener Haushaltsmobilität nur dann mit Effizienz vereinbar ist, wenn die Angleichung der Grenzproduktivitäten eine hinreichend symmetrische Bevölkerungsallokation erfordert: $F_N^1(L_1, \frac{N}{4}) \geq F_N^2(L_2, \frac{3N}{4})$ und $F_N^1(L_1, \frac{3N}{4}) \leq F_N^2(L_2, \frac{N}{4})$. Pro-

[30] Formal entspricht die Zunahme des Gesamteinkommens dem Integral unterhalb von $F_N^{1\prime} - F_N^2$ zwischen den Allokationen $\bar{N}_1'$ und $N_1^{0\prime}$: $\int_{\bar{N}_1'}^{N_1^{0\prime}} [F_N^1(L_1, z_1)' - F_N^2(L_2, N - z_1)] dz_1 = [F^1(L_1, N_1^{0\prime})' + F^2(L_2, N - N_1^{0\prime})] - [F^1(L_1, \bar{N}_1')' + F^2(L_2, N - \bar{N}_1')]$. Analog kann die Fläche unterhalb von $-c(4N_2 - N)$ als Differenz der sozialen Bruttowanderungskosten interpretiert werden.

duktionstechnologien und/oder Landausstattungen dürfen also nicht zu stark divergieren. Im Spezialfall identischer Regionen liegt das gesamtwirtschaftliche Einkommensmaximum natürlich stets innerhalb der Menge effizienter Haushaltsallokationen.

Ergebnis 3.1 *Entsprechen die Auswirkungen eines zusätzlichen Wanderers auf das gesamtwirtschaftliche Einkommen den sozialen Grenzkosten der Wanderung, so liegt eine effiziente interregionale Haushaltsallokation vor. Bei vollkommener Mobilität befindet sich diese im Einkommensmaximum der Föderation. Bei unvollkommener Haushaltsmobilität existiert stets ein Intervall effizienter Allokationen, und das gesamtwirtschaftliche Einkommensmaximum kann außerhalb dieses Bereichs liegen. Einkommensmaximierung ist im allgemeinen nur dann mit Effizienz vereinbar, wenn Regionen hinreichend identische Produktionsbedingungen aufweisen.*

Bisher war das Einkommen mobiler Arbeiter eine direkte Wahlvariable des fiktiven, zentralen Koordinators, der durch geeignete interregionale Einkommensdivergenzen effiziente Wanderungsentscheidungen sicherstellen konnte. Ausgehend von dieser Referenzsituation soll nun im nächsten Schritt untersucht werden, ob und unter welchen Bedingungen Wanderungen effizient sind, wenn die knappheitsbedingte Verteilung der Markteinkommen durch eine unkoordinierte Steuer-/Transferpolitik regionaler Regierungen korrigiert wird.

3.3 Dezentrale Wanderungsgleichgewichte

Haushalte

Jeder mobile Arbeiter bietet eine Einheit Arbeit vollkommen unelastisch auf dem Arbeitsmarkt seiner Wohnsitzregion an und bezieht dafür ein Lohneinkommen w_i. Unabhängig von seiner Herkunft erhält er zudem am Wohnsitz einen direkten Sozialtransfer σ_i^N, mit $\sigma_i^N \gtreqless 0$.[31] Negative Sozial-

[31] Der Begriff „Sozialtransfer“ wird künftig für eine staatliche Unterstützungszah-

transfers sind als Steuerzahlungen zu interpretieren. Fiskalische Diskriminierung aufgrund persönlicher Heimatbindungen, d.h. eine Differenzierung staatlicher Leistungen je nach Haushaltstyp, wollen wir ausschließen, denn dies verstößt z.B. gegen die Regelungen zur Arbeitnehmerfreizügigkeit in der EU. Als Budgetrestriktion eines *beliebigen* Arbeiters in Region i folgt somit:

$$x_i = w_i + \sigma_i^N. \tag{3.10}$$

Grundbesitzer bieten ihre L_i Einheiten Land ebenfalls vollkommen unelastisch auf dem regionalen Landmarkt an. Auswärtiger Grundbesitz bleibt zunächst unberücksichtigt. Das Gesamteinkommen einer Region, $F^i(L_i, N_i)$, fließe ausschließlich ansässigen Haushalten zu. Somit erhalten wir

$$y_i = F^i(L_i, N_i) - N_i(w_i + \sigma_i^N) \tag{3.11}$$

als Einkommen immobiler Haushalte in Region i.

Produktion

Der regionale Produktionssektor bestehe aus einer Vielzahl identischer Unternehmen. Auf dem Land-, Arbeits- und Gütermarkt herrsche vollkommener Wettbewerb. Unternehmen sind also Preisnehmer und Mengenanpasser. Den Preis des privaten Gutes normieren wir auf Eins. Sei ρ_i der Preis pro Einheit Land, den die Unternehmen an die Grundbesitzer zahlen. Die aggregierte Gewinnfunktion des Produktionssektors lautet dann:[32]

$$\Pi_i = F^i(L_i, N_i) - L_i \rho_i - N_i w_i. \tag{3.12}$$

Der Produktionssektor maximiert seinen Gewinn durch geeignete Wahl

lung an einen *Haushalt* verwendet, um einer späteren Verwechslung mit Transferzahlungen zwischen *Regionen* vorzubeugen.

[32] Aufgrund der linearen Homogenität der Technologien können wir das Verhalten einer Vielzahl von M_i identischen Unternehmen ohne Beschränkung der Analyse durch eine aggregierte Betrachtung des regionalen Produktionssektors abbilden, $M_i F^i(\frac{L_i}{M_i}, \frac{N_i}{M_i}) = F^i(L_i, N_i)$.

der Faktoreinsatzmengen,

$$F_L^i = \rho_i, \tag{3.13}$$

$$F_N^i = w_i. \tag{3.14}$$

Im Gewinnmaximum entspricht die Grenzproduktivität des Landes dem Landpreis, und die Grenzproduktivität der Arbeit stimmt mit dem Lohnsatz überein. Nach Einsetzen von (3.13) für ρ_i sowie (3.14) für w_i in (3.12) und Verwendung des Ausschöpfungstheorems für linear-homogene Funktionen zeigt sich, daß Unternehmen im Gewinnmaximum Nullgewinne realisieren, $\Pi_i = 0$.

Effiziente Wanderungsgleichgewichte
Arbeiter lassen sich dort nieder, wo sie den höchsten Nutzen erzielen. Berücksichtigt man nun (3.14) für w_i in (3.10) und verwendet das Ergebnis für x_i in (3.3), so folgt als modifiziertes Wanderungsgleichgewicht:

$$(F_N^1 + \sigma_1^N) - (F_N^2 + \sigma_2^N) = c(2N_1 - N). \tag{3.15}$$

Verkürzend betrachten wir hier nur das Kalkül des marginalen Haushalts. Dieser ist indifferent zwischen beiden Regionen, wenn die Divergenz der Nettoeinkommen die persönlichen Kosten eines Wohnortwechsels aufwiegt.

Ein Vergleich von (3.15) mit (3.8) bzw. (3.9) zeigt, daß die Effizienz dezentraler Wanderungsentscheidungen ausschließlich von der interregionalen Differenz der Sozialtransfers – also von fiskalischen Größen – abhängt,

$$-2cN_2 \leq \sigma_2^N - \sigma_1^N \leq 2cN_1. \tag{3.16}$$

Gemäß (3.16) sind identische Sozialleistungen in beiden Regionen zwar stets hinreichend, aber lediglich bei vollkommener Mobilität, $c = 0$, auch notwendig für eine effiziente Bevölkerungsallokation. Dementsprechend mag es bei unvollkommener Mobilität, $0 < c < \infty$, effiziente Gleichgewichte mit unterschiedlichen Sozialtransfers geben.[33] Dies bedeutet je-

[33] So auch Mansoorian und Myers (1993), die analog zeigen, daß das effizienzsichernde Intervall regionaler Steuersatzunterschiede mit dem Grad der Heimatbindung zunimmt.

doch im Umkehrschluß nicht, daß eine Subventionierung oder Besteuerung mobiler Haushalte *allokativ* zu rechtfertigen ist. Denn die Abwesenheit staatlicher Eingriffe, $\sigma_i^N = 0$, $i = 1, 2$, gewährleistet unabhängig vom Mobilitätsgrad stets interregionale Effizienz.

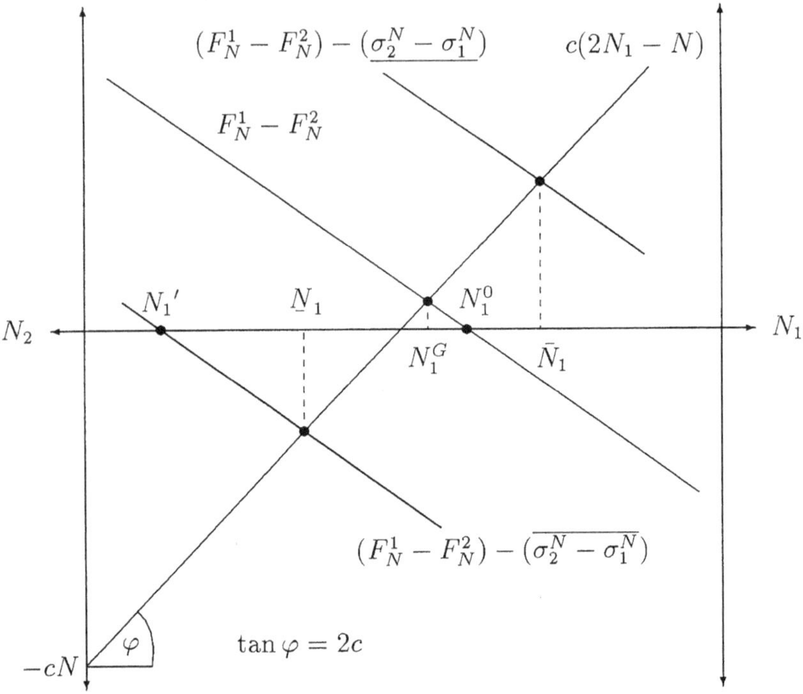

Abb. 3.2: Effiziente dezentrale Wanderungsgleichgewichte

Abbildung 3.2 stellt effiziente und ineffiziente Wanderungsgleichgewichte für alternative regionale Sozialtransfers und Mobilitätsgrade gegenüber. Bei Abwesenheit staatlicher Umverteilungspolitik oder bei identischen Sozialtransfers, $\sigma_1^N = \sigma_2^N$, ergibt sich das Wanderungsgleichgewicht gemäß (3.15) durch den Schnittpunkt der Funktion der interregionalen Lohndivergenz, $F_N^1 - F_N^2$, mit der Funktion der Zuwanderungskosten in

die Region 1, $c(2N_1 - N)$. Im Fall vollkommener Mobilität befindet sich dieses Gleichgewicht im Punkt N_1^0, dort wo kein Haushalt durch einen Wohnortwechsel sein Markteinkommen und folglich auch das gesamtwirtschaftliche Einkommen steigern kann. Den Fall unvollkommener Mobilität repräsentiert das (effiziente) Gleichgewicht $N_1^G \in [\underline{N}_1, \bar{N}_1]$. Hier kommt es zu keiner vollständigen Angleichung der Markteinkommen, denn aufgrund persönlicher Bindungen ist es für alle Arbeiter $n > N_1^G$ rational, Region 2 trotz höherer Löhne in 1 nicht zu verlassen.
Voneinander abweichende Gleichgewichtslöhne können auch durch eine interregional unterschiedliche fiskalische Behandlung mobiler Arbeiter hervorgerufen werden. In einer Situation $\overline{\sigma_2^N - \sigma_1^N} > 0$ gibt es ausgehend von N_1^0 bzw. N_1^G einen starken Anreiz, aus Region 1 abzuwandern, um in 2 höhere Sozialleistungen zu beziehen. Das zusätzliche Arbeitsangebot in Region 2 bewirkt dort eine Lohnsenkung, und analog steigt die Grenzproduktivität der Arbeit in 1. Der Wanderungsanreiz bleibt bei vollkommener Mobilität solange bestehen, bis im Punkt N_1' die Nettoeinkommen – allerdings zu unterschiedlichen Marktlöhnen – übereinstimmen. Bei unvollkommener Mobilität erlischt der Wanderungsstrom bereits im Punkt $\underline{N}_1$, dort wo der Heimatnutzen des marginalen Haushalts durch die Nettoeinkommenseinbuße aufgewogen wird. Im Gegensatz zu N_1' ist die Bevölkerungsallokation $\underline{N}_1$ aber (noch) effizient. Dies ändert sich erst bei einer über $\overline{\sigma_2^N - \sigma_1^N}$ hinausgehenden Abweichung der Sozialleistungen. Die korrespondierende Untergrenze (noch) effizienzsichernder Sozialtransferunterschiede bildet sich entsprechend durch $\underline{\sigma_2^N - \sigma_1^N}$.

Ergebnis 3.2 *Ziehen Haushalte ausschließlich Nutzen aus ihrem persönlichen Einkommen und gegebenenfalls aus ihrem Wohnsitz, so gibt es unabhängig vom Grad interregionaler Mobilität keine allokative Rechtfertigung für staatliche Umverteilungsmaßnahmen. Werden dennoch Sozialtransfers gezahlt oder Steuern erhoben, so mündet je nach Mobilitätsgrad eine hinreichend unterschiedliche fiskalische Behandlung mobiler Haushalte in einer verzerrten interregionalen Bevölkerungsallokation.*

Fiskalische Externalitäten sind die Quelle der (potentiellen) Ineffizienz privater Wanderungsentscheidungen. Bei vollkommener Mobilität orientieren sich Arbeiter ausschließlich am erzielbaren Nettoeinkommen, das von ihrem Bruttoeinkommen bzw. ihrer Grenzproduktivität immer dann abweicht, wenn staatliche Transferprogramme existieren. Regionen mit umfangreichen Sozialleistungen sind dabei für Wanderer besonders attraktiv. Diese berücksichtigen nicht, daß ihr Umzug eine steuerliche Entlastung der übrigen Haushalte in ihrer Heimatregion ermöglicht und eine Zusatzbelastung in der Zielregion hervorruft. Sind Sozialtransfers identisch, so neutralisieren sich beide Effekte im Gleichgewicht, d.h. zusätzlich belastete können von entlasteten Haushalten gerade kompensiert werden. Unterschiedliche Leistungsniveaus treiben hingegen einen Keil zwischen die Grenzproduktivitäten der Arbeit, so daß Wanderung in eine Region mit höheren Sozialtransfers zu einer Reduktion des gesamtwirtschaftlichen Einkommens führt. Die Existenz von Wanderungskosten mildert die Anforderung vollkommen harmonisierter Sozialtransfers ab, denn sie verringert den Anreiz, Wohnortentscheidungen an fiskalischen Größen auszurichten.

3.4 Integrationswirkungen

Inwieweit die in Tabelle 1.1 festgehaltenen sozialpolitischen Unterschiede zwischen den Mitgliedsländern der EU gemessen an der aktuellen Mobilität der Arbeitnehmer tatsächlich allokative Verzerrungen hervorrufen, scheint auf den ersten Blick eine ausschließlich *empirische* Frage zu sein. Wildasin (1998) weist allerdings darauf hin, daß beobachtbare Wanderungsbewegungen aus *theoretischer* Sicht nicht uneingeschränkt als Indikator für die Mobilität von Haushalten angesehen werden können, sondern ebenso gut auf einen bereits vollzogenen Anpassungsprozeß hindeuten mögen. Überprüfen wir die Implikationen dieser Aussage mit Hilfe von Abbildung 3.2.

Wanderung – ein Indiz für Mobilität?
Betrachten wir zunächst eine Welt mit isolierten Regionen, zwischen denen Wanderung formell ausgeschlossen ist. Der Punkt N_1^0 charakterisiere die Bevölkerungsallokation in Autarkie. In dieser Situation gibt es keine interregionalen Lohndivergenzen, obwohl die Arbeitsmärkte tatsächlich vollständig unabhängig voneinander sind. Eine solche Situation ist vorstellbar, wenn beide Regionen bereits durch freien Handel miteinander verbunden sind und die für die Gültigkeit des *Faktorpreisausgleichstheorems* (Samuelson, 1948, 1949) erforderlichen Voraussetzungen gelten. Werden die Grenzen nun für freie Wanderung geöffnet und vernachlässigt man fiskalische Größen, so gibt es bei vollkommener Mobilität keine Wanderungsbewegungen, d.h. die vollständige Integration der Arbeitsmärkte äußert sich nicht durch Migration.[34] Da Migration eine Stromgröße ist, kann beobachtbare Wanderung lediglich als Indiz dafür gelten, wie stark das Wanderungsgleichgewicht nach Grenzöffnung von der Bevölkerungsverteilung in Autarkie abweicht. Sie läßt jedoch keinen direkten Rückschluß auf die Relevanz persönlicher Wanderungshemmnisse zu.
Die mangelnde Eindeutigkeit des Zusammenhangs zwischen Migration und Mobilität wird besonders deutlich, wenn man das Verhalten vollkommen und unvollkommen mobiler Haushalte gegenüberstellt. Während Grenzöffnung im ersten Fall keinen Wohnortwechsel bewirkt hat, wandern im zweiten Fall $N_1^0 - N_1^G$ Arbeiter von Region 1 nach 2 ab.[35] Entscheidend für Wanderung ist demnach nicht die Existenz von Mobilitäts-

[34]Dies gilt auch dann, wenn bereits grenzüberschreitender Handel existiert. Wie Walz und Wellisch (1998) zeigen, herrschen bei Abwesenheit staatlicher Aktivitäten im Gleichgewicht mit freier Wanderung die gleichen Faktor- und Güterpreise wie bei Freihandel.

[35]Hier liegen tatsächlich *negative* Wanderungskosten vor, wie sie z.B. häufig bei Rückmigranten anzutreffen sind. In einer solchen Situation mögen sich auch ehemalige DDR-Bürger zur Zeit des Mauerfalls befunden haben, für die politische Restriktionen ein persönliches Wanderungsmotiv darstellten. Als weiteres Beispiel ist Familienzusammenführung denkbar, welche Bürger aus außereuropäischen Staaten wie der Türkei, deren Angehörige bereits in der EU leben und arbeiten, zu Einreiseanträgen veranlassen mag.

kosten, sondern nur die Höhe persönlicher Bindungen für den marginalen Haushalt. Dies gilt auch für die Richtung eines Wanderungsstroms. Ausgehend von einer alternativen Autarkie-Situation im Intervall $]N_1^G, N_1^0[$ führt Grenzöffnung bei vollkommener Mobilität zu einem Bevölkerungsanstieg in Region 1, bei unvollkommener Mobilität hingegen zu einem Anstieg der Bevölkerung in 2.
Zusammenfassend läßt also empirisch beobachtbare Wanderung keinen allgemeinen Rückschluß auf den tatsächlichen Grad der Arbeitsmarktintegration zu. Eine Aussage über die ökonomische Vorteilhaftigkeit offener Grenzen können wir aber dennoch treffen, denn Migration ist notwendig für Effizienzgewinne durch interregionale bzw. internationale Arbeitsteilung. Kommt es infolge der Beseitigung gesetzlicher Wanderungshemmnisse zu keiner Bewegung in der Bevölkerung, weil entweder prohibitv hohe Wanderungskosten vorliegen oder keine räumlichen Arbitragegewinne möglich sind, dann entfällt damit zugleich die Rechtfertigungsgrundlage für eine formelle Integration der Arbeitsmärkte.

Einkommenswirkungen der Integration

Ausgangspunkt einer für alle Haushaltsgruppen vorteilhaften Grenzöffnung kann nur eine ineffiziente Autarkie-Allokation sein. Der Wechsel von Autarkie zu Integration stellt aber – obwohl mit einer gesamtwirtschaftlichen Einkommenserhöhung verbunden – im allgemeinen keine Verbesserung im Sinne Paretos dar. Wie wir leicht zeigen können, stehen die existierenden Eigentumsverhältnisse einer Beteiligung aller Haushalte am gesamtwirtschaftlichen Zugewinn im Wege. Wir konzentrieren uns hierzu exemplarisch auf den Fall vollkommener Mobilität und abstrahieren auch zunächst von staatlicher Umverteilung.

In Abbildung 3.3 verkörpert jeweils die Fläche unterhalb einer regionalen Grenzproduktivitätsfunktion die Summe aller Einkommen in dieser Region.[36] Aufgrund unserer Annahme linear-homogener Technologien wird dieses Einkommen vollständig durch die knappheitsgerechte Entlohnung der regionalen Faktoren Land und Arbeit aufgezehrt. So setzt sich z.B. das Autarkie-Einkommen der Region 1, dargestellt durch die Fläche $0N_1^A A\bar{w}_1$, aus der Lohnsumme $0N_1^A Aw_1^A$ und der Landrente $w_1^A A\bar{w}_1$ zusammen. Der Einkommenszuwachs in Region 1 beim Übergang von Autarkie zu Integration – also bei wanderungsbedingter Lohnangleichung – beträgt dann $N_1^A N_1^0 EA$, und 2 hat analog einen Verlust in Höhe von $N_1^0 N_1^A CE$ hinzunehmen. Netto steht der Föderation damit ein zusätzliches Einkommen in Höhe von ACE zur Verfügung. Dieser Integrationsgewinn wird aber sehr ungleich auf die Haushaltsgruppen verteilt. Grundbesitzer in Region 1 gewinnen $w_1^0 EAw_1^A$ hinzu, weil die Zuwanderung dort zu einem Anstieg der Grenzproduktivität des Landes und folglich zu höheren Grundstückswerten führt. Analog reduziert sich das Vermögen der Grundbesitzer in Region 2 um $w_2^A CEw_2^0$. Lohneinkommensbezieher aus Region 1 verlieren insgesamt $w_1^0 BAw_1^A$ infolge der gesunkenen Grenzproduktivität der Arbeit, während mobile Arbeiter aus 2 zusätzlich $w_2^A CBw_2^0$ erhalten. Zusammenfassend kann also der *Wechsel* von Autarkie zu Integration nicht mit Hilfe des Pareto-Kriteriums beurteilt werden, obwohl bei einem reinen Vergleich der *Zustände* N_1^A und N_1^0 letzterer nach Pareto eindeutig vorzuziehen ist.

---

[36] Ähnliche Darstellungen finden sich bereits bei Berry und Soligo (1969) und später bei Clarke (1997). Clarke offenbart hierbei eine interessante Schwäche der Konvergenzdebatte, indem er zeigt, daß Migration eine tendenzielle Angleichung der Pro-Kopf Einkommen zwischen den beteiligten Gebietskörperschaften hervorruft, während gleichzeitig die Einkommensdifferenzen zwischen den ursprünglichen Bevölkerungen – in unserem Fall zwischen den Grundbesitzern in beiden Regionen – zunehmen. Er spricht daher auch von einer „Pseudo-Konvergenzwirkung" der Wanderung.

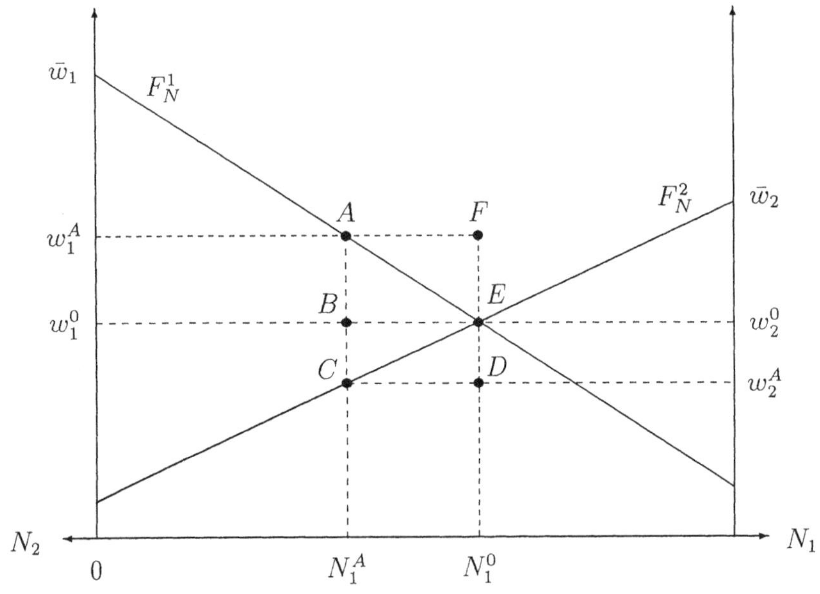

Abb. 3.3: Einkommenseffekte der Arbeitsmarktintegration

Ein möglicher Ausweg mag hier in der Beurteilung von Arbeitsmarktintegration auf der Grundlage des Kaldor/Hicks-Kriteriums (Kaldor, 1939; Hicks, 1939) liegen, das eine lediglich *potentielle* Pareto-Verbesserung in dem Sinne fordert, daß es den Gewinnern möglich ist, die Verlierer zu entschädigen.[37] Der Rückgriff auf dieses Kriterium reicht aber nicht aus, wenn Integration der Zustimmung der Benachteiligten oder gar der Einstimmigkeit bedarf.[38] Dann muß sich die potentielle Pareto-Verbesserung bei entsprechenden Mehrheitsverhältnissen in einer tatsächlichen Entschädigung der Integrationsverlierer niederschlagen,

[37]Das Kaldor/Hicks-Kriterium wird daher in der Literatur häufig auch als Kompensations-Kriterium bezeichnet (vgl. z.B. Varian, 1992).

[38]Man denke hier an die Referenden, die üblicherweise in beitrittswilligen Ländern zur EU stattfinden, und die eine mehrheitliche Befürwortung von „Integration" verlangen.

d.h. Arbeiter in Region 1 und Grundbesitzer in 2 müssen nach Grenzöffnung zumindest ihr Autarkie-Einkommen erhalten. Fraglich ist nun, ob und unter welchen Bedingungen eine solche Entschädigung stattfinden kann.

Private Kompensation

Prüfen wir zunächst, inwieweit rein private Entscheidungen für eine geeignete Kompensation sorgen können. Denkbar wäre hier, daß sich Grundbesitzer in Region 1 freiwillig die Zustimmung ansässiger Arbeiter sichern, indem sie vor Grenzöffnung einen Anteil von mindestens $\frac{w_1^0 BAw_1^A}{w_1^0 EAw_1^A}$ ihrer Ansprüche auf den Grundvermögenszuwachs abtreten.[39] Umgekehrt müßte in Region 2 eine Übertragung von mindestens $\frac{w_2^A CEw_2^0}{w_2^A CBw_2^0}$ aller zusätzlichen Lohnansprüche von Arbeitern an Grundbesitzer stattfinden. Beide Maßnahmen garantieren, daß keine Haushaltsgruppe durch Integration verliert. Tatsächlich kann die unkoordinierte, freiwillige Abtretung von Einkommensansprüchen ein mögliches *Nash*-Gleichgewicht sein. Unterstellen wir vorübergehend, in Region i leben $G_i > 1$ voneinander unabhängige Grundbesitzer, und nehmen wir z.B. an, $G_1 - 1$ Grundbesitzer in Region 1 leisten jeweils einen Beitrag von $\frac{w_1^0 BAw_1^A}{G_1 - 1}$. Dann kann der verbleibende Grundbesitzer durch eine Vermögensübertragung in gleicher Höhe für eine vollständige Kompensation der Arbeiter sorgen und damit einen individuellen Nettovermögenszuwachs von $\frac{ABE}{G_1}$ verwirklichen. Da dieses Kalkül simultan für alle identischen immobilen Haushalte gilt, hat kein Grundbesitzer in Region 1 einen Anreiz abzuweichen.

Es ist jedoch ebenso gut denkbar, daß alle (potentiellen) Integrationsgewinner eine Abtretung in erforderlicher Höhe verweigern, wenn ihre zugehörigen Haushaltsgruppen jeweils viele Mitglieder umfassen. Angenommen, $G_1 - 1$ Grundbesitzer leisten keinen Beitrag zur Kompensation der Arbeiter in Region 1. In dieser Situation wird auch der verbleibende

[39] Dieser Vorschlag weist einige Parallelen zu Sinn (1994) und (1997b) auf, der zeigt, wie ostdeutsche Arbeitnehmer durch Zuweisung von Unternehmensanteilen für eine stärkere Lohnzurückhaltung bei Tarifverhandlungen kompensiert werden könnten.

Grundbesitzer keiner Abtretung zustimmen. Denn da niemand vom (potentiellen) Integrationsgewinn, d.h. von einem Anstieg der Grundstückspreise, ausgeschlossen werden kann, steht seinem erforderlichen Kompensationsbeitrag von $w_1^0 BAw_1^A$ ein lediglich geringer persönlicher Einkommenszuwachs von $\frac{w_1^0 EAw_1^A}{G_1}$ gegenüber. Bei simultaner Entscheidung identischer Haushalte ist also auch die Abtretungsverweigerung ein mögliches Nash-Gleichgewicht.

Staatliche Kompensation

Durch staatliches Handeln können Integrationsgewinner nachträglich zur Kompensation gezwungen werden, denn eine geeignete Steuererhebung zur Finanzierung von Sozialtransfers an die Integrationsverlierer entfaltet die gleichen Einkommenswirkungen wie eine (Teil-)Übertragung von Vermögensansprüchen. Voraussetzung ist hierbei, daß Einkommenstransfers kostenlos, d.h. ohne Entstehung von Zusatzlasten, möglich sind. Eine am Wohnsitz ausgerichtete Besteuerung bzw. Subventionierung erfüllt diese Bedingung allerdings nicht. Um z.B. in Region 1 beheimateten Arbeitern bei Verwirklichung einer effizienten Allokation weiterhin ihr Autarkie-Einkommen w_1^A garantieren zu können, müssen beide Regionen simultan Sozialtransfers in Höhe von EF zahlen. In diesem Fall erhalten aber allein schon die $N_1^0 - N_1^A$ Wanderer $CDFA$ als zusätzliches Nettoeinkommen – ein Betrag der den gesamten Integrationsgewinn übersteigt. Da Zuwanderer in Region 1 von Sozialleistungen nicht ausgeschlossen werden können und sich Abwanderer aus 2 der Besteuerung entziehen, ist bei Anwendung des *Wohnsitzlandprinzips* keine kostenlose Kompensation der Integrationsverlierer möglich. Dies ändert sich, wenn wir – entgegen bestehendem EU-Recht – eine unterschiedliche fiskalische Behandlung von Zuwanderern und eingeborenen Arbeitern zulassen. Nehmen wir hierzu an, die steuerliche Kompetenz für mobile Arbeiter falle nach dem *Heimatlandprinzip* ausschließlich der Autarkie-Region zu.[40] Eine Subven-

[40] Ein verwandtes Praxisbeispiel mag die Sozialhilfegewährung in den Kantonen der Schweiz sein, wo auch nicht mehr ansässigen Heimatbürgern Leistungen zustehen.

tionierung aller ursprünglichen Arbeiter in Region 1 in Höhe von EF und eine Besteuerung aller in 2 beheimateten Arbeiter in Höhe von DE kann nun sicherstellen, daß sich zumindest kein Arbeiter gegenüber der Autarkie-Situation verschlechtert. Der Integrationsgewinn in Höhe von $ABE + BCE$ verteilt sich auf die Grundbesitzer in Region 1 und 2. Eine wichtige Implikation des Heimatlandprinzips ist die Möglichkeit der Auswanderungsregion, ihre Kompensationsmaßnahme durch einen partiellen Zugriff auf Einkommen in der Zuwanderungsregion, d.h. durch einen erzwungenen Ressourcentransfer zu ihren Gunsten, zu finanzieren. Die Vorzüge des Heimatlandprinzips redistributiver Besteuerung werden auch in vielen anderen Beiträgen – unter anderem von Sinn (1990) und vom Wissenschaftlichen Beirat zum Bundesministerium für Wirtschaft (1994) – hervorgehoben. Diese Besteuerungsmethode be- oder entlastet mobile Haushalte unabhängig von ihrem Wohnsitz. Fiskalische Größen besitzen keine Relevanz für das Wanderungskalkül. Folglich verursachen staatliche Umverteilungsmaßnahmen auch keine *Zusatzkosten* in dem Sinne, daß sie die interregionale Haushaltsallokation verzerren.

Ergebnis 3.3 *Ist das Eigentum an mobilen und immobilen Produktionsfaktoren sehr ungleich zwischen Haushalten verteilt, so findet ohne Korrektur kein Pareto-effizienter Wechsel von Autarkie zu Integration statt. Freiwillige Vermögensübertragungen (potentieller) Integrationsgewinner können zu gering ausfallen, um Verlierer zu entschädigen und Einstimmigkeit über eine Grenzöffnung zu erzielen. Nur wenn es möglich ist, mobile Arbeiter nach dem Heimatlandprinzip zu besteuern oder zu subventionieren, kann staatliche Einkommensumverteilung nachträglich dafür sorgen, daß kein Haushalt in einem integrierten Arbeitsmarkt schlechtergestellt wird als in Autarkie.*

Mit der Charakterisierung effizienter interregionaler Haushaltsallokationen haben wir eine Beurteilungsgrundlage für staatliches Handeln geschaffen und gezeigt, daß es – streng eigennützige Individuen vorausgesetzt – keine allokative Rechtfertigung für eine Subventionierung oder

Besteuerung mobiler Arbeitnehmer gibt. Migrationsverzerrungen treten jedoch immer dann auf, wenn sich Umverteilungsmaßnahmen in regional sehr unterschiedlichen fiskalischen Be- oder Entlastungen niederschlagen, so daß persönliche Bindungen nur eine untergeordnete Entscheidungsrelevanz besitzen. Eine nach dem Heimatlandprinzip organisierte Besteuerung oder Subventionierung mobiler Haushalte kann solche räumlichen Ineffizienzen unterbinden.

Von einer expliziten Modellierung staatlicher Umverteilungspolitik haben wir bisher abgesehen. Diese soll im Mittelpunkt der folgenden Analyse stehen. Fraglich ist dabei zunächst, welche Eigenschaften eine gesellschaftlich wünschenswerte Verteilungssituation kennzeichnen und welche institutionellen Voraussetzungen für ihre Verwirklichung erforderlich sind.

4 Zentrale Umverteilungspolitik

Im nun folgenden Kapitel werden die *exogenen* regionalen Sozialtransfers des voranstehenden Wanderungsmodells durch Einbeziehung staatlicher Entscheidungen *endogen* erklärt. Schwerpunkt der Untersuchung ist die sozial optimale Politik einer wohlwollenden Zentralregierung, die die Gesetzgebungshoheit über alle Steuerinstrumente in der Föderation besitzt und darüber hinaus Steuereinnahmen zwischen den Regionen beliebig umverteilen kann. Da die institutionelle Ausgestaltung existierender Finanzausgleichsregelungen der Verwirklichung einer *erstbesten*, d.h. sozial optimalen, Umverteilungspolitik in der realen Welt entgegenstehen mag, wollen wir uns auch mit *zweitbesten* Politikszenarien beschäftigen, in denen die zentrale Regierung keinen unbeschränkten Zugriff auf regionale Steuermittel besitzt oder an die Beachtung besonderer Verteilungsregeln gebunden ist.

Einkommensumverteilung ist eine der bedeutendsten staatlichen Aufgaben in den modernen Wohlfahrtsstaaten westlicher Prägung. Die Zuständigkeiten liegen dabei häufig in der Hand von Zentralregierungen, oder diese besitzen zumindest mittelbare Einflußmöglichkeiten auf regionalstaatliche Entscheidungen, z.B. in Form von Subventionsprogrammen. Diese Beobachtung ist im Einklang mit wesentlichen Literaturbeiträgen, in denen normativ-theoretische Begründungen für eine Zentralisierung der Umverteilungspolitik bereits Tradition haben (Stigler, 1957; Musgrave, 1971; Oates, 1972; Brown und Oates, 1987; Wildasin, 1991): Regionale Transferprogramme wirken einerseits wie ein Wohlfahrtsmagnet, d.h. Empfänger werden von Sozialleistungen angezogen, andererseits entziehen abwandernde Beitragszahler der Umverteilungspolitik die Finanzierungsgrundlage. Neben der voranstehend diskutierten *allokativen* Ineffizienz infolge zu starker interregionaler Leistungs*divergenzen* sind also möglicherweise auch unerwünschte *distributive* Konsequenzen einer Dezentralisierung infolge tendentiell zu geringer Leistungs*niveaus* zu beachten. Mit diesem Problembereich werden wir uns in der späteren Analyse noch eingehend beschäftigen.

Die Überlegenheit einer mit umfassenden Kompetenzen ausgestatteten, übergeordneten Regierung wird von Befürwortern der Zentralisierung ganz allgemein damit begründet, daß diese in der Lage ist, jedes beliebige Ergebnis regionaler Politikentscheidungen zu replizieren, während untergeordnete Regierungen Ressoucen- und/oder Handlungsbeschränkungen unterliegen, die ihren Möglichkeitsbereich im Vergleich zur Zentrale einschränken. Die Politik einer Zentralregierung kann folglich niemals sozial schlechter sein als das Resultat einer Vielzahl dezentraler Entscheidungen. Diese Argumentation ist allerdings an eine Reihe wichtiger Voraussetzungen gebunden, die die Vorteilhaftigkeit zentralstaatlicher Kompetenzen relativieren und damit eine zumindest teilweise Dezentralisierung unterstützen. Da solche Einwände insbesondere in der jüngeren Literatur eine vieldiskutierte Rolle spielen, sollen sie auch hier nicht unerwähnt bleiben.

Als kritisch wird erstens die Frage erachtet, welche Bedeutung mögliche *Informationsasymmetrien* zwischen den unterschiedlichen Ebenen für die optimale Kompetenzstruktur besitzen. Geht man davon aus, daß die Zentrale im Gegensatz zu den wohlinformierten Regionen nur unvollständige Kenntnisse über die Einkommen und Präferenzen der Haushalte oder die Technologien der Unternehmen hat (Gilbert und Picard, 1996; Cremer und Pestieau, 1996; Raff und Wilson, 1997; Lee, 1998), so mag dies eine an den Interressen der Bürger orientierte Politik erschweren. Zwar sprechen solche Informationsdefizite nicht notwendigerweise für eine vollständige Dezentralisierung, wie Cremer und Pestieau (1996) zeigen, ist aber zumindest eine teilweise Verlagerung auf die untergeordnete Ebene sinnvoll. Dies ermöglicht es der Zentralregierung, ihre Entscheidungen an der Politik besser informierter Regionalregierungen zu orientieren.

Zweitens ist die gesellschaftliche Vorteilhaftigkeit einer vollständigen Zentralisierung immer dann zweifelhaft, wenn *politökonomische Unvollkommenheiten* vorliegen. Diese mögen einerseits im Prozeß der kollektiven Entscheidungsfindung begründet sein. Nach Downs (1957) oder Buchanan und Tullock (1962) können ärmere und mittlere Einkommensschichten aufgrund ihrer Bevölkerungsstärke gesellschaftlich zu umfangreiche Umverteilungswünsche gegenüber der reichen Bevölkerung durchsetzen.[41] Andere Unvollkommenheiten sind auf eigennützige Ziele politischer Entscheidungsträger wie z.B. Budgetmaximierung (Niskanen, 1971) oder Verschwendung (Epple and Zelenitz, 1981; Edwards und Keen, 1996) zurückzuführen. Allen genannten Ansätzen ist gemein, daß sie eine suboptimale Ausdehnung und Struktur des öffentlichen Sektors – in unserem Fall ein zu umfangreiches Sozialbudget und eine möglicherweise falsche Richtung der Umverteilung – begünstigen. Dezentralisierung und die damit verbundene „Abstimmung mit den Füßen“ (Tiebout, 1956) mag regionale Entscheidungsträger in eine Wettbewerbssituation versetzen, die sie zwingt, ihre Politik stärker an den Interessen der Bürger/Steuerzahler auszurichten, wodurch der Einfluß von Bürokraten und Lobbyisten beschränkt wird (Brennan und Buchanan, 1980; McLure, 1986; Drèze, 1993; Rauscher, 1998). Wie Edwards und Keen (1996) zeigen, *kann* daher eine koordinierte Politik auf der dezentralen Ebene, die – indem sie Ausweichmöglichkeiten mobiler Haushalte reduziert – einer Zentralisierungstendenz gleichzusetzen ist, gesellschaftlich unerwünscht sein.

Drittens schließlich mag ein *unvollständiges Instrumentarium* der Zentralregierung einer gesellschaftlich optimalen Politik im Wege stehen. Dieser Fall tritt z.B. auf, wenn ihr die Kompetenz fehlt, Steuern und Sozialtransfers regionalspezifisch festzusetzen. Besitzen Haushalte eine starke Heimatbindung und interpretiert man Umverteilung als lokal öffentliches Gut (Pauly, 1973), so kann sich die Zentrale untergeordneten Zuständigkeiten im allgemeinen nur dann als ebenbürtig erweisen, wenn sie in der Lage ist, regional unterschiedlichen Verteilungswünschen Rechnung zu

[41] Beiträge von Olson (1965) und Becker (1983) relativieren diese Ansicht, indem sie die Effizienz kleiner Interessengruppen im Wettbewerb um politischen Einfluß betonen.

tragen. Mit zunehmender Haushaltsmobilität benötigt sie aber neben *intra*regionalen Umverteilungsinstrumenten auch *inter*regionale Transfers, damit sie eine sozial optimale räumliche Steuerlastverteilung zwischen den immobilen Haushalten erreichen kann. Auch die Verwirklichung übergeordneter Verteilungsziele wie die Herstellung gleicher Lebensverhältnisse – in Deutschland aus Art. 72 II Grundgesetz (GG) ableitbar – bedarf eines Finanzausgleichssystems.

Die folgende Analyse abstrahiert von Informationsasymmetrien sowie von eigennützigen Bürokraten und bezieht lediglich Unvollkommenheiten aufgrund institutioneller Restriktionen mit ein. Abschnitt 4.1 beschreibt zunächst einen zweigliedrigen staatlichen Sektor mit einer vollkommen informierten, wohlwollenden und mit allen notwendigen Instrumenten ausgestatteten Zentralregierung, deren sozial optimale Politik in Abschnitt 4.2 beschrieben wird. Abschnitt 4.3 beschäftigt sich dann mit der Frage, welche allokativen Verzerrungen entstehen, wenn die Zentrale auf einen Teil ihrer Kompetenzen verzichten muß, weil sie z.B. kein direktes Transfersystem besitzt, oder weil sie an eine bestimmte Finanzausgleichsregelung gebunden ist. Abschnitt 4.4 enthält Rechnungen zur Zweitbest-Analyse.

4.1 Instrumente und Ziele

Haushalte

Die in Abschnitt 3.3 gewählte Modellierung wird nun leicht modifiziert. Wildasin (1994) folgend, nehmen wir an, daß ein in Region i ansässiger Arbeiter auch Begünstigter eines Wohlfahrtsprogramms der Region j sein kann. In diesem Fall erhält er zusätzlich $z_{ji}^N > 0$ als grenzüberschreitenden Sozialtransfer,

$$x_i = F_N^i + \sigma_i^N + z_{ji}^N. \tag{4.1}$$

Dementsprechend muß nun für den marginalen Haushalt im Wanderungsgleichgewicht gelten:

$$F_N^1 + \sigma_1^N + z_{21}^N + cN_2 = F_N^2 + \sigma_2^N + z_{12}^N + cN_1, \tag{4.2}$$

mit $N_1 = \bar{n}$ und $N_2 = N - \bar{n}$.

Des weiteren beziehen wir die Möglichkeit grenzüberschreitenden Landbesitzes in die Analyse ein, um interregionale Verflechtungen der Eigentumsverhältnisse an immobilen Vermögenswerten berücksichtigen zu können. Die Modellierung orientiert sich dabei an Richter und Wellisch (1996) sowie Wellisch (1999). Bezeichne δ den exogenen und für beide Regionen identischen Anteil des Landeigentums in den Händen gebietsansässiger Grundbesitzer, und sei $(1 - \delta)$ entsprechend der Landanteil im Eigentum Gebietsfremder. Landrenten werden an der Quelle mit einer *Ad-Valorem*-Steuer t_i^ρ belegt, deren Satz 100% nicht übersteigen darf, $t_i^\rho \leq 1$. Zudem wird jedem Grundbesitzer an seinem Wohnsitz eine direkte (Kopf-)Steuer τ_i^L auferlegt, $\tau_i^L \gtrless 0$. Als Budgetrestriktion folgt dann:

$$y_i = \delta(1 - t_i^\rho)L_i\rho_i + (1 - \delta)(1 - t_j^\rho)L_j\rho_j - \tau_i^L, \tag{4.3}$$

wobei gemäß (3.12) - (3.14) $L_i\rho_i = F^i(L_i, N_i) - N_iF_N^i$ für die in Region i erzielte Bruttolandrente zu verwenden ist.

Regional- und zentralstaatliches Budget

Wir betrachten eine Referenzsituation, in der die Gesetzgebungskompetenzen für sämtliche Politikinstrumente bei der Zentralregierung liegen, während sich die Budgetwirksamkeit von Einnahmen und Ausgaben in den Regionen niederschlägt. Regionalstaatliche Einnahmequellen sind die Quellensteuer auf Landrenteneinkommen t_i^ρ sowie die direkte Steuer auf immobile Grundbesitzer τ_i^L. Zudem kann Region i von der Zentralregierung einen Transfer S_i erhalten, $S_i \gtrless 0$. Höhe und Vorzeichen dieses Transfers bestimmen sich durch einen fixen Bestandteil sowie durch eine variable Komponente in Abhängigkeit geleisteter Sozialtransfers, $S_i \equiv S_i(\sigma_i^N)$. Auf der Ausgabenseite schlagen sich die Sozialtransferzahlungen an eigene Arbeiter σ_i^N und gegebenenfalls an gebietsfremde Haushalte z_{ij}^N

nieder.[42] Ein regionalstaatliches Budget ist also ausgeglichen, wenn

$$t_i^{\rho} L_i \rho_i + \tau_i^L + S_i(\sigma_i^N) = \sigma_i^N N_i + z_{ij}^N N_j \tag{4.4}$$

gilt.
Beim zentralstaatlichen Budgetausgleich muß die Summe interregionaler Transfers verschwinden, d.h. einer Transferleistung an Region i muß eine Besteuerung von j in gleicher Höhe gegenüberstehen,

$$\sum_{i=1,2} S_i = 0. \tag{4.5}$$

Regionale und soziale Wohlfahrt
Regierungen orientieren ihr Handeln ausschließlich am Wohlergehen ihrer Einwohner. Normative Grundlage dezentraler Entscheidungen ist eine *regionale Wohlfahrtsfunktion* W^i, mit der jede beliebige Verteilungssituation zwischen ansässigen Arbeitern und Grundbesitzern bewertet werden kann, $W^i \equiv W^i(x_i, y_i)$. Die Wohlfahrtsfunktion sei mindestens zweimal stetig differenzierbar und es gelte: $W_*^i > 0$, $W_{**}^i < 0$ und $W_*^i|_{*=0} = \infty$, $* \in \{x, y\}$. Die Nettoeinkommen x_i und y_i seien *normale Güter* in dieser Präferenzordnung. W^i soll allgemein die politischen Gewichte der beiden Haushaltsgruppen in einer Gebietskörperschaft widerspiegeln. Sie mag daher eine von Region zu Region unterschiedliche Gestalt annehmen.[43]
Im Gegensatz zur Wohlfahrtsfunktion nach Bergson (1938) und Samuelson (1947) weicht die vorliegende Aggregationsregel vom Prinzip des *strengen Individualismus* ab, da W^i keine Funktion in (ausschließlicher) Abhängigkeit individueller Nutzen ist.[44] Insbesondere vernachlässigen wir, daß Arbeiter bei Existenz von Wanderungskosten, $c > 0$, trotz

[42]Die empirisch strittige Frage, ob mobile Haushalte tatsächlich Nettoempfänger, $\sigma_i^N > 0$, oder Beitragszahler, $\sigma_i^N < 0$, sind, hat für die Interpretation der qualitativen Ergebnisse eine lediglich untergeordnete Bedeutung, auf die an geeigneten Stellen verwiesen wird (vgl. hierzu auch Wildasin, 1991).

[43]Von einer Endogenisierung regionalstaatlicher Präferenzen z.B. durch Modellierung eines (Mehrheits-)Wahlmechanismus (Epple und Romer, 1991; Gabszewicz und van Ypersele, 1995) wollen wir hier absehen.

[44]Zur Problematik der Aggregation individueller Präferenzen mit Hilfe einer Wohl-

identischer Nettoeinkommen heterogene Präferenzen besitzen und folglich einen unterschiedlichen Nutzen erzielen, dessen individuelle Berücksichtigung sich in entsprechend unterschiedlichen regionalstaatlichen Gewichtungen niederschlagen müßte. Außerdem wirkt sich Zu- oder Abwanderung zwar *unmittelbar* auf die Gestalt einer streng individualistischen Wohlfahrtsfunktion aus, $W^i(x_i, y_i)$ stellt aber nur eine *mittelbar* von der variablen Bevölkerungsgröße abhängige Präferenzordnung dar.[45] Wanderung löst demnach immer dann und nur dann Wohlfahrtseffekte aus, wenn dadurch die Konsummöglichkeiten mindestens einer Haushaltsgruppe beeinflußt werden. Neben der Plausibilität dieser Annahme liegt ein weiterer Vorteil der hier unterstellten Wohlfahrtsfunktion darin, daß diese im sozialen Optimum stets hinreichend für Effizienz ist, während bevölkerungsabhängige regionale Wohlfahrtsfunktionen in ineffizienten Haushaltsallokationen münden können.[46]

Brown and Oates (1987), Wildasin (1991) oder Crane (1992) folgend, mag man $W^i(x_i, y_i)$ auch als altruistische Nutzenfunktion eines reichen Haushalts – nehmen wir an, eines Grundbesitzers – interpretieren, dessen interdependente Präferenzen politikentscheidend sind. Da der Nutzen eines jeden Reichen in diesem Fall von der regionalen Einkommensverteilung abhängt, weist Umverteilung die Eigenschaften eines öffentlichen Gutes auf (Thurow, 1971; Pauly, 1973).[47]

---

fahrtsfunktion, insbesondere im Hinblick auf Arrows (1951) *Unmöglichkeitstheorem*, siehe Sen (1970). Die dort diskutierte, entscheidende Annahme der Meßbarkeit und interpersonellen Vergleichbarkeit individueller Nutzen haben wir durch den identischen und konstanten Grenznutzen des Einkommens bereits erfüllt.

[45]Wanderungsreagible Zielfunktionen politischer Entscheidungsträger werden bei Gordon (1983) und später bei Mansoorian und Myers (1997) diskutiert. Vergleichbare Ansätze finden sich auch in der ökonomischen Literatur zur Fertilität (siehe z.B. Nerlove, 1987; Razin und Sadka, 1995b), wo die Bevölkerungsgröße durch endogenes natürliches Wachstum bestimmt wird.

[46]Vergleiche hierzu auch Wellisch (1995) sowie Fußnote 53.

[47]Staatliches Handeln kann hier sogar allokativ mit *Free-Rider*-Verhalten reicher Haushalte hinsichtlich ihrer freiwilligen Spendenbereitschaft gerechtfertigt werden (Hochman und Rodgers, 1969). Andreoni (1989) relativiert diese Sichtweise aller-

Umgekehrt mag man z.B. die mit zunehmender Ungleichheit positiv korrelierte Kriminalitätsrate aus Sicht wohlhabender Bevölkerungsgruppen als öffentliches Ungut interpretieren. In diese Richtung geht auch die Argumentation von Buchanan (1975), der Umverteilung mit dem Selbstschutzinteresse der Reichen erklärt. Staatliche Eingriffe sind dann selbst bei strengem Eigennutz allokativ zu begründen.

Die regionalen Präferenzen W^i werden auf der zentralen Ebene in Gestalt einer *sozialen Wohlfahrtsfunktion* Z (additiv) miteinander verknüpft. Interregionale Gerechtigkeitsvorstellungen sollen dabei durch die Gewichte γ für Region 1 und $(1-\gamma)$ für 2 zum Ausdruck kommen, $Z \equiv \gamma W^1(x_1, y_1) + (1-\gamma) W^2(x_2, y_2)$. Eine solche Bewertung soll dem relativen politischen Einfluß der Regionen auf die Entscheidungen der Zentralregierung Rechnung tragen. Man denke hier in der Praxis an die unterschiedlichen Sitze der einzelnen Mitgliedstaaten im EU-Parlament oder die voneinander abweichenden Stimmengewichte der deutschen Bundesländer im Bundesrat (geregelt in Art. 51 II GG).

4.2 Soziales Optimum

Problem der Zentralregierung

Ausgangspunkt der weiteren Analyse ist die Charakterisierung eines *sozialen Optimums*, d.h. einer Allokation, ausgehend von der es nicht möglich ist, die Wohlfahrt in einer Region zu steigern, ohne zugleich der anderen Region einen Wohlfahrtsverlust beibringen zu müssen. Mit der Maximierung von Z unter Verwendung ihrer Instrumente sowie Berücksichtigung sämtlicher Ressourcen-, Budget- und Verhaltensrestriktionen zerfällt diese Aufgabe in drei (Teil-)Probleme. Die Zentralregierung strebt erstens eine den politischen Gewichten der Regionen entsprechende, *sozial optimale interregionale Einkommensverteilung* an. Zweitens gilt es, eine *sozial optimale interpersonelle Umverteilungssituation* zwischen Ar-

---

dings, indem er die Bedeutung des Spendens als nutzenstiftenden *Akt des Gebens* hervorhebt, dessen Neigung durch die staatliche Intervention reduziert wird.

beitern und Grundbesitzern herzustellen. Drittens müssen sich die Präferenzen der Zentrale auch in einer *sozial optimalen interregionalen Haushaltsallokation* widerspiegeln. Formal erhält man als Maximierungsproblem:

$$\max_{\{x_i, y_i, N_i, \sigma_i^N, \tau_i^L, S_i, t_i^\rho, z_{ij}^N\}} \quad \gamma W^1(x_1, y_1) + (1-\gamma) W^2(x_2, y_2) \tag{4.6}$$

unter den Nebenbedingungen (3.2) $[\beta]$, (4.1) $[\nu_i]$, (4.2) $[\alpha]$, (4.3) $[\mu_i]$, (4.4) $[\theta_i]$, (4.5) $[\lambda]$ sowie $x_i, y_i, N_i, z_{ij}^N \geq 0$, $t_i^\rho \leq 1$, für $i, j = 1, 2$, $i \neq j$. Zugehörige Lagrange-Multiplikatoren befinden sich in eckigen Klammern.

Notwendige Bedingungen

Notwendige Bedingungen für ein soziales Wohlfahrtsmaximum sind die Restriktionen des Problems (4.6) sowie die Marginalbedingungen

$$(x_i): \quad \gamma_i W_x^i + \nu_i = 0, \tag{4.7}$$

$$(y_i): \quad \gamma_i W_y^i + \mu_i = 0, \tag{4.8}$$

$$(N_i): \quad (1 - t_i^\rho) N_i F_{NN}^i [\mu_i \delta + \mu_j (1-\delta) + \theta_i] - \theta_i \sigma_i^N - \theta_j z_{ji}^N - \alpha_i c - \beta = 0, \tag{4.9}$$

$$(\sigma_i^N): \quad \alpha_i - \nu_i - \theta_i N_i = 0, \tag{4.10}$$

$$(\tau_i^L): \quad \mu_i + \theta_i = 0, \tag{4.11}$$

$$(S_i): \quad \theta_i + \lambda = 0, \tag{4.12}$$

$$(t_i^\rho): \quad \mu_i \delta + \mu_j (1-\delta) + \theta_i \geq 0, \quad t_i^\rho \leq 1, \quad (1 - t_i^\rho) \frac{\partial \mathcal{L}}{\partial t_i^\rho} = 0, \tag{4.13}$$

$$(z_{ij}^N): \quad -(\alpha_i + \nu_j + \theta_i N_j) \leq 0, \quad z_{ij}^N \geq 0, \quad z_{ij}^N \frac{\partial \mathcal{L}}{\partial z_{ij}^N} = 0, \tag{4.14}$$

$i, j = 1, 2$, $i \neq j$. Hierbei gelte: $\gamma_1 \equiv \gamma$, $\gamma_2 \equiv 1 - \gamma$, $\alpha_1 \equiv \alpha$ und $\alpha_2 \equiv -\alpha$. $\mathcal{L}$ repräsentiert die zugrundeliegende Lagrange-Funktion.[48]

[48] Aufgrund unserer allgemeinen Annahme innerer Lösungen für die Einkommens- und Bevölkerungsvariablen, $x_i, y_i, N_i > 0$, $i = 1, 2$, entfallen auch hier die entsprechenden Kuhn-Tucker Bedingungen.

Interregionale Transferinstrumente

Zunächst wollen wir nun zeigen, daß der zentralstaatliche Transfer S_i, die Landrentensteuer t_i^ϱ und der grenzüberschreitende Sozialtransfer z_{ij}^N aus Sicht der Zentralregierung äquivalente Instrumente zur interregionalen Einkommensumverteilung sind. Gemäß (4.12) ist S_i im Optimum durch identische Schattenpreise regionaler Budgets gekennzeichnet, $\theta_1 = \theta_2$, d.h. die Zentrale ist indifferent zwischen einer zusätzlichen Einheit Steueraufkommen in einer der beiden Regionen.

Nehmen wir an, ein solcher Ausgleich erfordert einen interregionalen Transfer zu Gunsten von Region 1, $S_1 > 0$, so kann dieser genauso gut mittelbar durch eine geeignete Anhebung der regionalen Landrentensteuer t_1^ϱ erzwungen werden, vorausgesetzt es gibt dort gebietsfremdes Landeigentum, $\delta < 1$. In diesem Fall wird der Abfluß von Landrenten in die Region 2 durch Besteuerung reduziert. Da ein Teil des persönlichen Einkommens immobiler Grundbesitzer als Steuerbasis in Region 2 entfällt, mag man hier auch von *Steuerexport*, sprechen.[49]

Ähnliches trifft auch auf eine grenzüberschreitende Subventionierung der Arbeiter in Region 1 durch 2 mittels z_{21}^N zu. Weil es für manche Arbeiter in Region 2 nun attraktiver wird, in 1 zu leben, löst eine solche Maßnahme Wanderungsanreize aus, welche nur durch eine begleitende Senkung von σ_1^N neutralisiert werden können. Im Ergebnis führt hier also der Ausgabenanstieg in Region 2 ebenfalls zu einer entsprechenden Budgetentlastung in 1.[50]

Ergebnis 4.1 *Besitzt eine Zentralregierung die Hoheit über alle (unverzerrenden) Steuern in der Föderation und gibt es gebietsfremdes Landeigentum in den Regionen, so entfalten Landrentensteuern und grenzüber-*

[49]Analytisch läßt sich die Äquivalenz zum zentralstaatlichen Transfer durch Auflösen von (4.11) nach μ_i und anschließendem Einsetzen für beide Regionen in (4.13) nachweisen: $(1-\delta)(\theta_i - \theta_j) \geq 0$, $i,j = 1,2$, $i \neq j$. Diese Bedingungen sind für $\delta < 1$ nur bei $\theta_1 = \theta_2$ simultan erfüllt.

[50]Formal erhält man nach Verwendung von (4.10) für ν_j in (4.14): $N_j(\theta_j - \theta_i) \leq 0$, $i,j = 1,2$, $i \neq j$. Wiederum muß also $\theta_1 = \theta_2$ gelten.

schreitende Sozialtransfers die gleichen interregionalen Verteilungswirkungen wie ein direkter zentralstaatlicher Transfer.

Aufgrund der Zieläquivalenz sind $\{S_i, t_i^\rho, z_{ij}^N\}$ im sozialen Optimum immer dann unbestimmt, wenn mehr als ein interregionales Transferinstrument zum Einatz kommt. Um dies zu vermeiden, wollen wir im weiteren unterstellen, daß ausschließlich der zentralstaatliche Transfer S_i verwendet wird: $t_i^\rho, z_{ij}^N \equiv 0$. Damit entfallen die Marginalbedingungen (4.13) und (4.14).

Sozial optimale interregionale Einkommensverteilung
Jeweilige Verwendung von (4.8) für μ_i und (4.12) für θ_i in (4.11) ergibt nach Elimination von λ:

$$\gamma W_y^1 = (1 - \gamma) W_y^2. \tag{4.15}$$

Bedingung (4.15) charakterisiert eine sozial optimale Einkommens- bzw. Steuerlastverteilung zwischen den Regionen. Sie fordert die interregionale Angleichung der sozialen Grenzkosten der Besteuerung immobiler Grundbesitzer. Diese entsprechen dem regionalen Wohlfahrtsverlust infolge eines marginalen Anstiegs der Steuerlast bzw. einer marginalen Einkommensreduktion für die Gesamtheit immobiler Grundbesitzer in Region i, W_y^i, bewertet mit dem zentralstaatlichen Gewicht γ_i. Im Grenzfall $\gamma_i = 0$ z.B. findet nur Region j eine soziale Berücksichtigung auf zentraler Ebene, und es folgt eine konfiskatorische Besteuerung des Einkommens immobiler Grundbesitzer in i, $y_i = 0$, verbunden mit einem interregionalen Transfer in Höhe des so erzielten Steueraufkommens.[51] Für den anderen Grenzfall $\gamma_i = 1$ gilt entsprechendes.

[51] Diese Randlösung ergibt sich nach Modifikation von (4.8) im Sinne von Kuhn-Tucker. Unsere grundsätzliche Annahme $y_i > 0$, $i = 1, 2$, impliziert also $0 < \gamma < 1$.

Sozial optimale interpersonelle Umverteilungspolitik

Setzt man (4.7) für ν_i, (4.11) für θ_i und dann (4.8) für μ_i in (4.10) ein, eliminiert α und berücksichtigt (4.15), so erhält man:

$$\sum_{i=1,2} MRS^i_{xy} = N, \tag{4.16}$$

mit $MRS^i_{xy} \equiv \frac{W^i_x}{W^i_y}$.

Bedingung (4.16) beschreibt eine sozial optimale Einkommensverteilung zwischen Arbeitern und Grundbesitzern in der Föderation. Sie fordert die Übereinstimmung der Summe der regionalen Grenzzahlungsbereitschaften für Umverteilung mit den sozialen Grenzkosten. Interpretiert man die regionale Grenzrate der Substitution zwischen dem Einkommen der beiden Haushaltsgruppen als Grenzzahlungsbereitschaft *pro* ansässigem Grundbesitzer, so bewertet die Zentralregierung einen marginalen Einkommensanstieg der Arbeiter in Region i mit MRS^i_{xy}. Entsprechend beträgt der soziale Grenznutzen einer Umverteilungsmaßnahme zu Gunsten *aller* Arbeiter in der Föderation $\sum_i MRS^i_{xy}$. Die sozialen Grenzkosten der Umverteilung sind konstant N. Sie beschreiben den Konsumverzicht, den die Grundbesitzer insgesamt zu leisten haben, wenn die Zentralregierung allen Arbeitern eine zusätzliche Einkommenseinheit gewährt.

Sozial optimale interregionale Haushaltsallokation

Schließlich folgt nach Elimination von β durch Gleichsetzen von (4.9) für beide Regionen und anschließender Verwendung von (4.10) für α, (4.7) für ν_i, (4.11) für θ_i und (4.8) für μ_i sowie Berücksichtigung von (4.15) und (4.1):

$$\sigma_2^N - \sigma_1^N = 2c\left(N_1 - MRS^1_{xy}\right). \tag{4.17}$$

Bedingung (4.17) beschreibt eine sozial optimale interregionale Haushaltsallokation. Sie ist erfüllt, wenn die Differenz der Sozialtransfers zwischen Region 1 und 2 bzw. der gesamtwirtschaftliche Nettoeinkommenseffekt der Wanderung den sozialen Nettogrenzkosten entspricht.[52]

[52]Bei Existenz grenzüberschreitender Sozialtransfers, $z^N_{ij} > 0$, beläuft sich die wanderungsbedingte Nettoeinkommensänderung entsprechend auf $(\sigma_2^N + z^N_{12}) - (\sigma_1^N + z^N_{21})$.

Die sozialen Nettogrenzkosten der Wanderung bestehen aus den Bruttogrenzkosten in Höhe des zur Kompensation für die wanderungsbedingten Nutzeneinbußen erforderlichen Zusatzeinkommens, $2cN_1$, bereinigt um die Grenzwertschätzung für diesen Einkommensanstieg, $2cMRS^1_{xy}$.
Die sozial optimale interregionale Haushaltsallokation ist stets effizient, d.h. das soziale Optimum ist genau ein Element der Menge effizienter Allokationen. Da die regionale Zahlungsbereitschaft für Umverteilung nicht negativ sein kann, folgt in Verbindung mit (4.16): $0 \leq MRS^i_{xy} \leq N$. Die sozialen Nettogrenzkosten der Wanderung müssen also im Intervall $[-2cN_2, 2cN_1]$ liegen. Intuitiv ist klar, daß Wanderung immer dann, wenn sie eine einkommensmäßige Verbesserung mindestens einer Haushaltsgruppe hervorruft, ohne die übrigen Haushalte schlechterzustellen, zugleich einen Wohlfahrtsanstieg in mindestens einer der beiden Regionen auslösen muß. Eine ineffiziente Allokation kann daher niemals sozial optimal sein.[53]

Abbildung 4.1 verdeutlicht nochmals die Eigenschaften einer sozial optimalen Einkommensverteilung zwischen Arbeitern und Grundbesitzern. Vereinfachend beschränken wir uns auf den Fall vollkommener Mobilität, $c = 0$ bzw. $x_i = x$.[54] Die sozial optimale (=effiziente) interregionale

[53] Dies träfe im allgemeinen nicht zu, wenn die Zahl mobiler Arbeiter ein Argument in der regionalen Wohlfahrtsfunktion wäre, da Wanderung *per se* in diesem Fall nicht wohlfahrtsneutral wirkte. Unterstellt man z.B. $W^i = W^i(N_i x_i, y_i)$, so ergibt sich im sozialen Optimum (für $c = 0$): $F^1_N - F^2_N = x(\frac{W^2_X}{W^2_y} - \frac{W^1_X}{W^1_y})$, mit $X_i \equiv N_i x_i$. Hier muß der Einkommenseffekt der Wanderung mit der Differenz der regionalen Werschätzungen für einen zusätzlichen Arbeiter übereinstimmen. Effizienz verlangt daher symmetrische Präferenzen im Sinne identischer Grenzraten der Substitution – eine Bedingung, die im allgemeinen nicht erfüllt ist.

[54] Aufgrund der vollständigen Interdependenz der regionalen Wolfahrtsfunktionen hinsichtlich des Einkommens mobiler Arbeiter kann x aus regionaler Sicht als reines öffentliches Gut in der Föderation interpretiert werden. Daher gibt es starke Parallelen zur grafischen Analyse der effizienten Bereitstellung öffentlicher Güter nach Samuelson (1954), (1955). Ähnliche Darstellungen finden sich auch in gängigen finanzwissenschaftlichen Lehrbüchern wie z.B. Boadway und Wildasin (1984) oder Stiglitz (1988).

Haushaltsallokation garantiert das gesamtwirtschaftliche Einkommensmaximum $\sum_i F_i^0$.

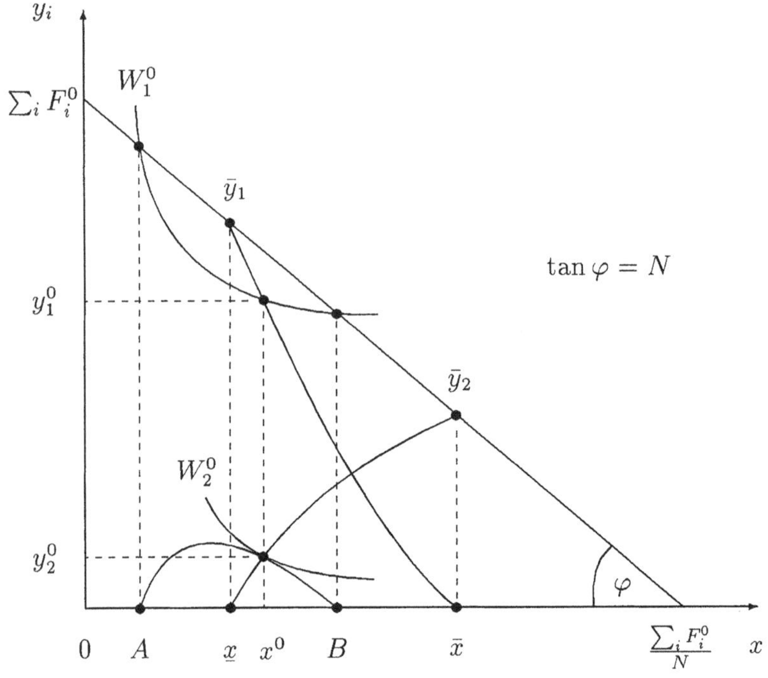

Abb. 4.1: Sozial optimale Einkommensverteilungen

Die Menge aller gesamtwirtschaftlich realisierbaren Einkommensverteilungen wird durch eine *Möglichkeitsgerade* mit der Steigung $-N$ abgeschlossen. Die soziale Indifferenzkurve W_1^0 repräsentiert die Wohlfahrt der Region 1 im sozialen Optimum bei einem bestimmten interregionalen Verteilungsgewicht γ. Die von W_1^0 und der Möglichkeitsgeraden eingeschlossene Fläche bestimmt den Verlauf der *Residualkurve* AB, welche die Menge aller realisierbaren Kombinationen $\{x, y_2\}$ begrenzt. Die Steigung der Residualkurve entspricht für jedes Einkommen mobiler Arbeiter der Differenz zwischen der Steigung der Möglichkeitsgeraden und der

Steigung der sozialen Indifferenzkurve von Region 1, $-MRS^1_{xy}$. Gemäß (4.16) wird die sozial optimale Einkommensverteilung $\{x^0, y^0_1, y^0_2\}$ durch den Tangentialpunkt der sozialen Indifferenzkurve W^0_2 mit der Residualkurve bestimmt, denn dort gilt: $-MRS^2_{xy} = MRS^1_{xy} - N$.
Die Kurven $\bar{x}\bar{y}_1$ bzw. $\underline{x}\bar{y}_2$ beschreiben den geometrischen Ort sozial optimaler Verteilungssituationen in Region 1 und 2 für alle $\gamma \in [0,1]$. Wie man sieht, hängt die sozial optimale Einkommensverteilung wesentlich von den interregionalen Präferenzen der Zentralregierung ab. Im Grenzfall $\gamma = 1$ wird nur die Wohlfahrt in Region 1 berücksichtigt, und das soziale Optimum liegt im Punkt $\bar{y}_1$. Mobile Arbeiter erhalten in dieser Situation $\underline{x}$, und Grundbesitzer in Region 2 werden konfiskatorisch besteuert, $y_2 = 0$. Der andere Grenzfall $\gamma = 0$ entspricht der Allokation $\{\bar{x}, 0, \bar{y}_2\}$. Wenn also – wie hier realstischerweise unterstellt – regionale Präferenzen für Umverteilung stark divergieren und somit $\underline{x}\bar{x}$ bzw. $\bar{y}_1\bar{y}_2$ weit auseinanderliegen, dann können auch sehr unterschiedliche Verteilungssituationen sozial optimal sein.

Ergebnis 4.2 *Eine Zentralregierung, die immobile Grundbesitzer und mobile Arbeiter an ihrem Wohnsitz besteuern bzw. subventionieren kann und zudem über ein interregionales Transferinstrument verfügt, betreibt eine sozial optimale Umverteilungspolitik und verwirklicht eine effiziente interregionale Haushaltsallokation. Die Einkommens- und Bevölkerungsverteilung variiert dabei mit den interregionalen Verteilungspräferenzen.*

Fassen wir abschließend noch einmal kurz zusammen, wie die Zentralregierung ihre Politikinstrumente einsetzt, um ein soziales Optimum zu verwirklichen. Die Finanzierung der Sozialtransfers für mobile Arbeiter erfolgt durch eine wohnsitzabhängige Steuer auf immobile Grundbesitzer, τ^L_i. Bei gegebenen Steuermitteln in den Regionen bedarf die sozial optimale interregionale Haushaltsallokation einer geeigneten Differenzierung der Sozialleistungen, $\sigma^N_2 - \sigma^N_1$. Zur Angleichung der sozialen Grenzkosten der Besteuerung in beiden Regionen benötigt die Zentrale schließlich ein interregionales Transferinstrument, S_i (bzw. t^ϱ_i oder z^N_{ij}).

4.3 Beschränktes soziales Optimum

In der realen Welt sind die Kompetenzen von Zentralregierungen bei weitem nicht so umfassend wie in der voranstehenden Referenzsituation unterstellt. Eine solche Bündelung politischer Entscheidungsgewalt liefe dem *Föderalismusgedanken*, dessen Idee gerade in einer logischen Verknüpfung von Interessens- und Verantwortungsvielfalt liegt, stark entgegen. Tatsächlich besitzen daher auch untergeordnete Gebietskörperschaften Entscheidungsgewalt. Man denke z.B. an regionale öffentliche Güter, deren Bereitstellung interpersonelle Verteilungskonsequenzen hat. Auch die Übernahme von Verwaltungstätigkeiten für die Zentralregierung, der sogenannte *administrative Föderalismus* (siehe z.B. Schwager, 1997), eröffnet unteren Ebenen Handlungsspielräume.
Andere Kompetenzbeschränkungen sind auf institutionelle Restriktionen zurückzuführen. Diese liegen vor, wenn die Zentrale entweder über kein vollständiges Politikinstrumentarium zur simultanen Erfüllung ihrer Ziele verfügt oder zusätzliche Bedingungen - z.B. eine bestimmte, vorgeschriebene Verteilungssituation zwischen den Regionen - erfüllen muß. Mit diesem Problembereich wollen wir uns nun beschäftigen. Das Verhalten regionaler Entscheidungsträger sowie die Interaktion zwischen den Ebenen bleibt der späteren Analyse vorbehalten.

Eingeschränkte Kompetenzen
Konkret wollen wir unterstellen, die Zentrale besitze keine vollständige Kontrolle über den Umfang direkter interregionaler Transfers. Diese Annahme ist insbesondere für die EU realistisch, die im Vergleich zu anderen föderativen Systemen ein sehr geringes Ausmaß interregionaler Umverteilung aufweist, da ihre Verfassung nicht auf einen Ausgleich der Lebensverhältnisse sondern lediglich auf eine Reduktion regionaler Disparitäten ausgerichtet ist (Art. 130a EGV).[55] Aber auch der massive

[55] Vgl. hierzu auch Nowotny (1997). Einnahme- und Transferinstrumente der EU sowie ihre Bedeutung für die Mitgliedstaaten werden in Kapitel 5 ausführlicher behandelt.

Länderfinanzausgleich in Deutschland, dessen komplizierte Regelungen die Bundesregierung an eine fast vollständige Nivellierung der Finanzkraft binden, mag auf (aus ihrer Sicht) exogene Faktoren – man denke z.B. an Koalitionsbildung begünstigter Bundesländer im Bundesrat – zurückzuführen sein.[56] Durch den horizontalen Finanzausgleich und das Vorab aus der Umsatzsteuer, das den Gemeinden 2,2% des Gesamtaufkommens gewährt, erhält jedes Bundesland mindestens 95% der durchschnittlichen Finanzkraft. Der an 100% fehlende Betrag wird sodann mit Hilfe sogenannter „Fehlbetrags-Bundesergänzungen" zu 90% aufgefüllt, wodurch im Ergebnis mindestens 99,5% des durchschnittlichen Pro-Kopf Steueraufkommens garantiert werden.[57]

Abwesenheit interregionaler Transfers

Angenommen, die Zentralregierung verfügt über kein interregionales Transferinstrument, $S_i \equiv 0$, so daß sämtliche Marginalbedingungen (4.12) – (4.14) entfallen. Zudem gelte im weiteren $\gamma \equiv 1 - \gamma$, d.h. beide Regionen erhalten die gleiche Gewichtung. Ohne Beschränkung der Allgemeinheit erfordere die sozial optimale Politik $S_1 = -S_2 > 0$, so daß die sozialen Grenzkosten der Besteuerung in Region 1 bei Abwesenheit interregionaler Transfers höher sind als in 2, $W_y^1 > W_y^2$. Vereinfachend wird Region 1 daher auch als „arm" und 2 als „reich" bezeichnet.

Aufgrund der Abwesenheit interregionaler Transfers muß die Zentralregierung nun auf andere Instrumente zurückgreifen, um ihr Ziel indirekt zu erreichen. Da das Einkommen immobiler Haushalte mittelbar über

---

[56] Homburg (1997) sieht vor allem in den Stadtstaaten aufgrund ihres hohen Stimmengewichts pro Einwohner ideale Koalitionspartner für ärmere Bundesländer und erklärt so die Existenz der „Einwohnerveredelung", die eine Gewichtung der dortigen Bevölkerung mit dem Faktor 1,35 vorsieht und damit sicherstellt, daß ihre anrechenbare Finanzkraft nur 74% des tatsächlichen Steueraufkommens widerspiegelt.

[57] Die Reformkommission Soziale Marktwirtschaft (1998) hält selbst diesen Wert für illusorisch, da z.B. der implizite Ausgleich durch die Sozialversicherungen und die Verschleierung der tatsächlichen Finanzkraft der Stadtstaaten infolge der Einwohnerveredelung nicht berücksichtigt werden.

den Effekt der Wanderung auf die Steuerbelastung und die Verteilung der Landrenten beeinflußt werden kann, besitzt sie einen Anreiz, die institutionell bedingte Verzerrung in der interregionalen Einkommensverteilung durch eine gegenläufige Verzerrung der interregionalen Haushaltsverteilung zu mindern. Die hierzu erforderlichen Wanderungsanreize wirken sich dann auch auf die interpersonelle Einkommensverteilung in der Föderation aus. Zusammenfassend resultiert eine lediglich *zweitbeste* bzw. *beschränkt sozial optimale* Allokation.

Formal entfällt mit (4.15) eine notwendige Bedingung für (4.16) und (4.17). Vernachlässigt man entsprechend (4.15) bei der Herleitung von (4.16), so folgt:

$$\sum_{i=1,2} MRS^i_{xy} - N = \left(1 - \frac{W^1_y}{W^2_y}\right)\left(MRS^1_{xy} - N_1\right). \qquad (4.18)$$

Bedingung (4.18) steht für eine beschränkt sozial optimale interpersonelle Umverteilungspolitik in der Föderation. Die Richtung der dargestellten Verzerrung ist allerdings nicht eindeutig. Ist der marginale Realeinkommenseffekt eines Sozialtransfers an Arbeiter in der armen Region 1 im beschränkten sozialen Optimum positiv, $MRS^1_{xy} - N_1 > 0$, so deutet dies auf eine im Vergleich zu Politikregel (4.16) suboptimal umfangreiche interpersonelle Umverteilung hin, $\sum_i MRS^i_{xy} < N$. Im entgegengerichteten Fall kann man auf eine sozial zu geringe Umverteilungsaktivität der Zentralregierung schließen.

Analog zur Herleitung von (4.17) erhält man bei Vernachlässigung von (4.15):

$$(\sigma^N_2 - \sigma^N_1) - 2c\left(N_1 - MRS^1_{xy}\right) =$$

$$= \left(1 - \frac{W^2_y}{W^1_y}\right)\left(\sigma^N_2 - (1-\delta)\sum_{i=1,2} N_i F^i_{NN}\right). \qquad (4.19)$$

Bedingung (4.19) beschreibt eine beschränkt sozial optimale interregionale Haushaltsallokation. Diese mag – abgesehen vom Grenzfall vollkommener Mobilität – durchaus im Intervall effizienter Allokationen liegen. Sind

Arbeiter eingeschränkt mobil, $c < \infty$, und erhalten sie in der reichen Region 2 einen positiven Sozialtransfer, $\sigma_2^N > 0$, so ist die beschränkt sozial optimale Anzahl von Haushalten in 1 stets zu gering im Vergleich zum sozialen Optimum. Die intuitive Erklärung für dieses Ergebnis ist folgende: Ein zusätzlicher Haushalt in der reichen Region belastet dort das öffentliche Budget und löst zudem für $\delta < 1$ einen Anstieg des Nettolandrentenexports in die arme Region aus, $(\delta - 1) \sum_i N_i F_{NN}^i > 0$. Beide Effekte begünstigen eindeutig die angestrebte interregionale Einkommensnivellierung, deren direkte Verwirklichung institutionell ausgeschlossen ist.
Die Förderung der Attraktivität der reichen Region schlägt sich auch in höheren Sozialtransfers nieder, $\sigma_2^N > \sigma_1^N$, vorausgesetzt, der marginale Realeinkommenseffekt der Umverteilung in der armen Region ist hinreichend gering und/oder der Grad der Haushaltsmobilität ist hinreichend hoch. Bei vollkommener Mobilität gilt diese Beziehung stets.
Umgekehrt deutet die in der Realität häufig zu beobachtende *Politik einheitlicher Sozialleistungen*, $\sigma_1^N = \sigma_2^N$, bei unvollkommener Mobilität auf eine zu starke Ausdehnung der interpersonellen Umverteilungsaktivitäten hin, wie ein Vergleich von (4.19) mit (4.18) zeigt. In dieser Situation müssen die sozialen Nettogrenzkosten der Zuwanderung in die Region 1 negativ sein, was einen positiven marginalen Realeinkommenseffekt dort geleisteter Sozialtransfers impliziert.
Bei vollkommener Immobilität schließlich entfällt die Möglichkeit, durch fiskalische Wanderungsanreize eine interregionale Einkommensangleichung herbeizuführen, und somit besteht für die Zentralregierung auch kein Anreiz, ihre interpersonelle Umverteilungspolitik zu verzerren, $MRS_{xy}^i = N_i$, $i = 1, 2$.

Ergebnis 4.3 *Besitzt eine Zentralregierung kein interregionales Transferinstrument, so kann sie lediglich eine beschränkt sozial optimale Allokation verwirklichen. Diese zeichnet sich durch eine suboptimal geringe Anzahl mobiler Transferempfänger in derjenigen Region mit den höheren sozialen Grenzkosten der Besteuerung aus. Die Richtung der Verzerrung der interpersonellen Umverteilungspolitik ist hingegen nicht eindeutig zu* *bestimmen. Strebt die Zentrale bei unvollkommener Mobilität eine Harmonisierung der Sozialtransfers an, so weist dies auf eine zu großzügige interpersonelle Umverteilung im Vergleich zum sozialen Optimum hin.*

Eine weitere interessante Zweitbest-Situation entsteht, wenn – wie in Deutschland durch die existierenden Regelungen zum Länderfinanzausgleich – eine (nahezu) vollständige Angleichung der Finanzkraft institutionell vorgeschrieben ist. Hiermit wollen wir uns abschließend beschäftigen.

Finanzkraftäquivalenz
Zwar besitze die Zentralregierung nun grundsätzlich alle zur Verwirklichung eines sozialen Optimums erforderlichen Instrumente einschließlich S_i, sie habe aber als zusätzliche Restriktion

$$\frac{\tau_1^L + S_1}{1 + N_1} = \frac{\tau_2^L + S_2}{1 + N_2} \tag{4.20}$$

zu beachten, d.h. die Pro-Kopf Steuereinnahmen beider Regionen müssen zwingend übereinstimmen (Finanzkraftäquivalenz).
Damit ändern sich auch die Politikanreize der Zentrale. Da diese nun über einen direkten Transfer verfügt, strebt sie zwar auch eine sozial optimale interregionale Einkommensverteilung an, $W_y^1 = W_y^2$.[58] Wiederum verzerrt sie jedoch die interregionale Haushaltsallokation sowie ihre interpersonelle Umverteilungspolitik,

$$\frac{\sum_i MRS_{xy}^i - N}{n_1 - n_2} = \frac{(\sigma_2^N - \sigma_1^N) - 2c\left(N_1 - MRS_{xy}^1\right)}{\sum_i \left(\frac{n_i^2}{N_i^2}\sigma_i^N - n_i F_{NN}^i\right) - 2cn_1}, \tag{4.21}$$

wobei $n_i \equiv \frac{N_i}{1+N_i}$ für den Bevölkerungsanteil der Arbeiter in Region i steht.
Die Zweitbest-Regel (4.21) verlangt einen Ausgleich der relativen Verzerrungen zwischen beiden Politikbereichen. Auf der linken Seite befindet

[58] Die Herleitung der Zweitbest-Politikregeln für dieses Szenario findet sich im Anhang.

sich die Abweichung von der sozial optimalen interpersonellen Verteilungspolitik, gewichtet mit der Wirkung einer einheitlichen Transfererhöhung auf die Differenz der regionalen Finanzkraft. Die rechte Seite stellt die Verzerrung der interregionalen Haushaltsallokation, gewichtet mit dem Finanzkrafteffekt eines zusätzlichen Arbeiters in Region 1, dar. Nehmen wir an, das Pro-Kopf Steueraufkommen in Region 1 sei im sozialen Optimum höher als in 2. Zudem gelte: $n_1 > n_2$ und $\sum_i(\frac{n_i^2}{N_i^2}\sigma_i^N - n_i F_{NN}^i) > 2cn_1$, d.h. Zuwanderung in die Region 1 führt zu einer weiteren Verstärkung des Finanzkraftunterschieds. Dann hat die Zentrale zwei Möglichkeiten eine Nivellierung zu erreichen. Sie kann erstens die Sozialleistungen in beiden Regionen simultan reduzieren, so daß die Pro-Kopf Ausgaben in Region 1 mit dem höheren Empfängeranteil stärker sinken als in 2 mit dem geringeren Empfängeranteil. Zweitens kann sie durch eine geeignete Differenzierung der Sozialtransfers zu Gunsten von Region 2 zusätzliche Arbeiter zur Abwanderung aus 1 veranlassen, was zu einer weiteren Reduktion der Pro-Kopf Ausgaben in der realtiv stärker belasteten Region und einem entsprechenden Anstieg in der relativ schwächer belasteten Region führt. Gemäß einer allgemeinen Einsicht der Zweitbest-Theorie wird die Zentrale von beiden Alternativen solange Gebrauch machen, bis die relativen sozialen Kosten einer zusätzlichen Ausdehnung der Verzerrung in beiden Politikbereichen identisch sind.

Ergebnis 4.4 *Angenommen, die Zentralregierung verfügt über ein vollständiges Politikinstrumentarium, hat aber zusätzlich eine bestimmte Regel für die Verteilung des Pro-Kopf Steueraufkommens zwischen den Regionen zu beachten. Dann kann sie zwar für eine interregionale Angleichung der sozialen Grenzkosten der Besteuerung sorgen, die Zentrale verzerrt jedoch ihre interpersonelle Umverteilungspolitik und die interregionale Haushaltsallokation jeweils relativ zur Wirkung auf die interregionale Finanzkraftdisparität.*

Wir haben uns voranstehend ausführlich mit den Politikanreizen einer Zentralregierung beschäftigt und für unterschiedliche Kompetenzszenarien Referenzsituationen charakterisiert. Dabei hat sich herausgestellt, daß die alleinige Existenz regionaler Steuern auf reiche Haushalte zur Finanzierung von Sozialtransfers für Arme im allgemeinen nicht ausreicht, um ein soziales Optimum zu garantieren. Die Zentrale benötigt darüber hinaus zwingend ein Transferinstrument zur interregionalen Angleichung der sozialen Grenzkosten der Besteuerung.

Auch in der Literatur zur Finanzpolitik in einer Föderation wird die allokative Bedeutung interregionaler Ausgleichszahlungen häufig hervorgehoben. Basierend auf der Arbeit von Flatters, Henderson und Mieszkowski (1974), weisen Boadway und Flatters (1982) und später auch z.B. Krelove (1993) und Wellisch (1999) auf die effizienztheoretische Notwendigkeit interregionaler Transfermechanismen bei fiskalisch motivierter Wanderung hin. In diesen Modellen ziehen vollkommen mobile Arbeiter Nutzen aus ihrem privaten Konsum sowie aus lokal öffentlichen Gütern an ihrem Wohnort. Eine effiziente Bereitstellung öffentlicher Güter in den Regionen gemäß der *Samuelson-Regel* schlägt sich in unterschiedlichen Pro-Kopf Steuerlasten nieder. Diese münden in einem Wanderungsgleichgewicht mit höheren Löhnen in der Hochsteuerregion und entsprechend geringeren Löhnen in der Niedrigsteuerregion. Die für eine effiziente Haushaltsallokation erforderliche Angleichung fiskalischer Lasten bedarf daher eines Exports von Finanzierungsmitteln zu Gunsten der Hochsteuerregion.

Wechseln wir nun die Perspektive und betrachten eine Welt mit *dezentralen Kompetenzen*, so hängt also die Qualität unkoordinierter Entscheidungen unter anderem von der Bereitschaft der Regionen ab, *freiwillig* grenzüberschreitende Transfers in erforderlichem Umfang zu leisten. Dies ist unproblematisch, solange alle Haushalte identisch und vollkommen mobil sind. Nutzenäquivalenz im Migrationsgleichgewicht sorgt dann dafür, daß jede einzelne, den Nutzen ihrer Einwohner maximierende Region das gleiche Ziel verfolgt wie die Zentrale, und dementsprechend stimmen auch beide Regionen hinsichtlich der anzustrebenden Haushaltsallokation überein (Myers, 1990). Sind identische Haushalte tatsächlich nur unvollkommen mobil, so entfaltet zwar eine Transferzahlung für Haushaltsallokationen innerhalb des Effizienzintervalls aus regionaler Sicht unerwünschte Verteilungswirkungen, eine ineffiziente Allokation veranlaßt aber weiterhin genau eine Region auf einen Teil ihres Einkommens zu verzichten, um sich ihre präferierte Bevölkerungsgröße zu „erkaufen" und Effizienz herzustellen (Mansoorian und Myers, 1993).

Burbidge und Myers (1994) und Wellisch (1996) zufolge hängt die Anreizkompatibilität bei vollkommener Mobilität auch grundsätzlich nicht von der Homogenitätsannahme ab, vorausgesetzt, Regionen besitzen identische Wohlfahrtsfunktionen und stimmen daher hinsichtlich ihres angestrebten Verteilungszieles überein.

Partielle Immobilität *und* Heterogenität von Haushalten hingegen vermindert den Anreiz der Regionen interregionale Transfers zu zahlen, denn ein Teil dieser Leistungen versickert stets bei gebietsfremden Immobilen, die im Kalkül der Geberregion keine Berücksichtigung finden. Aus diesem Grund kann im vorliegenden Modell auch nicht damit gerechnet werden, daß rein dezentrale Entscheidungen der Regionen in einer effizienten oder – spezifischer – einer sozial optimalen Allokation münden. Ein zentralstaatliches Transfersystem, daß darauf ausgerichtet ist, unkoordiniertes Verhalten zu korrigieren, hat daher distributive und allokative Funktionen zu erfüllen. Wie ein solches Transfersystem aussehen mag und welche Wirkungen es entfaltet, sind wesentliche Fragen der folgenden Analyse.

4.4 Anhang

Dieser Anhang erläutert die Herleitung der Zweitbest-Regel bei institutionell vorgeschriebener Finanzkraftäquivalenz der Regionen.

Vereinfachung der zusätzlichen Nebenbedingung (4.20) durch Verwendung der regionalen Budgetgleichung (4.5) für beide Regionen ($t_i^\rho, z_{ij}^N \equiv 0$) ergibt:

$$\frac{\sigma_1^N N_1}{1+N_1} = \frac{\sigma_2^N N_2}{1+N_2}, \tag{A.4.1}$$

und nach anschließender Elimination von (4.5) durch jeweiliges Einsetzen für S_i in (4.6) erhält man

$$\tau_1^L + \tau_2^L = \sigma_1^N N_1 + \sigma_2^N N_2 \tag{A.4.2}$$

als modifiziertes zentralstaatliches Budget.
Bei Maximierung des Problems (4.6) in den verbleibenden Variablen $\{x_i, y_i, N_i, \sigma_i^N, \tau_i^L\}$ unter Beachtung der Nebenbedingungen (3.2), (4.1), (4.2), (4.3), (A.4.1) $[\kappa]$ und (A.4.2) $[\lambda]$ folgen die Marginalbedingungen (4.7) und (4.8), sowie:

$$(N_i): \; N_i F_{NN}^i \left(\mu_i \delta + \mu_j (1-\delta) + \lambda - \kappa_i \frac{n_i}{N_i}\right) - \lambda \sigma_i^N - \alpha_i c + \kappa_i \frac{n_i^2}{N_i^2} \sigma_i^N - \beta = 0, \tag{A.4.3}$$

$$(\sigma_i^N): \quad \alpha_i - \nu_i - \lambda N_i + \kappa_i n_i = 0, \tag{A.4.4}$$

$$(\tau_i^L): \quad \mu_i + \lambda = 0, \tag{A.4.5}$$

$i, j = 1, 2,\ i \neq j$, mit $\kappa_1 \equiv \kappa$, $\kappa_2 \equiv -\kappa$ und $n_i \equiv \frac{N_i}{1+N_i}$. Verkürzend wurde (A.4.4) bereits in (A.4.3) verwendet.
Die Übereinstimmung der sozialen Grenzkosten der Besteuerung im zweitbesten Optimum, $W_y^1 = W_y^2$, zeigt sich nun sofort durch Einsetzen von (4.8) mit $\gamma = 1 - \gamma$ für beide Regionen in (A.4.5).
Nach Verwendung von (4.7) für ν_i, (A.4.5) für λ und dann (4.8) für μ_i in (A.4.4), Elimination von α durch Gleichsetzen für beide Regionen und Beachtung der Definition von κ resultiert:

$$\sum_{i=1,2} MRS_{xy}^i - N = -\frac{\kappa}{\lambda}(n_1 - n_2). \tag{A.4.6}$$

Schließlich ergibt sich nach Elimination von β durch Gleichsetzen von (A.4.3) für beide Regionen und anschließender Verwendung von (A.4.4) für α, (4.7) für ν_i, (A.4.5) für λ, (4.8) für μ_i und Zusammenfassen der Terme:

$$(\sigma_2^N - \sigma_1^N) - 2c\left(N_1 - MRS_{xy}^1\right) = -\frac{\kappa}{\lambda}\left[\sum_{i=1,2}\left(\frac{n_i^2}{N_i^2}\sigma_i^N - n_i F_{NN}^i\right) - 2cn_1\right]. \tag{A.4.7}$$

Bedingung (4.21) folgt dann nach Elimination von $\frac{\kappa}{\lambda}$ mit Hilfe von (A.4.6) und (A.4.7).

5 Dezentrale Umverteilungspolitik

Im Mittelpunkt dieses Kapitels stehen die sozial suboptimalen Politikanreize regionaler Entscheidungsträger, deren Ziel sich ausschließlich auf die Maximierung der Wohlfahrt in ihrer eigenen Gebietskörperschaft beschränkt. Wir untersuchen Effizienz- und Verteilungseigenschaften des *dezentralen Gleichgewichts* in unterschiedlichen Politikszenarien und beschreiben jeweils das optimale zentralstaatliche Korrekturschema. Zur Einordnung der Ergebnisse wird auch die Bedeutung existierender Transferprogramme in der EU diskutiert.

In der Literatur existieren im wesentlichen zwei, qualitativ identische Erklärungsansätze für das Versagen dezentraler Umverteilungspolitik: *Adverse Selektion* und *fiskalische Externalitäten*. Die Analogie zum Problem adverser Selektion besteht darin, daß regionale Transferprogramme Empfänger anziehen und Beitragszahler fernhalten, was zu einer Erosion der Steuerbasis führt. Die hiermit verbundene *Zusatzlast der Umverteilung* ist aber nur aus regionaler Sicht relevant. Da weder Empfänger noch Beitragszahler die Föderation (annahmegemäß) verlassen können, sind Transfers und Steuern aus zentraler Sicht unverzerrende Instrumente. Dementsprechend sind auch die Grenzkosten der Umverteilung aus regionaler Sicht höher als aus sozialer Perspektive.

Die Analogie zur Theorie externer Effekte liegt im Verhalten der Regionen begründet, nur eigene Einkommens- und Budgetwirkungen der Umverteilung zu berücksichtigen, Wanderungseffekte auf gebietsfremde Größen aber zu vernachlässigen. So argumentiert Wildasin (1991), daß eine regionale Verteilungsmaßnahme, die Zuwanderung hervorruft, nicht nur die Kosten des Programms für die handelnde Region erhöht, sondern zugleich auch für eine abwanderungsbedingte Entlastung in anderen Gebietskörperschaften sorgt. Diese positive fiskalische Externalität äußert sich dann in einem sozial zu geringen regionalen Grenznutzen der Umverteilung.

Eine Möglichkeit zur Internalisierung externer Effekte ist die auf Pigou (1920) zurückgehende Steuerlösung. In Anlehnung an diese Arbeit zeigt Wildasin (1991), wie Umverteilungspolitik in einer Föderation mit Hilfe einer geeigneten zentralstaatlichen Intervention dezentralisiert werden kann. Er unterstellt ein Transfersystem, bestehend aus einer unverzerrenden (*Lump-Sum-*)Komponente und einem linearen Subventionssatz pro Einheit Sozialtransfer für jede Region. Die *Lump-Sum*-Komponente dient dabei der Verwirklichung einer sozial optimalen interregionalen Verteilung, und der den gebietsfremden Grenznutzen (im sozialen Optimum) widerspiegelnde variable Bestandteil stellt die Internalisierung der positiven fiskalischen Externalität regionaler Umverteilung sicher. Wildasin (1994) folgend können Regionen aber auch eigene Anreize besitzen, interregionale Transferleistungen zu erbringen, um so die Immigrationswirkungen interner Umverteilung zu mildern. Zahlt eine Region freiwillig grenzüberschreitende Sozialtransfers – man denke hier an die umfangreiche Subventionierung der ehemaligen DDR-Bürger im direkten Anschluß an den Fall der Mauer –, so offenbart sie damit ihren Anreiz, auch gebietsfremde mobile Haushalte vollständig in ihrem Kalkül zu berücksichtigen. Wie wir gleich zeigen werden, kommt es in einer solchen Situation zu einer wesentlichen Vereinfachung der zentralstaatlichen Korrekturregel.

Eine erfolgreiche Intervention der Zentrale setzt einen bestimmten Ablauf der Interaktion zwischen den Ebenen voraus. Entscheidend ist, daß die Regionen die Gestalt des Transfersystems tatsächlich nicht beeinflussen können, und daß sie sich in optimaler Weise an die für sie vorgegebene Anreizstruktur anpassen. Diese Annahme mag aber problematisch sein, wenn die Zentrale und die Regionen simultan, d.h. unter Nash-Verhalten, auf ein und dieselbe Steuerbasis zugreifen können (Boadway und Keen, 1994) oder wenn Regionen die Möglichkeit haben, die zentrale Politik nachträglich zu verzerren. So analysieren Dixit und Londregan (1998) ein (Wahl-)Modell, in dem beide Ebenen ihre Umverteilungsaktivitäten sequentiell ausüben, wobei die Zentrale auf der ersten Stufe über die regionalen Ressourcenausstattungen entscheidet, die den einzelnen Gebietskörperschaften anschließend für ihre Umverteilungsmaßnahmen zur Verfügung stehen. Da die Regionen die übergeordnete Verteilungssituation in ihrem Sinne korrigieren können, weichen die Politikergebnisse dort wesentlich von einer zentralen Lösung ab.

Auch bei Bjorvatin (1998) mündet eine Kompetenzaufteilung zwischen zentralen und regionalen Entscheidungsträgern im allgemeinen in einer suboptimalen Allokation. Regionen bestimmen dort das Angebot und die Finanzierung lokal öffentlicher Güter bei gegebener Umverteilungspolitik der Zentrale. Dabei zeigt sich, daß zentrale Umverteilung eine ineffiziente räumliche Konzentration von Haushalten begünstigt, wenn der Anteil armer Immigranten in der reicheren Region (mit den höheren öffentlichen Ausgaben) hinreichend gering ist, d.h. wenn die Zentralregierung eine moderate Umverteilung anstrebt. Nur bei sehr geringen oder umfangreichen Verteilungsaktivitäten sorgt die dezentrale Finanzpolitik nachträglich für eine effizienztheoretisch wünschenswerte, gleichmäßige Verteilung der Arbeiter im Raum.

Bei Schwager (1996) entscheidet zwar allein die Zentralregierung über den Umfang der Sozialleistungen, die Zuteilung an die Bedürftigen – die administrative Kompetenz – obliegt aber den Regionen. Diese verfügen über private Informationen hinsichtlich der Bedürftigkeit von Empfängern und können daher einem Teil armer Haushalte die Unterstützung unbemerkt vorenthalten, um Abwanderung zu begünstigen. Aufgrund dieser Informationsrestriktion kann das sozial unerwünschte Verwaltungsgebaren der Regionen nicht unmittelbar bestraft werden, sondern muß – wie in unserem Modell – durch ein Subventionssystem korrigiert werden. Schwager zeigt auch, daß ein Korrekturmechanismus, dessen Implementierung soziale Kosten verursacht nur eine zweitbeste Umverteilungssituation herstellen kann. Ein ähnlicher Fall wird sich in der folgenden Analyse ergeben, wenn die Zentrale keinen *Lump-Sum*-Transfer besitzt und sich deshalb ihrem interregionalen Umverteilungsziel mit Hilfe eines verzerrenden Anreizsystems nähern muß.

Die weitere Vorgehensweise ist durch die Struktur der bisherigen Analyse geprägt. Abschnitt 5.1 beschreibt das dezentrale Gleichgewicht und untersucht dabei auch, wie sich zentralstaatliche Anreize auf die regionale Umverteilungspolitik auswirken. In Abschnitt 5.2 diskutieren wir die Verhaltensänderungen, die sich ergeben, wenn die Regionen auf interregionale Transferinstrumente verzichten müssen. Mit einem Vergleich der Anreizunterschiede zwischen den Ebenen ermitteln wir in Abschnitt 5.3 die Eigenschaften eines optimalen zentralstaatlichen Eingriffs im erst- und zweitbesten Politikszenario. Abschnitt 5.4 skizziert und beurteilt Transferprogramme in der EU. Rechnungen zur Charakterisierung des zweitbesten Transfersystems finden sich schließlich in Abschnitt 5.5.

5.1 Dezentrales Gleichgewicht

Ein *rein* dezentrales Gleichgewicht ist eine Situation, in der alle mobilen Haushalte an ihrem nutzenmaximalen Wohnort leben, alle Unternehmen ihren gewinnmaximalen Faktoreinsatz realisieren, beide Regionen (unter der Nash-Annahme) ihre wohlfahrtsmaximale Politik betreiben, und alle privaten und staatlichen Budgetrestriktionen ebenso wie alle Ressourcenbeschränkungen erfüllt sind. Ein *korrigiertes* dezentrales Gleichgewicht liegt vor, wenn Regionen darüber hinaus mit einem zentralstaatlichen Transfersystem konfrontiert werden.

Wanderungsreaktionen

Kennzeichnend für regionale Kompetenzen ist die lediglich eingeschränkte Verfügbarkeit über sämtliche Instrumente in der Föderation. Regionen können typischerweise nur Steuern und Transfers mit eigenen Budgetwirkungen beliebig wählen, die Politik anderer Gebietskörperschaften ist für sie nicht direkt beeinflußbar. Daher wirken Sozialtransfers aus regionaler Sicht verzerrend: Bei gegebenem Leistungsniveau in der Fremde steigert eine einseitige Erhöhung die Attraktivität der eigenen Region für mobile

Empfänger und erhöht so die Kosten der Umverteilung zwischen den ansässigen Haushalten.

Den *Brutto*wanderungseffekt einer marginalen Ausweitung der Sozialleistungen in Region i erhält man durch Differentiation des Migrationsgleichgewichts (4.2) und Berücksichtigung der Bevölkerungsrestriktion (3.2):

$$\frac{\partial N_i}{\partial \sigma_i^N} = \frac{\partial N_i}{\partial z_{ji}^N} = -\frac{\partial N_j}{\partial \sigma_i^N} = -\frac{\partial N_j}{\partial z_{ji}^N} = -\left(\sum_{h=1,2} F_{NN}^h - 2c\right)^{-1} > 0.^{59} \quad (5.1)$$

Die transferinduzierte Zuwanderung verringert das Lohneinkommen aller ansässigen Arbeiter und wirkt somit der beabsichtigten Umverteilung entgegen. Um jedem Arbeiter tatsächlich eine zusätzliche Einkommenseinheit gewähren zu können, bedarf es daher eines Sozialtransferanstiegs insgesamt in Höhe von $(1 + F_{NN}^i \frac{\partial N_i}{\partial \sigma_i^N})^{-1} > 1$. Dementsprechend erhält ean als *Netto*wanderungseffekt der Umverteilung in Region i:

$$\left(1 + F_{NN}^i \frac{\partial N_i}{\partial \sigma_i^N}\right)^{-1} \frac{\partial N_i}{\partial \sigma_i^N} = \left(2c - F_{NN}^j\right)^{-1} > 0. \quad (5.2)$$

Dieser Effekt erleichtert uns die weitere Interpretation regionaler Entscheidungen und ihrer zentralen Korrektur.

Problem einer Regionalregierung

Das formale Problem einer beliebigen Region i lautet nun:

$$\max_{\{x_i, y_i, N_i, N_j, \sigma_i^N, \tau_i^L, t_i^\rho, z_{ij}^N\}} \quad W^i(x_i, y_i) \quad (5.3)$$

unter den Nebenbedingungen (3.2) $[\beta_i]$, (4.1) $[\nu_i]$, (4.2) $[\alpha_i]$, (4.3) $[\mu_i]$, (4.4) $[\theta_i]$ sowie $x_i, y_i, N_i, z_{ij}^N \geq 0$, $t_i^\rho \leq 1$. Zugehörige Lagrange-Multiplikatoren stehen in eckigen Klammern.

[59]Das negative Vorzeichen des Nenners dieser Bedingung garantiert zugleich die Stabilität des Migrationsgleichgewichts (vgl. Stiglitz, 1977).

Da der zentralstaatliche Transfer kein regionales Politikinstrument darstellt, entfällt S_i als Wahlvariable im Problem (5.3). Allerdings berücksichtigt jede Region, daß sie diese Größe durch die Höhe ihrer Sozialleistungen beeinflußen kann, $S_i = S_i(\sigma_i^N)$. S_σ^i bezeichne dabei im weiteren den *marginalen Transfer* an Region i.[60]

Notwendige Bedingungen

Notwendige Bedingungen für ein dezentrales Gleichgewicht sind die Nebenbedingungen des Problems (5.3) für beide Regionen sowie die Marginalbedingungen

$$(x_i): \quad W_x^i + \nu_i = 0, \tag{5.4}$$

$$(y_i): \quad W_y^i + \mu_i = 0, \tag{5.5}$$

$$(N_i): \quad (1-t_i^\rho)N_i F_{NN}^i(\mu_i\delta + \theta_i) - \theta_i(\sigma_i^N + S_\sigma^i F_{NN}^i) - \alpha_i c - \beta_i = 0, \tag{5.6}$$

$$(N_j): \quad (1-t_j^\rho)N_j F_{NN}^j \mu_i(1-\delta) - \theta_i z_{ij}^N + \alpha_i(c - F_{NN}^j) - \beta_i = 0, \tag{5.7}$$

$$(\sigma_i^N): \quad \alpha_i - \nu_i - \theta_i(N_i - S_\sigma^i) = 0, \tag{5.8}$$

$$(\tau_i^L): \quad \mu_i + \theta_i = 0, \tag{5.9}$$

$$(t_i^\rho): \quad \mu_i\delta + \theta_i \geq 0, \quad t_i^\rho \leq 1, \quad (1-t_i^\rho)\frac{\partial \mathcal{L}}{\partial t_i^\rho} = 0, \tag{5.10}$$

$$(z_{ij}^N): \quad -(\alpha_i + \theta_i N_j) \leq 0, \quad z_{ij}^N \geq 0, \quad z_{ij}^N \frac{\partial \mathcal{L}}{\partial z_{ij}^N} = 0, \tag{5.11}$$

$i, j = 1, 2,\ i \neq j$. Hierbei sind die Definitionen $\alpha_i \equiv \alpha_1$, falls $i = 1$, und $\alpha_i \equiv -\alpha_2$, falls $i = 2$, zu berücksichtigen. $\mathcal{L}$ steht wiederum für die zugrundeliegende Lagrange-Funktion. Bei der Herleitung von (5.6) wurde bereits (5.8) verwendet.

[60] Zur Vereinfachung der späteren Interpretation weichen wir hier von der spezifisch linearen Gestalt der variablen Transferkomponente bei Wildasin (1991) ab und übernehmen die allgemeine Methode von DePater und Myers (1994), die argumentieren, daß für die regionalen Politikanreize ausschließlich die *zusätzlich* hervorgerufene Budgetbe- bzw. entlastung relevant ist.

Interregionale Transferinstrumente

Untersuchen wir auch hier zunächst den Einsatz regionaler Politikinstrumente mit interregionalen Verteilungswirkungen. Dabei zeigt sich sofort, daß t_i^ρ und z_{ij}^N aus dezentraler Sicht keine äquivalenten Instrumente darstellen. Existiert gebietsfremdes Landeigentum, $\delta < 1$, so entscheidet sich jede Region für eine konfiskatorische Besteuerung ihrer Landrenten, $t_i^\rho = 1$, um so zu vermeiden, daß Einkommen gebietsfremder Grundbesitzer abfließt. In Verbindung mit einer entsprechenden Senkung von τ_i^L erzwingt sie damit die maximale interregionale Einkommensumverteilung zu Gunsten eigener Grundbesitzer.[61] Intuitiv ist die konfiskatorische Landrentenbesteuerung auf das gleiche Kalkül zurückzuführen wie die Weigerung, einen *direkten* interregionalen Transfer zu zahlen: Weil ein solcher Einkommensabfluß keine Abwanderungsanreize für mobile Arbeiter entfaltet, steht dem Einkommensverzicht auch kein regionaler Grenzvorteil gegenüber.

Mit z_{ij}^N besitzt Region i ein interregionales Transferinstrument zur Subventionierung der Abwanderung bzw. zur Begrenzung der Zuwanderung mobiler Leistungsempfänger. Für sie ist es immer dann sinnvoll, Arbeitern in j einen Sozialtransfer zu zahlen, falls an der Stelle $z_{ij}^N = 0$ gilt:

$$\frac{\sigma_i^N + S_\sigma^i F_{NN}^i}{2c - F_{NN}^j} > N_j, \tag{5.12}$$

d.h. falls die abwanderungsbedingte Budgetentlastung in i die Grenzkosten dieser Maßnahme, N_j, übersteigt.[62] Der abwanderungsbedingte Budgeteffekt entspricht der durch einen marginalen Abwanderer ausgelösten

[61] Vgl. hierzu auch Richter und Wellisch (1993) und (1996). Formal erhält man diese Randlösung nach Verwendung von (5.9) für μ_i in (5.10): $(1-\delta)\theta_i > 0$ für $\delta < 1$. Für $\delta = 1$ hingegen entfällt die Möglichkeit einer steuerlichen Belastung gebietsfremder Grundbesitzer, d.h. τ_i^L und t_i^ρ sind identische Instrumente. Im weiteren gelte daher: $t_i^\rho \equiv 0$, falls $\delta = 1$.

[62] Die formale Herleitung von (5.12) folgt nach Verwendung von $t_i^\rho = 1$, $i = 1, 2$, in (5.6) und (5.7), Elimination von β_i und anschließendem Einsetzen der resultierenden Gleichung für α_i in (5.11).

Nettoentlastung des öffentlichen Sektors, gewichtet mit der hervorgerufenen Nettoabwanderung gemäß (5.2). Das Vorzeichen dieses Effektes ist für $S_\sigma^i > 0$ nicht eindeutig. Zwar kommt es pro Abwanderer zu einer Reduktion des Sozialtransfervolumens um σ_i^N. Bei konstantem Nettoeinkommen ansässiger Arbeiter ermöglicht der abwanderungsbedingte Lohnanstieg aber zudem eine Senkung eigener Sozialtransfers, was in einem Rückgang der zentralen Unterstützung um $-S_\sigma^i F_{NN}^i$ mündet.
Da der regionale Grenznutzen von z_{ij}^N dem Grenznutzen von σ_j^N in Region i entspricht – beide Instrumente entfalten einen identischen abwanderungsbedingten Budgeteffekt – spiegelt die linke Seite von (5.12) zugleich die durch j ausgelöste *Umverteilungsexternalität* nach Wildasin (1991) wider.
Die Wahrscheinlichkeit eines grenzüberschreitenden Sozialtransfers von Region i steigt mit der Höhe intraregionaler Sozialleistungen, mit dem Mobilitätsgrad der Arbeiter sowie mit der (absoluten) Lohnreagibilität der Zuwanderung, und sie sinkt mit dem Bevölkerungsumfang in j sowie mit der Intensität zentralstaatlicher Förderung regionaler Umverteilung. Ist Bedingung (5.12) an der Stelle $z_{ij}^N = 0$ erfüllt, so ergibt sich als optimaler interregionaler Sozialtransfer an Arbeiter in j:

$$z_{ij}^N = \sigma_i^N + S_\sigma^i F_{NN}^i - N_j(2c - F_{NN}^j) < \sigma_i^N, \qquad (5.13)$$

falls $S_\sigma^i \geq 0$. Im rein dezentralen Gleichgewicht, $S_\sigma^i \equiv 0$, ist also $\sigma_i^N > 0$ notwendig für $z_{ij}^N > 0$, d.h. eine Region gewährt ansässigen Arbeitern stets höhere Sozialleistungen als gebietsfremden mobilen Haushalten.
Wildasin (1994) weist darauf hin, daß eine grenzüberschreitende Subventionierung mobiler Arbeiter nicht nur aus Sicht einer einzelnen Region vorteilhaft sein mag, sondern daß sie sogar zu einer Pareto-Verbesserung in der Föderation beitragen kann, vorausgesetzt, die Ausgangssituation ist durch eine ineffiziente interregionale Haushaltsallokation gekennzeichnet. Angenommen, es gelte $\sigma_i^N > 0$ und $\sigma_j^N = 0$. Haushalte seien vollkommen mobil, und Bedingung (5.12) sei erfüllt. Dann reduziert eine marginale Erhöhung von z_{ij}^N die interregionale Lohndifferenz und sorgt

so für einen gesamtwirtschaftlichen Einkommensanstieg. Hiervon können alle Haushaltsgruppen profitieren. Erstens kommt es zu einer abwanderungsbedingten Nettoeinkommenszunahme immobiler Haushalte in Region i, zweitens verbessert das höhere Sozialniveau die Einkommenssituation aller mobilen Arbeiter, und drittens profitieren auch immobile Grundbesitzer in j vom zuwanderungsinduzierten Anstieg des Grundvermögens in ihrer Region. Bemerkenswert ist hier die effizienztheoretische Vorteilhaftigkeit dieser umverteilungspolitischen Maßnahme, obwohl weder interregionale Wohlfahrtsverflechtungen noch interpersonelle Nutzenverflechtungen vorliegen.
Ein Vergleich von (5.13) mit (3.16) zeigt auch, daß *beide* Regionen im rein dezentralen Gleichgewicht durch freiwillige grenzüberschreitende Sozialtransfers sogar eine effiziente interregionale Haushaltsallokation sicherstellen können (und wollen), falls Wanderung im Gleichgewicht keinen Einfluß auf die aggregierten immobilen Vermögenswerte in der Föderation hat, $N_1 F^1_{NN} = N_2 F^2_{NN}$. Beide Regionen offenbaren durch Wahl von $z^N_{ij} > 0$, daß sie eine optimale Situation im Sinne Paretos – allerdings lediglich bezogen auf eigene Grundbesitzer sowie auf eigene und gebietsfremde Arbeiter – anstreben. Bleiben die gesamten Grundstückswerte von diesen Maßnahmen unberührt, so neutralisiert sich gerade die jeweilige Vernachlässigung fremder Grundbesitzer im Kalkül der Regionen.

Ergebnis 5.1 *Regionen verwenden Landrentensteuern und grenzüberschreitende Sozialtransfers für unterschiedliche Ziele. Während Landrentensteuern dazu dienen, einen möglichen Einkommensabfluß durch konfiskatorische Besteuerung zu unterbinden, können freiwillige Leistungen an gebietsfremde Mobile für eine abwanderungsbedingte Budgetentlastung sorgen. Grenzüberschreitende Sozialtransfers fallen aber immer geringer aus als intraregionale Sozialleistungen. Liegt eine ineffiziente interregionale Haushaltsallokation vor, so kann eine Subventionierung gebietsfremder Wanderer zu einer Pareto-Verbesserung führen.*

Die zuvor gewonnenen Einsichten erleichtern uns nun die Herleitung und Beschreibung regionaler Umverteilungspolitik im dezentralen Gleichgewicht.

Intraregionale Umverteilungspolitik
Berechnung von α_i mit Hilfe von (5.6) und (5.7), Einsetzen in (5.8), und anschließende Verwendung von (5.4) für ν_i, (5.9) für θ_i und (5.5) für μ_i, ergibt als Umverteilungsregel für Region i im dezentralen Gleichgewicht:

$$MRS_{xy}^i = \begin{cases} N_i - S_\sigma^i + \frac{\sigma_i^N + S_\sigma^i F_{NN}^i}{2c - F_{NN}^j}, & \text{falls } z_{ij}^{N*} < 0, \\ N - S_\sigma^i, & \text{falls } z_{ij}^{N*} \geq 0, \end{cases} \tag{5.14}$$

$i \neq j$, wobei z_{ij}^{N*} den von Region i *gewünschten* interregionalen Sozialtransfer bezeichnet. Aufgrund der Restriktion $z_{ij}^N \geq 0$ liegt dem oberen Fall die Randlösung $z_{ij}^N = 0$ zugrunde. Im unteren Fall wurde zusätzlich (5.13) verwendet.
Bedingung (5.14) charakterisiert eine optimale regionale Umverteilungspolitik. Sie fordert die Übereinstimmung der regionalen Grenzzahlungsbereitschaft für Umverteilung MRS_{xy}^i mit den regionalen Grenzkosten. Die regionalen Grenzkosten bestehen aus zwei Komponenten. Bei konstanter Bevölkerung müssen zusätzliche Steuermittel in Höhe von $N_i - S_\sigma^i$ bereitgestellt werden. Darüber hinaus wird das regionale Budget in Höhe der zuwanderungsbedingten Grenzkosten belastet, sofern Haushalte mobil sind, $c < \infty$. Für $z_{ij}^N > 0$ ist intraregionale Umverteilung an der Grenze immer auch mit interregionaler Subventionierung verbunden, so daß sich eine Grenzbelastung immobiler Reicher in Höhe der Anzahl *aller* Arbeiter ergibt. Da wanderungsinduzierte Lohneffekte ausbleiben, korrespondiert diese Situation mit der regionalen Umverteilungspolitik bei exogenen Ausstattungen, wie z.B. im Modell von Brown und Oates (1987).
Im dezentralen Gleichgewicht gilt (5.14) simultan für beide Regionen und bestimmt somit endogen die intraregionalen Sozialtransfers $\{\sigma_1^N, \sigma_2^N\}$ und gegebenenfalls in Verbindung mit (5.13) die interregionalen Leistungen

$\{z_{12}^N, z_{21}^N\}$. Diese Größen beeinflussen das Wanderungsverhalten mobiler Transferempfänger. Es gibt aber grundsätzlich keinen Koordinationsmechanismus auf der dezentralen Ebene, der eine effiziente oder gar eine sozial optimale interregionale Haushaltsallokation sicherstellt. Zwar ist die Wahrscheinlichkeit für Effizienz umso höher, je symmetrischer die Regionen sind und je geringer die Mobilität der Arbeiter ist. Da sich die regionalen Grenzkosten der Wanderung im allgemeinen unterscheiden, wird die sozial optimale Haushaltsallokation jedoch selbst dann regelmäßig verfehlt, wenn beide Regionen eine vollkommen identische Sozialpolitik betreiben.

Ergebnis 5.2 *Sind Haushalte vollkommen mobil, so wird die sozial optimale (=effiziente) interregionale Haushaltsallokation im dezentralen Gleichgewicht regelmäßig verfehlt, weil kein Koordinationsmechanismus für die unterschiedlich hohen Sozialleistungen mobiler Arbeiter existiert. Bei unvollkommener Mobilität können divergierende Sozialtransfers zwar notwendig sein, um eine sozial optimale Haushaltsallokation zu garantieren, die realisierte Abweichung entspricht aber im allgemeinen nicht den sozialen Grenzkosten der Wanderung.*

Beurteilen wir nun die Qualität regionaler Umverteilungspolitik im Vergleich zum sozialen Optimum. Zur Entkopplung dieses Problembereichs von der reinen Effizienzanalyse unterstellen wir identische Regionen. Das dezentrale Gleichgewicht mündet dann stets im gesamtwirtschaftlichen Einkommensmaximum, $F_N^1 = F_N^2$.
Simultane Erfüllung von (5.14) für beide Regionen ergibt bei Abwesenheit zentralstaatlicher Interventionen, $S_\sigma \equiv 0$:

$$2\, MRS_{xy} = \begin{cases} N + \frac{2\sigma^N}{2c - F_{NN}}, & \text{falls } z^{N*} < 0, \\ 2N, & \text{falls } z^{N*} \geq 0, \end{cases} \tag{5.15}$$

wobei $z^{N*} < 0$ die Randlösung $z^N = 0$ charakterisiert.
Wie ein Vergleich von (5.15) mit (4.16) belegt, übersteigt die Summe der regionalen Grenzkosten der Umverteilung die sozialen Grenzkosten,

es sei denn, Arbeiter sind vollkommen immobil, $c = \infty$, oder es ist optimal für die Regionen, keine Sozialleistungen zu gewähren, $\sigma^N = 0$. Das rein dezentrale, symmetrische Gleichgewicht ist also durch eine gemessen am sozialen Optimum zu moderate interpersonelle Einkommensumverteilung charakterisiert. Die maximale Verzerrung wird dabei durch die Situation bilateraler grenzüberschreitender Sozialtransfers beschrieben. Eine stärkere Abweichung vom sozialen Optimum kann kein Gleichgewicht sein, weil dann beide Regionen einen Anreiz besitzen, durch eine Ausweitung ihrer Sozialleistungen die Einkommenssituation für *alle* Arbeiter in der Föderation zu verbessern.

Abbildung 5.1 vergleicht das rein dezentrale, symmetrische Gleichgewicht mit der sozial optimalen Umverteilungspolitik.[63] Jede Region erzielt hier ein identisches Einkommen in Höhe von $F^0 \equiv F(\frac{L}{2}, \frac{N}{2})$. Aufgrund der Symmetrie ist das soziale Optimum durch $S = 0$ gekennzeichnet, so daß die gesamtwirtschaftliche Möglichkeitsgerade mit der Ressourcenrestriktion einer Region, deren Steigung $-\frac{N}{2}$ beträgt, zusammenfällt. Punkt O auf dieser Geraden beschreibt die sozial optimale Umverteilungspolitik. Im Fall vollkommener Immobilität von Arbeitern, $c = \infty$, charakterisiert dieser Punkt zugleich die Umverteilungspolitik einer Region.

Sind Arbeiter mobil, $c < \infty$, so fallen der gesamtwirtschaftliche und der regionale Möglichkeitsbereich auseinander. Die regionalen Umverteilungsmöglichkeiten werden bei Abwesenheit interregionaler Sozialtransfers durch die Kurve ABC begrenzt. Die (absolute) Steigung der ABC-Kurve entspricht in jedem Punkt den regionalen Grenzkosten der Umverteilung, $\frac{N}{2} + \frac{\sigma^N}{2c - F_{NN}}$. Bei einem hohen Mobilitätsgrad, $c \approx 0$, weist die ABC-Kurve eine starke Krümmung auf. Rechts von Punkt D – bei positiven zuwanderungsbedingten Grenzkosten – verläuft sie steiler als die gesamtwirtschaftliche Möglichkeitsgerade und schneidet diese folglich genau einmal im Punkt G, der zwischen der *Laissez-Faire*-Allokation $\{w, \frac{L}{2}\rho\}$

[63]Diese Abbildung ist eine Synthese aus den Darstellungen von Wildasin (1994), Wildasin (1998) und Wellisch (1999).

und dem sozialen Optimum $\{x^0, y^0\}$ liegt. Dort muß sich auch das rein dezentrale Gleichgewicht befinden, denn aufgrund der unterstellten Symmetrie haben die zuwanderungsbedingten Grenzkosten tatsächlich keinen Einfluß auf die gleichgewichtige Anzahl mobiler Arbeiter in beiden Regionen.

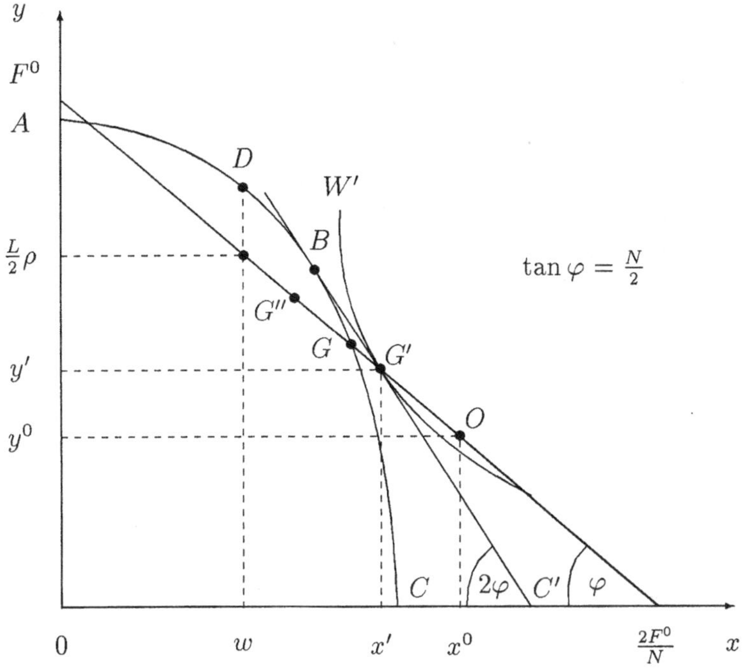

Abb. 5.1: Dezentrale Umverteilungspolitik

Punkt G wird im Beispiel aber nur dann realisiert, wenn keine grenzüberschreitenden Sozialtransfers existieren.[6] Ansonsten können beide Regionen ausgehend von Punkt B mit der Steigung $-N$ ihre Grenzkosten

[6] Ist die Steigung der ABC-Kurve im Punkt G (absolut) geringer als N, so spielt es gemäß (5.15) tatsächlich keine Rolle, ob interregionale Sozialtransfers existieren oder nicht.

der Umverteilung reduzieren, indem sie auch gebietsfremde Arbeiter unterstützen. Dies erweitert ihren Möglichkeitsbereich auf ABC'. Entsprechend befindet sich nun das dezentrale Gleichgewicht im Punkt G', dort wo die soziale Indifferenzkurve W' die Möglichkeitsgrenze ABC' tangiert. Die resultierende Einkommensverteilung $\{x', y'\}$ generiert eine höhere regionale (und soziale) Wohlfahrt als diejenige im Punkt G, sie ist aber weiterhin suboptimal im Vergleich zu Punkt O. Konkret erhalten mobile Arbeiter im symmetrischen dezentralen Gleichgewicht ein sozial zu geringes Einkommen, $x' < x^O$, während immobile Grundbesitzer ein sozial zu hohes Einkommen erzielen, $y' > y^O$.

Ergebnis 5.3 *Regionen betreiben im symmetrischen Gleichgewicht eine suboptimal moderate Umverteilungspolitik. Das Ausmaß der Verzerrung wird dabei wesentlich vom Mobilitätsgrad der Haushalte und von regionalen Umverteilungspräferenzen bestimmt. Durch freiwillige Zahlung interregionaler Sozialtransfers können sich beide Regionen besserstellen.*

Der Übergang von G zu G', hervorgerufen durch freiwillige grenzüberschreitende Leistungen, bedeutet eine simultane Anhebung der Sozialtransfers für die benachteiligten mobilen Arbeiter. Ausgehend von G' kann nur eine *verbindliche* Einigung über umfangreichere Verteilungsprogramme zu einem weiteren Wohlfahrtsanstieg in Richtung O führen. Eine solche Bindung kann jedoch bei streng eigennützigem Verhalten der Regionen kein Nash-Gleichgewicht sein, denn für jede einzelne Gebietskörperschaft besteht unabhängig davon, ob ihr Kontrahent sein Versprechen hält oder bricht, die beste Strategie stets darin, diese Vereinbarung zu unterlaufen: Gegeben Region j baut ihr Programm aus, so kann i einen abwanderungsinduzierten Wohlfahrtsgewinn erzielen indem sie stillhält, und gegeben j bricht den Vertrag, so kann i durch simultanen Vertragsbruch zumindest weitere Zuwanderungen verhindern. Dieses Verhalten ändert sich erst, wenn ein Anreizsystem existiert, das ein solches *Defektieren* bestraft. Wie wir später sehen werden, greift hier die zentralstaatliche Intervention, indem sie Abweichungen vom sozialen Optimum durch Finanzmittelentzug sanktioniert.

5.2 Beschränktes Instrumentarium

Nehmen wir nun an, Regionen können den Abfluß von Landrenten aus ihrer Gebietskörperschaft nicht unterbinden, $t_i^\varrho \equiv 0$.[65] Grenzüberschreitende Sozialtransfers werden ebenfalls ausgeschlossen, $z_{ij}^N \equiv 0$. Somit entfallen die Marginalbedingungen (5.10) und (5.11), und analog zur Herleitung von (5.14) folgt für Region i im dezentralen Gleichgewicht:

$$MRS_{xy}^i = N_i - S_\sigma^i + \frac{\sigma_i^N + S_\sigma^i F_{NN}^i - (1-\delta)\sum_h N_h F_{NN}^h}{2c - F_{NN}^j}, \qquad (5.16)$$

$i \neq j$.

Ein Vergleich von (5.16) mit (5.14) zeigt, daß die mangelnde Verfügbarkeit von t_i^ϱ und z_{ij}^N die zuwanderungsbedingten Grenzkosten der Umverteilung weiter in die Höhe treibt. Ohne Landrentensteuer besitzt Region i nun einen zusätzlichen Anreiz, ihre Umverteilungspolitik zu verzerren, um so auf indirektem Wege den durch Zuwanderung ausgelösten Anstieg des Nettoexports ihrer Landrenten, $(\delta - 1)\sum_h N_h F_{NN}^h > 0$, zu begrenzen. Dementsprechend werden im rein dezentralen Gleichgewicht zwischen *identischen* Regionen mit einem derart beschränkten Steuerinstrumentarium geringere Sozialtransfers an mobile Empfänger gezahlt als bei unbeschränktem Zugriff. Auch im Vergleich zur sozialen Referenzsituation – dem beschränkten sozialen Optimum, das bei Symmetrie mit dem Wohlfahrtsoptimum übereinstimmt – ergibt sich eine noch stärkere Abweichung regionaler Umverteilungspolitik.

Grafisch ist die *ABC*-Kurve in Abbildung 5.1 nun so zu modifizieren, daß ihre Steigung bereits an der Stelle $\sigma^N = 0$ bzw. im Punkt D (absolut)

---

65 Insbesondere verstößt eine konfiskatorische Besteuerung von Grundvermögen in Deutschland gegen die Eigentumsgarantie des Art. 14 I GG. Nach einem Beschluß des Zweiten Senats des Bundesverfassungsgerichts vom 22.06.1995 (2 BvL 37/91) ist sogar eine mehr als 50%ige steuerliche Belastung des Vermögens verfassungswidrig. Die in der Realität geringe und in der historischen Tendenz rückläufige Besteuerung von Grund und Boden erklärt Skinner (1991) mit administrativen Problemen bei der Bodenbewertung, zurückzuführen auf die Heterogenität von Land und das mangelnde Interesse der jeweiligen Eigentümer, wahrheitsgemäße Angaben zu machen.

höher ist als die Steigung der gesamtwirtschaftlichen Möglichkeitsgeraden. Der neue Schnittpunkt zwischen beiden Möglichkeitsgrenzen muß daher links oberhalb von G z.B. im Punkt G'' liegen. Bei einem sehr hohen Anteil gebietsfremden Landeigentums, $\delta \approx 0$, und hinreichend geringen Umverteilungspräferenzen kann sich G'' sogar links des *Laissez-Faire*-Punktes $\{w, \frac{L}{2}\rho\}$ befinden. In diesem Fall werden mobile Arbeiter unter einem dezentralen Regime besteuert, bei zentralen Kompetenzen hingegen subventioniert, d.h. die Richtung der Umverteilung wechselt im Vergleich zum sozialen Optimum.

Auch das qualitative Ergebnis einer sozial zu geringen Umverteilung im symmetrischen Gleichgewicht können wir hier nicht mehr unabhängig davon aufrechterhalten, ob arme oder reiche Haushalte mobil sind. Sind entgegen unserer bisherigen Annahme die Reichen mobil, so werden die regionalen Verteilungsaktivitäten gegenüber einer Situation mit unbeschränktem Zugriff auf die Landrentensteuer ausgeweitet. Den abwanderungsbedingten Grenzkosten der Steuererhebung steht nun ein abwanderungsbedingter Grenznutzen aufgrund eines verringerten Abflußes der Einkommen aus immobilen Vermögenswerten entgegen. Alternativ mag man argumentieren, daß eine Steuer auf mobile Reiche neben ihrer Umverteilungsfunktion nun auch der Internalisierung des zuwanderungsinduzierten Einkommensabflusses dient. Damit ist nicht mehr eindeutig zu beurteilen, ob die Regionen eine sozial zu moderate oder zu großzügige Umverteilungspolitik betreiben. Allgemein betrachtet, liegt der Grund für diese Asymmetrie darin, daß der Einsatz direkter Steuern und Sozialtransfers bei konfiskatorischer Belastung von Landrenten immer eindeutig zu Gunsten der *Reichen* verzerrt wird, während die Abwesenheit von Landrentensteuern eine zusätzliche Verzerrung zu Gunsten der *Immobilen* hervorruft. Beide Abweichungen wirken also nur dann in Richtung einer sozial zu geringen Umverteilung, wenn Immobile und Reiche identisch sind.

Ergebnis 5.4 *Existiert kein Instrument zur Vermeidung von Landrentenabfluß auf der dezentralen Ebene, so besitzen Regionen einen zusätzlichen Anreiz, ihre interpersonelle Umverteilungspolitik zu verzerren. Im symmetrischen Gleichgewicht erhalten mobile Haushalte stets ein geringeres Einkommen als in einer Situation mit unbeschränktem Instrumentarium. Sind mobile Haushalte arm, so ist ihr Einkommen auch gemessen am (beschränkten) sozialen Optimum zu niedrig. Bei mobilen Reichen hingegen kann aus sozialer Sicht auch zu viel umverteilt werden, wenn der Anteil gebietsfremden Landeigentums hinreichend hoch ist.*

Auch Leite-Monteiro (1997) betont in einem jüngeren Beitrag die grundsätzliche Möglichkeit einer sozial zu großzügigen Umverteilung auf der dezentralen Ebene. Er unterstellt ein Modell mit unvollkommen mobilen Armen *und* Reichen, die jeweils exogene Ausstattungen besitzen. Regionen maximieren eine utilitaristische Wohlfahrtsfunktion in Abhängigkeit der Nutzen *Eingeborener*, indem sie ansässigen Haushalten je nach Gruppenzugehörigkeit direkte Steuern auferlegen. Im Fall vollkommener Symmetrie reduzieren zwar beide Regionen stets ihre Umverteilungsaktivitäten infolge einer Grenzöffnung – erklärbar durch die gestiegenen Grenzkosten der Umverteilung. Bei Asymmetrie jedoch verwirklicht die Einwanderungsregion ein sozial zu hohes Umverteilungsniveau, vorausgesetzt, reiche Haushalte haben hinreichend geringere Mobilitätskosten als arme Haushalte.[66] Durch Immigration verändert sich die Bevölkerungsstruktur in der Einwanderungsregion zu Gunsten der Reichen, so daß die regionalen Grenzkosten der Besteuerung im Vergleich zur Autarkie sinken. Dies mündet in einer entsprechenden Ausweitung der dortigen Umverteilungsmöglichkeiten.

[66] Eine solche Mobilitätsannahme mag z.B. mit Informationsvorteilen gut ausgebildeter Arbeiter gerechtfertigt werden (siehe Schwartz, 1973).

5.3 Zentrale Intervention

Regionale Umverteilungspolitik hat regelmäßig eine sozial suboptimale Allokation zur Folge. Zusammenfassend können hierbei drei Problembereiche unterschieden werden. Erstens gibt es auf der dezentralen Ebene keinen Mechanismus der eine Angleichung der regionalen Sozialleistungsdivergenzen an die sozialen Grenzkosten der Wanderung sicherstellt. Im dezentralen Gleichgewicht herrscht deshalb im allgemeinen eine verzerrte interregionale Haushaltsallokation. Zweitens sind die Grenzkosten der Umverteilung aus regionaler Sicht höher als aus sozialer Sicht, so daß eine zu moderate Umverteilungspolitik resultiert. Drittens unterbindet jede Region - soweit möglich - den Einkommensabfluß aus immobilen Vermögenswerten in andere Regionen. Ein zur interregionalen Angleichung der sozialen Grenzbelastungen erforderlicher Nettotransfer kommt daher üblicherweise nicht zustande.

Nun gibt es verschiedene Alternativen, dieses Versagen dezentraler Entscheidungen zu korrigieren. Kapitel 4 hat gezeigt, daß eine Möglichkeit zur Verwirklichung einer sozial optimalen Allokation in der unmittelbaren Übertragung aller politischen Kompetenzen an eine wohlfahrtsmaximierende Zentralregierung besteht. Rein zentralstaatliche Lösungen sind aber realistischerweise weder in einem Bundesstaat wie der Bundesrepublik Deutschland noch in einem Staatenbund wie der Europäischen Union anzutreffen. So unterscheiden sich in Deutschland die Gesetzgebungs-, Ertrags- und Verwaltungskompetenzen von Steuer zu Steuer, und selbst für eine bestimmte Einnahmequelle entfallen diese nur selten in die ausschließliche Zuständigkeit einer einzigen Ebene. Mit seiner Gesetzgebungshoheit über die wichtigsten Steuern – hierzu zählen die Einkommensteuer mit einem Anteil von knapp 40% und die Umsatzsteuer mit über 23% am Gesamtaufkommen - sowie über die Beiträge und Leistungen im System der sozialen Sicherung besitzt der Bund zwar die umverteilungspolitischen Kompetenzen. Dennoch stehen fast alle Steuern und Sozialleistungen unter der Verwaltungshoheit von Ländern und Gemeinden, deren Einfluß daher nicht vernachlässigt werden darf.

Mit zunehmender wirtschaftlicher Integration in Europa ist selbst eine idealtypische Regelung auf der jeweils höchsten einzelstaatlichen Ebene als lediglich dezentrale Lösung anzusehen. Eine rein zentrale Lösung verlangt dann eine vollständige Kompetenzverlagerung auf die EU-Ebene. Dies erscheint derzeit jedoch politisch kaum durchsetzbar und widerspricht darüber hinaus dem Ziel des Art. 51 EGV, der lediglich eine Koordinierung nationaler Sozialsysteme, nicht jedoch gemeinschaftsweite Kompetenzen, einfordert. Daher beschränken sich die gegenwärtigen Aktivitäten der EU auf Transferprogramme mit lediglich mittelbaren Eingriffswirkungen. Die theoretischen Anforderungen an ein solches Transfersystem wollen wir nun diskutieren.

Unbeschränktes Transfersystem
Im korrigierten dezentralen Gleichgewicht, beschrieben durch (5.14), passen sich die Regionen mit ihrem Verhalten an die aus ihrer Perspektive gegebenen Eigenschaften des zentralstaatlichen Transfersystems an. Damit haben wir bereits implizit die Entscheidungsreihenfolge für beide Ebenen festgelegt: Zuerst setzt die Zentrale ihre Rahmenbedingungen, dann betreiben die Regionen ihre Politik, und schließlich erfüllt die Zentrale ihre durch $S_i(\sigma_i^N)$ eingegangenen Verpflichtungen. Als *Stackelberg Leader* antizipiert sie die Reaktionen der Regionen auf ihr Anreizsystem und wählt das Interventionsschema dergestalt, daß diese sich freiwillig in sozial optimaler Weise verhalten. Dies ist der Fall, wenn das korrigierte dezentrale Gleichgewicht die notwendigen Bedingungen (4.15) - (4.17) erfüllt.
Besitzt die Zentrale einen unbeschränkten Zugriff auf das Steueraufkommen in beiden Regionen, so kann sie jede gleichgewichtige interregionale Einkommensverteilung, welche sich bei konfiskatorischer Besteuerung von Landrenten durch Regionen ergibt, mit Hilfe ihrer *Lump-Sum*-Transferkomponenten beliebig korrigieren und folglich eine Angleichung der sozialen Grenzkosten der Besteuerung gemäß (4.15) sicherstellen.

Das Herzstück der zentralstaatlichen Intervention sind die marginalen Transfers $\{S_\sigma^1, S_\sigma^2\}$. Ihre Aufgabe besteht darin, für jede Region einen Anreiz zur Internalisierung des fiskalischen externen Effektes ihrer Umverteilungspolitik zu schaffen:

$$S_\sigma^i = \begin{cases} \frac{\sigma_j^N + S_\sigma^j F_{NN}^j}{2c - F_{NN}^i}, & \text{falls } z_{ij}^{N*} < 0 \text{ und } z_{ji}^{N*} < 0, \\ MRS_{xy}^j, & \text{falls } z_{ij}^{N*} \geq 0 \text{ und } z_{ji}^{N*} < 0, \\ N_i, & \text{falls } z_{ji}^{N*} \geq 0, \end{cases} \tag{5.17}$$

$i = 1, 2$, $i \neq j$, wobei $z_{ij}^{N*} < 0$ für die Randlösung $z_{ij}^N = 0$ steht.[67]
Bedingung (5.17) beschreibt den sozial optimalen marginalen Transfer, mit dem Sozialleistungen an Arbeiter in Region i im zentral korrigierten Gleichgewicht subventioniert werden. Abhängig von der Existenz und gegebenenfalls vom uni- oder bilateralen Charakter grenzüberschreitender Sozialleistungen, spiegelt S_σ^i die fiskalische Externalität der Umverteilungspolitik einer Region wider. Im Standardfall, $z_{ij}^N = 0$ für beide Regionen, entspricht diese dem abwanderungsbedingten Budgeteffekt in der jeweils anderen Gebietskörperschaft.
Zahlt Region i aber einen grenzüberschreitenden Sozialtransfer an Arbeiter in j, $z_{ij}^N > 0$, so offenbart sie damit ihren Anreiz, auch das Wohlergehen gebietsfremder Mobiler in ihr Kalkül miteinzubeziehen. Die Zentrale belohnt dieses Verhalten, indem sie einen im Vergleich zum Standardfall um N_j höheren marginalen Transfer wählt, der somit der Grenzzahlungsbereitschaft für Umverteilung in Region j, MRS_{xy}^j, entspricht.
Eine besonders einfache Regel für S_σ^i erhält man, wenn $z_{ji}^N > 0$ gilt, d.h. wenn Arbeiter in Region i Sozialtransfers von außerhalb erhalten. Region j reduziert hierdurch ihre Grenzkosten der Umverteilung und begrenzt so zugleich das Ausmaß der von i ausgelösten Externalität auf N_i. Damit muß die Zentrale intraregionale Umverteilungsmaßnahmen in Region i an der Grenze mit 100% subventionieren.

---

[67]Die Rechnungen zu (5.17) befinden sich im Anhang.

Zusammenfassend lassen sich die folgenden Beziehungen herleiten: $S_\sigma^i(z_{ij}^N \gtrless 0, z_{ji}^N > 0) > S_\sigma^i(z_{ij}^N > 0, z_{ji}^N = 0) > S_\sigma^i(z_{ij}^N = 0, z_{ji}^N = 0)$.[68] Intuitiv sind freiwillige Transferleistungen der Regionen ein Indiz für hohe wanderungsinduzierte Grenzkosten bzw. starke Umverteilungsexternalitäten. Dies erklärt die komplementäre Beziehung zwischen zentralen und regionalen Korrekturen.

Das beschriebene Internalisierungsschema gewährleistet nicht nur eine sozial optimale Umverteilungspolitik, sondern sorgt auch für eine sozial optimale interregionale Haushaltsallokation. Für $z_{ji}^N = 0$, $i = 1, 2$, $i \neq j$, folgt bei simultaner Erfüllung von (5.17) in beiden Regionen:

$$\sigma_2^N - \sigma_1^N = 2c(S_\sigma^1 - S_\sigma^2). \tag{5.18}$$

Anschließende Verwendung von (5.14) für $i = 1$ und (5.17) für $i = 2$ ergibt sodann: $S_\sigma^1 - S_\sigma^2 = N_1 - MRS_{xy}^1$, womit (4.17) erfüllt wird. Aus (5.18) ist ersichtlich, daß die Zentrale im korrigierten Gleichgewicht bei unvollkommener Haushaltsmobilität derjenigen Region mit den geringeren Sozialtransfers eine höhere marginale Unterstützung zukommen läßt, um so die interregionalen Leistungsunterschiede zu begrenzen.

Zur grafischen Veranschaulichung des zentralen Interventionsschemas (5.17) unterstellen wir wiederum vollkommen identische Regionen,

$$S_\sigma = \begin{cases} \frac{\sigma^N}{2c - 2F_{NN}}, & \text{falls } z^{N*} < 0, \\ \frac{N}{2}, & \text{falls } z^{N*} \geq 0, \end{cases} \tag{5.19}$$

wobei $z^{N*} < 0$ die Randlösung $z^N = 0$ charakterisiert.

Abbildung 5.2 erläutert die Internalisierung der Umverteilungsexternalitäten im zentral korrigierten Gleichgewicht zwischen symmetrischen Regionen.[69]

---

[68] Die erste Beziehung folgt aus (5.12), (5.14) und (5.17): $N_i > (\sigma_j^N + N_j F_{NN}^j)/(2c - F_{NN}^i) = MRS_{xy}^j$. Die zweite Beziehung ergibt sich direkt aus (5.14) und (5.17): $MRS_{xy}^j = N_j + (\sigma_j^N + S_\sigma^j F_{NN}^j)/(2c - F_{NN}^i) > (\sigma_j^N + S_\sigma^j F_{NN}^j)/(2c - F_{NN}^i)$.

[69] Eine ähnliche grafische Darstellung – allerdings für den Fall nicht-pekuniärer Externalitäten – findet sich auch im Lehrbuch von Boadway und Wildasin (1984).

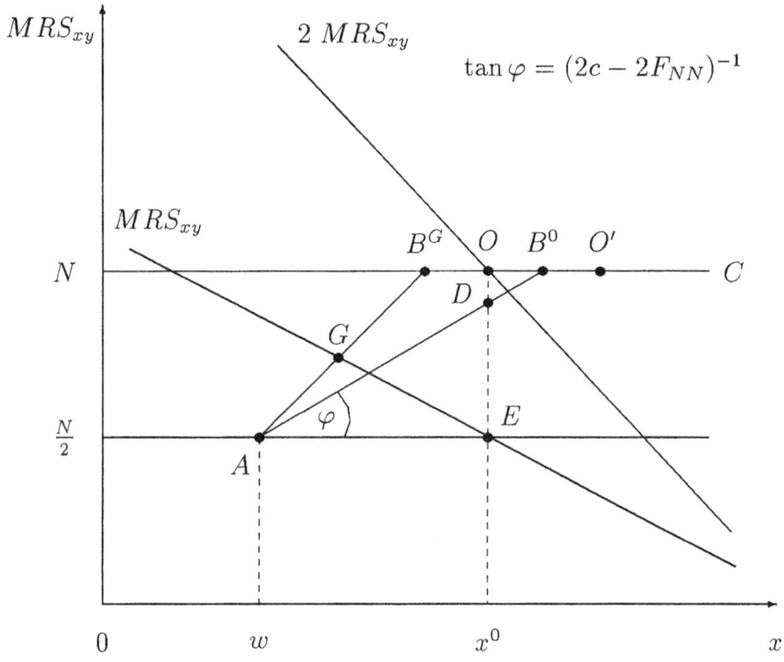

Abb. 5.2: Zentral korrigiertes Gleichgewicht

Vereinfachend unterstellen wir eine wohlfahrtsunabhängige regionale Grenzzahlungsbereitschaft MRS_{xy}, d.h. die Lage dieser *Umverteilungsnachfragefunktion* bleibt unverändert, wenn sich die Ökonomie vom rein dezentralen Gleichgewicht zum sozialen Optimum bewegt. AB^GC repräsentiert die regionalen Grenzkosten der Umverteilung ohne zentralstaatliches Anreizsystem. Punkt G charakterisiert das rein dezentrale Gleichgewicht. Interveniert nun die Zentrale gemäß (5.19), so verringern sich dadurch die Grenzkosten einer Region auf AB^0C. Das soziale Optimum im Punkt O erfordert daher einen marginalen Transfer in Höhe von DE. Die Strecke DE entspricht genau der positiven fiskalischen Externalität im korrigierten dezentralen Gleichgewicht. Geometrisch bestimmt sich S_σ durch die Länge der Strecke wx^0, d.h. durch die Umverteilungspräferenzen, sowie durch die Steigung der Geraden AB^0C, d.h. durch die Wanderungskosten und die (absolute) Lohnreagibilität der Zuwanderung. Bei einem alternativen sozialen Optimum rechts von B^0, z.B. im Punkt O', werden regionale Sozialtransfers von freiwilligen interregionalen Subventionen begleitet, und die Zentrale muß dafür sorgen, daß jede Region die Grenzzahlungsbereitschaft des Kontrahenten in ihrem Kalkül berücksichtigt, $S_\sigma = \frac{N}{2} = MRS_{xy}$.

Ergebnis 5.5 *Mit Hilfe eines geeigneten Interventionssystems, bestehend aus einer Lump-Sum-Komponente und einem marginalen Transfer für regionale Sozialleistungen, läßt sich die sozial optimale Allokation dezentralisieren. Während die Lump-Sum-Komponente die interregionale Angleichung der sozialen Grenzkosten der Besteuerung sicherstellt, spiegelt der marginale Transfersatz die fiskalische Externalität regionaler Umverteilungspolitik im zentral korrigierten Gleichgewicht wider. Die Gestalt dieses Interventionsschemas wird wesentlich vereinfacht, wenn Regionen freiwillig grenzüberschreitende Sozialtransfers leisten.*

Inwieweit ändert sich dieses Interventionsschema, wenn wir Beschränkungen zentraler und regionaler Kompetenzen unterstellen?

Beschränktes Instrumentarium

Angenommen, die Zentrale kann keine interregionale Einkommensumverteilung herbeiführen. Jede Region wird dann mit einer *Lump-Sum*-Steuer konfrontiert, deren Höhe mit der zentralen Unterstützungsleistung regionaler Umverteilung im korrigierten Gleichgewicht übereinstimmen muß, $S^i(\sigma_i^N) \equiv 0$. Das Interventionsinstrumentarium beschränkt sich folglich auf die Wahl des marginalen Transfers S_σ^i. Auf der dezentralen Ebene entfallen die Transferinstrumente t_i^ρ und z_{ij}^N.

Das zentralstaatliche Transfersystem ist beschränkt sozial optimal, wenn im korrigierten Gleichgewicht – beschrieben durch (5.16) für beide Regionen – die Politikregeln der Zentrale, (4.18) und (4.19), erfüllt sind:

$$S_\sigma^i = \frac{W_y^j}{W_y^i} \frac{\sigma_j^N + S_\sigma^j F_{NN}^j - (1-\delta) \sum_h N_h F_{NN}^h}{2c - F_{NN}^i}, \qquad (5.20)$$

$i = 1, 2,\ i \neq j$.[70]

Bedingung (5.20) unterscheidet sich in zwei wesentlichen Punkten von (5.17). Erstens bewirkt die Abwesenheit der Landrentensteuer, daß ein Sozialtransferanstieg in Region i aufgrund der in j induzierten Abwanderung zu einem Rückgang des Landrentenexports von j nach i führt. Der positive Budgeteffekt für Region j wird also zusätzlich durch einen veränderten interregionalen Einkommensstrom zu ihren Gunsten verstärkt. Diese Externalität schlägt sich auch dann in S_σ^i nieder, wenn – wie z.B. im Fall identischer Regionen – die Abwesenheit der Transferinstrumente für die Zentrale tatsächlich keine bindende Restriktion darstellt.

Zweitens hängt die soziale Bewertung der fiskalischen Externalität von den relativen sozialen Grenzkosten der Besteuerung immobiler Grundbesitzer ab. Sind diese in Region j vergleichsweise hoch, d.h. wäre aus gesellschaftlicher Sicht ein Transfer zu Gunsten dieser vergleichsweise armen Region wünschenswert, so zahlt es sich für die Zentrale aus, die Umverteilungspolitik in der reichen Gebietskörperschaft i besonders zu unterstützen. Damit verzerrt sie die interregionale Allokation mobiler Transferempfänger zu Lasten der reichen Region und ermöglicht der armen Region eine geringere Steuerbelastung ihrer immobilen Grundbesitzer.

Ergebnis 5.6 *Auch die beschränkt sozial optimale Allokation kann durch ein geeignetes zentralstaatliches Interventionsschema dezentralisiert werden. Dabei ist der marginale Transfer für eine Region im Vergleich zu einer unbeschränkten Situation umso höher, je größer der Anteil des Landeigentums Gebietsfremder ist und je geringer die relativen sozialen Grenzkosten der Besteuerung sind.*

[70] Die Herleitung dieser Subventionsregel findet sich im Anhang.

Zentralstaatliche Interventionen sind im vorliegenden Modell allerdings nicht mit dem Pareto-Kriterium zu rechtfertigen, es sei denn, wir unterstellen altruistische Präferenzen reicher Haushalte. Die Zentrale greift nämlich auch dann ein, wenn dezentrale Umverteilungspolitik (zufälligerweise) in einer effizienten interregionalen Haushaltsallokation mündet. Ein typisches Beispiel hierfür ist der Symmetriefall. Im zentral korrigierten Gleichgewicht muß sich dann mindestens eine Haushaltsgruppe zwingend schlechterstellen. Ein Blick zurück auf Abbildung 5.1 verdeutlicht, daß alle Grundbesitzer in der Föderation bei einer Bewegung von G bzw. G' nach O verlieren. Noch schwieriger zu begründen ist der Eingriff im Fall beschränkter Kompetenzen, wenn die Zentrale eine möglicherweise effiziente Allokation auf der dezentralen Ebene aufgrund ihres interregionalen Verteilungszieles verzerrt und damit sogar eine Ineffizienz hervorruft, die ohne ihr Transfersystem nicht vorhanden wäre.

5.4 Transferprogramme in der EU

Ausgaben

Bereits in der Präambel des EG-Vertrages wird die Verringerung des Wohlstandsgefälles zwischen den einzelnen Gebietskörperschaften als ausdrückliches Ziel der Europäischen Union genannt. Ein dem deutschen Länderfinanzausgleich vergleichbares, direktes Transferinstrumentarium existiert jedoch bis heute nicht. Die derzeitigen Ausgabeninstrumente der EU beschränken sich im wesentlichen auf die Garantiezahlungen des *Europäischen Ausrichtungs- und Garantiefonds für die Landwirtschaft* (EAGFL-Garantie), dessen wichtigstes Ziel in der Gewährleistung einer angemessenen Lebenshaltung für die landwirtschaftliche Bevölkerung besteht, sowie auf die sogenannten Strukturfonds. Hierzu zählen der *Europäische Fonds für Regionale Entwicklung* (EFRE), der *Europäische Sozialfonds* (ESF), der *Europäische Ausrichtungs- und Garantiefonds für die Landwirtschaft – Abteilung Ausrichtung* (EAGFL-Ausrichtung), der *Kohäsionsfonds* und schließlich das *Finanzinstrument für die Anpassung der Fischerei* (FIAF). Neben gemeinschaftsweiten Maßnahmen wie der

Bekämpfung der Langzeitarbeitslosigkeit und der strukturellen Anpassung des Argrarsektors konzentrieren sich die Strukturfonds auf spezielle regionalpolitische Ziele wie die Förderung der Entwicklung rückständiger oder dünnbesiedelter Regionen und den Strukturwandel in Industrieregionen.

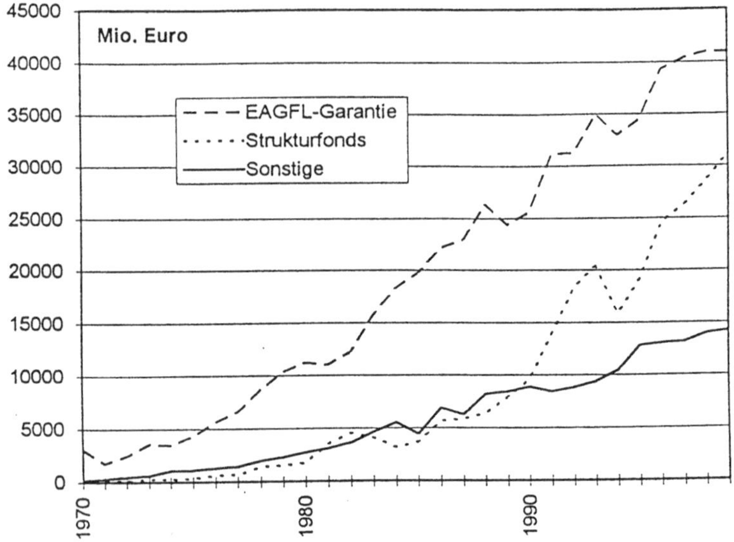

Sonstige Ausgaben: Forschung, Maßnahmen im Außenbereich, Verwaltung, Erstattungen. Zahlen für 1998 und 1999: laut Haushaltsplan.
Quelle: EU-Kommission (1998a).

Abb. 5.3: Entwicklung der Gemeinschaftsausgaben

Abbildung 5.3 stellt die Entwicklung der wesentlichen Ausgabenpositionen im Gesamthaushalt der EU dar. Auffällig ist erstens das allgemeine Ausgabenwachstum, das eine zunehmende Bedeutung des EU-Haushalts anzeigt. Konkret hat sich der Anteil der Gemeinschaftsausgaben an den öffentlichen Ausgaben aller Mitgliedstaaten mit derzeit etwa 2,4% seit 1970 nahezu verdoppelt und damit zu einem Anstieg der Pro-Kopf Ausgaben in diesem Zeitraum von 97,7 Euro auf 230,8 Euro beigetragen (zu Preisen von 1998). Zweitens erkennt man die deutliche Zunahme der Strukturfondsmittel seit Ende der 80er bzw. Mitte der 90er Jahre. Während die relative Bedeutung der Agrarausgaben in den letzten fünf Jahren um etwa 7% sank, erhöhte sich der Strukturausgabenanteil seit 1994 um nahezu 10%. Dieser Anstieg in den Jahren 1994-1999 ist auf die Verpflichtungsermächtigungen des Europäischen Rates von Edingburgh, insgesamt in Höhe von 141.471 Mio. Euro (zu Preisen von 1994), zurückzuführen, wobei über 68% dieser Mittel in Projekte zur strukturellen Anpassung benachteiligter Regionen flossen bzw. noch fließen. Hinzu kommen weitere Ermächtigungen in Höhe von 16.040 Mio. Euro für den Kohäsionsfonds, der Infrastrukturinvestitionen derjenigen Mitgliedstaaten unterstützt, deren Pro-Kopf BIPs unter 90% des Gemeinschaftsdurchschnitts liegen (Griechenland, Spanien, Irland, Portugal).[71] Der gemeinschaftliche Beteiligungssatz an solchen Vorhaben beläuft sich dabei auf bis zu 85% der öffentlichen Ausgaben in diesen Ländern.

Einnahmen

Zur Finanzierung ihrer Ausgaben verfügt die EU seit 1970 über *Eigenmittel*, die ihr automatisch, d.h. ohne einzelstaatliche Beschlüsse, zufließen. Die Eigenmittel unterteilen sich in drei Hauptquellen: Die originären Eigenmittel, die MWSt-Eigenmittel und die BSP-Eigenmittel. Die *originären Eigenmittel* der EU setzen sich aus Agrarabschöpfungen, Zucker- und Isoglukoseabgaben sowie aus Zolleinnahmen, die sich durch gemeinsame Tarife gegenüber Drittländern ergeben, zusammen. Die *MWSt-Eigenmittel* entsprechen der Summe der Beträge, die die einzelnen Mitgliedstaaten durch Anwendung eines 1,4%igen Satzes auf die (harmonisierte) Bemessungsgrundlage ihrer national erhobenen Mehrwertsteuer an die Gemeinschaft abführen.[72] Die *BSP-Eigenmittel* waren ursprünglich als ergänzende Einnahmequelle zur Gewährleistung des Haushalts-

[71] Für Irland ist diese Bedingung mittlerweile nicht mehr erfüllt (vgl. Tabelle 1.1).

[72] Der vor kurzem ratifizierte neue Eigenmittelbeschluß sieht eine schrittweise Senkung des Satzes für die Mehrwertsteuer auf 1% und eine Begrenzung der Bemessungsgrundlage auf 50% des BSP eines Mitgliedstaates im Jahr 1999 vor.

ausgleichs gedacht. Sie werden ermittelt, indem der aufzubringende Betrag entsprechend der einzelstaatlichen Anteile am Bruttosozialprodukt der Gemeinschaft auf die Mitgliedsländer verteilt wird.
Die MWSt- und BSP-Eigenmittel deckten mit 34.134 Mio. Euro bzw. 35.911 Mio. Euro im Jahr 1998 nahezu 84% des Gesamthaushalts der EU. Auf Dauer sollen die BSP-Eigenmittel ausgebaut und die MWSt-Eigenmittel entsprechend gesenkt werden, da ein am Bruttosozialprodukt orientiertes Finanzierungssystem als „gerechter" empfunden wird.[73] Zur Begrenzung des Wachstums der abzuführenden Eigenmittel wurde 1988 eine Gesamtobergrenze für den Haushalt eingeführt, die derzeit 1,27% des Bruttosozialprodukts der Gemeinschaft beträgt.

Nettopositionen der Mitgliedstaaten

Tabelle 5.1 stellt die Eigenmittel der EU und die zurechenbaren Zahlungen an die Mitgliedstaaten dar. Beide Größen divergieren stark zwischen den einzelnen Ländern. Dies ist auf den ersten Blick auch nicht erstaunlich, bedenkt man die unterschiedlichen Leistungsfähigkeiten der Volkswirtschaften. Aber auch ein Vergleich der relativen Leistungen bzw. Rückflüsse mit den jeweiligen Anteilen am Bruttosozialprodukt der Gemeinschaft weist auf erhebliche Ungleichbehandlungen hin. So tragen z.B. Deutschland und die Niederlande 28,2% bzw. 6,4% der gesamten Eigenmittel bei einem BSP-Anteil von lediglich 26% bzw. 4,5%. Umgekehrt belaufen sich die relativen Eigenmittel z.B. Großbritanniens und Italiens auf lediglich 11,9% bzw. 11,5% gegenüber einem BSP-Anteil von 16,1% bzw. 14,2%. Ähnliche Unterschiede sind bei den Rückflüssen zu beobachten. Deutschland und Großbritannien z.B. erhalten lediglich einen Anteil von 14,2% bzw. 9,8% – Quoten, die erheblich unter ihrem BSP-Anteil liegen. Spanien, Griechenland, Irland und Portugal beanspruchen hingegen insgesamt 33,5% aller Rückflüsse, obwohl ihr Gesamtanteil am gemeinschaftlichen Bruttosozialprodukt nur bei 10,1% liegt.

[73]Vgl. hierzu die Stellungnahme des Wissenschaftlichen Beirats zum Bundesministerium für Wirtschaft (1998).

	A	B	D	DK	E	F	GR	I
Eigenmittel[a]	2,11	2,97	21,22	1,51	5,37	13,19	1,18	8,67
Rückflüsse[b]	1,38	1,83	10,14	1,54	11,28	12,21	5,54	8,51
Nettoposition[c]	0,73	1,14	11,08	-0,03	-5,91	0,98	-4,36	0,16
– Pro Kopf[d]	91	111	135	-7	-150	17	-412	3
...	IRL	L	NL	P	UK	S	SF	$\sum$
...	0,69	0,17	4,84	1,08	8,93	2,33	1,06	75,32
...	3,35	0,12	2,52	3,79	7,05	1,18	1,10	71,54
...	-2,66	0,05	2,32	-2,71	1,88	1,15	-0,04	3,78
...	-720	123	148	-274	32	128	-8	-

a: in Mrd. Euro (gerundete Werte). b: nur zurechenbare Zahlungen, keine Verwaltungsausgaben (gerundete Werte). c: Differenz zwischen Eigenmitteln und Rückflüssen. d: in Euro (gerundete Werte).
Quelle: Wissenschaftlicher Beirat zum Bundesministerium für Wirtschaft (1998).

Tab. 5.1: Nettopositionen der EU-Mitgliedsländer 1997

Die Differenz zwischen den Eigenmitteln und den Rückflüssen ergibt die jeweilige Nettoposition eines Landes.[74] Nimmt man die Pro-Kopf Nettozahlungen als Maßstab für die internationale Verteilungsposition eines Landes, so sind grob drei Gruppen auszumachen: Starke Nettogeber, moderate Nettogeber bzw. -empfänger und starke Nettoempfänger. Zur ersten Gruppe gehören die Niederlande, Deutschland, Schweden, Luxemburg, Belgien und Österreich. Moderate Nettogeber sind Großbritannien, Frankreich und Italien, während Finnland und Dänemark leichte Pro-

[74]Diese geläufige Vorgehensweise gibt allerdings nach Auffassung des Wissenschaftlichen Beirats (1998) einen unscharfen Eindruck der Belastungen wider, da die Nettoposition an eine undifferenzierte Verwendung des Begriffs der Eigenmittel anknüpft. MWSt- und BSP-Mittel sind tatsächlich als Beiträge zu qualifizieren, weil für diese Finanzierungsquellen keine supranationalen Erhebungskompetenzen existieren. Zur Ermittlung des Netto*beitrags* ist daher die Nettoposition eines Landes um die originären Eigenmittel zu korrigieren. Hierdurch passivieren sich in Tabelle 5.1 die Positionen von Frankreich, Italien und Großbritannien, alle übrigen Vorzeichen bleiben erhalten.

Kopf Vorteile erzielen. Deutliche Transferempfänger sind die am Kohäsionsfonds beteiligten Länder Irland, Griechenland, Portugal und Spanien.

Erklärung und Beurteilung

Homburg (1997) sieht für die EU keinen statistisch signifikanten Zusammenhang zwischen dem Pro-Kopf Nettotransfer eines Landes und dem Pro-Kopf Einkommen der Bevölkerung. Er weist nach, daß entgegen der öffentlichen Meinung nicht von reich zu arm, sondern von groß zu klein umverteilt wird. Als Begründung hierfür führt er die asymmetrische Verhandlungspositionen kleiner und großer Länder – hervorgerufen z.B. durch die bevölkerungsunabhängige Stimmengewichtung im Ministerrat – an. Das relativ geringe Umverteilungsvolumen des „indirekten" Finanzausgleichs der EU erklärt Homburg politökonomisch mit der Einstimmigkeitsregel und der faktischen Austrittsmöglichkeit eines jeden Mitgliedstaates.

Auch von Hagen (1993) bezweifelt die politische Durchsetzbarkeit ausgedehnter EU-Transfers. Er vermutet, daß interregionale Umverteilungsprogramme die nationale Solidarität langfristig erheblich belasten – ein Argument, daß derzeit in Deutschland im Zusammenhang mit der geforderten Neuregelung des Länderfinanzausgleichs eine besondere Aktualität besitzt. Aber selbst ein reines interregionales Versicherungssystem mag für die jeweils aktuellen Nettozahler aufgrund mangelnder Informationen über die Dauer regionaler Schocks und die Höhe erforderlicher Transfers nicht erst *ex post* unattraktiv werden. Goodhart and Smith (1993) betonen darüber hinaus die unerwünschten Anreizeffekte, die von einer solchen zwischenstaatlichen Versicherung ausgehen können.

Wildasin (1990) sieht ein weiteres Problem eines ausgedehnten EU-Transfersystems in der Austauschbarkeit intranationaler durch supranationale Blockzahlungen an untergeordnete Gebietskörperschaften, da diese die Mitgliedstaaten zu einer entsprechenden Reduktion eigener regionalpolitischer Maßnahmen veranlassen mögen. Auch strategische Verhaltensweisen auf der dezentralen Ebene, z.B. diskutiert bei Usher (1995), gefährden die Effizienz- und Verteilungsziele einer zentralen Intervention, wenn Empfängerregionen die Transferformel durch ihre Steuerpolitik manipulieren können. Nach Courchene (1994) mag der Finanzausgleich begünstigte Regionen davon abhalten, neue Einnahmequellen zu erschließen, weil das zusätzliche Steueraufkommen je nach Gestalt des Ausgleichs ganz oder teilweise anderen Gebietskörperschaften zufließt. Ändern wir im vorliegenden Modell die Entscheidungsreihenfolge, indem wir die erste Stufe eliminieren, und unterstellen wir einen institutionell vorgegebenen, vollständig nivellierenden Finanzausgleich gemäß (4.20), so sind diese Ergebnisse leicht nachvollziehbar: Region i antizipiert dann, daß eine marginale Erhöhung ihres Aufkommens bei zentralstaatlichem Budgetausgleich zu einem impliziten Steuerexport in Höhe von $\frac{1+N_j}{2+N}$ führt.[75] Damit existiert eine weitere Zusatzlast dezentraler Umverteilung, die regionale Politikanreize selbst dann zu Ungunsten der Empfänger von Sozialtransfers verzerrt, wenn vollkommene Immobilität aller Haushaltsgruppen vorherrscht.

Trotz der genannten Probleme argumentieren von Hagen und Eichengreen (1996), daß gerade die mit fortschreitender Integration sinkenden fiskalischen und sozialpolitischen Entscheidungsspielräume der Mitgliedstaaten die Kompetenzen der EU tendentiell stärken und neue Möglichkeiten schaffen werden, über das existierende Ausgleichssystem zu verhandeln. Dabei sehen Obstfeld und Peri (1998) in dem beginnenden Zuwanderungsdruck auf die einzelstaatlichen Sozialsysteme den überzeugendsten Grund für eine Ausweitung der EU-Transferprogramme. Sie beziehen sich auf Courchene (1993) sowie Attanasio und Padoa-Schioppa (1991), die für Kanada bzw. Italien gezeigt haben, daß interregionale Transfers in die „richtige" Richtung zu einem wesentlichen Rückgang wohlfahrtsinduzierter Wanderung führen können.

Damit steht die EU vor einem schwierigen Problem: Zum einen gewinnt die Existenz eines supranationalen Transfersystems mit zunehmender

[75] Dies folgt unter Verwendung von (4.5) in (4.20), $S_i = [(1+N_i)/(2+N)]\tau_j^L - [(1+N_j)/(2+N)]\tau_i^L$, und entsprechender Differentiation nach τ_i^L.

Wahrscheinlichkeit fiskalischer Externalitäten an Bedeutung, zum anderen ist zu bezweifeln, daß sich einige Mitgliedstaaten dauerhaft mit der Rolle eines Nettozahlers abfinden werden. So wird die von der Kommission in ihrer *Agenda 2000* vorgeschlagene Orientierung der Beiträge am Prinzip der (nationalen) Leistungsfähigkeit vom Wissenschaftlichen Beirat (1998) mit dem Hinweis kritisiert, ein solches Vorgehen lasse den Ausgabenzweck vollkommen unberücksichtigt. Der Beirat lehnt eine massive internationale Umverteilung mittels EU-Finanzsystem ab und plädiert für eine stärker allokationspolitisch motivierte Gemeinschaftspolitik, deren Finanzierung nach dem Äquivalenzprinzip erfolgen sollte. In diese Richtung geht auch bereits der Beitrag von Wildasin (1990), der die Anforderungen an ein europäisches Finanzausgleichssystem folgendermaßen zusammenfaßt: „...what is needed is a budgeting mechanism that provides for burden sharing that is equitable in that it constrains expenditures to bear a reasonably close relationship to national contributions, while providing for expenditures that promote activities generating substantial spillovers."

In unserer voranstehenden Analyse sind wir stets von vollständig und vollkommen informierten Haushalten, Unternehmen und Regierungen ausgegangen. Allen Wirtschaftssubjekten waren die Handlungsmöglichkeiten und Ziele aller übrigen Akteure bekannt, und alle Entscheidungen wurden unter Sicherheit getroffen. In der Realität sind aber viele Situationen durch Unsicherheiten geprägt. So kann ein Arbeitnehmer im allgemeinen nicht voraussehen, ob und wie lange sein Beschäftigungsverhältnis fortdauern wird. Damit ist auch sein zukünftiges Einkommen ungewiß. Ein risikoscheuer Haushalt wird sich gegen solche Einkommenseinbußen versichern wollen. In den Wohlfahrtsstaaten westlicher Prägung übernimmt eine staatliche Sozialversicherung diese Aufgabe. Sie zieht Beiträge von Arbeitnehmern (und gegebenenfalls von Arbeitgebern) ein und finanziert so die Unterstützung Arbeitsloser. Im Hinblick auf die Kernfragen dieser Arbeit ist es daher interessant zu untersuchen, inwieweit die Mobilität in der EU einzelstaatlichen Kompetenzen auch hier Grenzen auferlegt. Um dies später beurteilen zu können, beschreiben wir nun zunächst einmal Instrumente und Ziele staatlicher Arbeitsmarktpolitik in einer geschlossenen Ökonomie.

5.5 Anhang

Dieser Anhang erläutert die Herleitung des zentralstaatlichen Interventionsschemas zur Dezentralisierung des unbeschränkten bzw. beschränkten sozialen Optimums. Wir beginnen mit der Erklärung von (5.20) und leiten daraus (5.17) ab.

Beschränkt sozial optimales Transfersystem
Vergleicht man (5.16) mit (4.18), so erfordert eine beschränkt sozial optimale Umverteilungspolitik in der Föderation:

$$\sum_{\substack{i,j=1,2\\ i\neq j}} W_y^i \frac{\sigma_i^N - S_\sigma^i(2c - \sum_h F_{NN}^h) - (1-\delta)\sum_h N_h F_{NN}^h}{2c - F_{NN}^j} = 0. \quad \text{(A.5.1)}$$

Verwendung von (5.16) in (4.19) ergibt als modifizierte Regel für eine beschränkt sozial optimale interregionale Haushaltsallokation:

$$W_y^2\sigma_2^N - W_y^1\sigma_1^N + 2cW_y^1 \frac{\sigma_1^N - S_\sigma^1(2c - \sum_i F_{NN}^i) - (1-\delta)\sum_i N_i F_{NN}^i}{2c - F_{NN}^2} =$$

$$= (W_y^2 - W_y^1)(1-\delta)\sum_{i=1,2} N_i F_{NN}^i. \quad \text{(A.5.2)}$$

Im beschränkt sozial optimalen, zentral korrigierten Gleichgewicht müssen (A.5.1) und (A.5.2) simultan erfüllt sein. Nach Einsetzen von (A.5.2) für $W_y^2\sigma_2^N$ in (A.5.1), Multiplikation mit $(2c - F_{NN}^1)$ und Zusammenfassen der Terme erhält man:

$$S_\sigma^2 W_y^2 \left(2c - \sum_{i=1,2} F_{NN}^i\right) = W_y^1 \left(\sigma_1^N - (1-\delta) \sum_{i=1,2} N_i F_{NN}^i\right)$$

$$- W_y^1 F_{NN}^1 \frac{\sigma_1^N - S_\sigma^1(2c - \sum_i F_{NN}^i) - (1-\delta)\sum_i N_i F_{NN}^i}{2c - F_{NN}^2}. \quad \text{(A.5.3)}$$

Geeignete Umformung der rechten Seite von (A.5.3) und Division durch $W_y^2(2c - \sum_i F_{NN}^i)$ ergibt (5.20) für $i = 2$.

Sozial optimales Transfersystem

Stellt die Abwesenheit der Transferinstrumente für die Zentrale keine bindende Restriktion dar, $W_y^1 = W_y^2$, und existiert kein Landrentenabfluß, weil Landrenten in den Regionen konfiskatorisch besteuert werden, so fällt (5.20) mit der oberen Bedingung in (5.17) mit zusammen.
Interregionale Sozialtransfers der Region j, $z_{ji}^N > 0$, erfordern die folgende Modifikation der oberen Bedingung in (5.17):

$$S_\sigma^i = \frac{\sigma_j^N - z_{ji}^N + S_\sigma^j F_{NN}^j}{2c - F_{NN}^i}. \quad \text{(A.5.4)}$$

Nach Berücksichtigung von (5.13) für Region j resultiert dann die untere Bedingung in (5.17), $S_\sigma^i = N_i$.
Im Fall $z_{ij}^N > 0$ und $z_{ji}^N = 0$ folgt entsprechend: $S_\sigma^j = N_j$. Setzt man dies in (A.5.4) sowie in (5.14) für Region j ein, und vergleicht beide Bedingungen, so erhält man die mittlere Beziehung in (5.17):

$$S_\sigma^i = \frac{\sigma_j^N + N_j F_{NN}^j}{2c - F_{NN}^i} = MRS_{xy}^j. \quad \text{(A.5.5)}$$

6 Effizienzlohnmodell

Das folgende Kapitel erweitert unser Umverteilungsmodell um effizienzlohnbedingte Arbeitslosigkeit. Wir charakterisieren das (beschränkte) soziale Optimum für eine *autarke* Gebietskörperschaft und zeigen, mit welchen arbeitsmarktpolitischen Instrumenten die Regierung dieses dezentralisieren kann. Zur Motivation der späteren Analyse werden auch die Grundzüge der aktuellen Beschäftigungsprobleme in der EU vorgetragen. Auch mögliche Erklärungsansätze hierfür werden vorgestellt.

Für Barr (1992) ist eine Versicherung gegen Einkommensrisiken - bedingt durch Arbeitslosigkeit, Krankheit und Alter - eine der wichtigsten Funktionen des Wohlfahrtsstaates. Empirisch ist diese Aussage leicht nachvollziehbar, wenn man bedenkt, daß die Einnahmen der Sozialversicherungen z.B. in Deutschland und Frankreich jeweils nahezu 50% der staatlichen Gesamteinnahmen ausmachen (Eurostat, 1998). Staatliche Umverteilungs- und Versicherungsleistungen sind dabei aber eng miteinander verknüpft. Sie können als zwei Seiten ein und derselben Medaille angesehen werden (Sinn, 1997a). Entscheidend ist lediglich der Zeitpunkt der Betrachtung. Jede Versicherung ist *ex post* mit Umverteilung verbunden: Diejenigen Versicherten, die eine Prämie leisten aber keinen Schaden erleiden, finanzieren die Schadenszahlungen für die Versicherungsfälle.

Umgekehrt kann Umverteilung *ex ante* als Versicherung interpretiert werden. Die Literatur unterscheidet hierbei zwei Sichtweisen. Erstens mag die Herstellung einer bestimmten Einkommensverteilung als Folge eines ethischen Prinzips angesehen werden, auf das sich vernunftbegabte Haushalte in einem Urzustand, d.h. ohne ihre spätere Position in der Gesellschaft zu kennen, einigen. Die Standardquellen hierfür sind Harsanyi (1953) und Rawls (1971). Rawls zufolge entscheiden sich risikoaverse Haushalte, die mit einem „Schleier des Unwissens“ belegt sind, einstimmig für ein vollständig nivellierendes Umverteilungssystem. Harsanyi (1975) kritisiert dieses Ergebnis später, indem er zeigt, daß eine

Übertragung der Rawlsschen Argumentation auf die *Erwartungsnutzenhypothese* in einer utilitaristischen Ethik mündet, die Rawls gerade zu widerlegen sucht.

Zweitens betonen insbesondere Varian (1980) und jüngst Sinn (1997a) die Bedeutung der Umverteilung als Sozialversicherung. Aufgrund beträchtlicher Einkommensunsicherheiten im Lauf ihres Lebens sind risikoaverse Haushalte bereit, eine Versicherungsprämie zu zahlen, um im Bedarfsfall eine Unterstützung zu erhalten. Privater Versicherungsschutz gegen Einkommensausfälle ist aber nur bedingt möglich. Typische Marktversagensgründe sind *adverse Selektion* und *Moral Hazard*. Adverse Selektion tritt auf, wenn sich die individuellen Lebensrisiken zwischen den Versicherungsnehmern stark unterscheiden und diese den Versicherungsgebern nicht bekannt sind. Da eine einheitliche Prämien- und Leistungsstruktur nur für schlechte Risiken attraktiv ist, die guten Risiken aber auf eine Absicherung verzichten, wird die Entstehung eines privaten Versicherungsmarktes erschwert oder gar verhindert (Pauly, 1974). Während der Abschluß einer privaten Versicherung Mündigkeit voraussetzt und daher erst dann erfolgen kann, wenn die Versicherungsnehmer ihre unterschiedlichen Leistungsfähigkeiten gut einschätzen können, besitzt der Staat die Möglichkeit, seine Bürger bereits zu einem sehr frühen Lebenszeitpunkt, d.h. bevor ihnen und ihren Eltern die individuellen Lebensrisiken bekannt werden, zur Teilnahme an einer gesellschaftlichen Versicherung zu verpflichten (Sinn, 1997a).

Ein weiteres Problem einer Versicherung gegen Einkommensrisiken besteht darin, daß die Wahrscheinlichkeit für den Schadensfall – sagen wir, für die Entlassung eines Arbeitnehmers und den daraus folgenden Einkommensverlust – nur zum Teil auf objektive Gegebenheiten zurückzuführen ist. Ausschlaggebend können vielmehr auch individuell beeinflußbare Größen wie das Arbeitsengagement oder das Qualifikationsniveau sein. Eine Versicherung gegen Arbeitslosigkeit ist dann mit risikoerhöhendem *Moral Hazard* verbunden, weil sie den Einkommensverlust im Entlassungsfall begrenzt und somit den Anreiz zur Vorbeugung senkt.

Um diesem Effekt entgegenzuwirken ist ein geringerer Deckungsgrad erforderlich als in einer Situation mit ausschließlich objektiven Risiken. Bei vollkommenem Wettbewerb auf dem Versicherungsmarkt werden sich private Versicherungsgeber aber auf eine suboptimale Volldeckung herunterkonkurrieren (vgl. hierzu z.B. Strassl, 1988). Eine staatliche Arbeitslosenversicherung hingegen kann eine Vollabdeckung der Risiken vermeiden, weil sie keinem Wettbewerb ausgesetzt ist.
Moral Hazard auf dem Arbeitsmarkt steht auch im Mittelpunkt der vorliegenden Untersuchung. Als analytischer Rahmen dient uns eine modifizierte Version der Effizienzlohnmodelle von Pisauro (1991) und Chang (1995). Arbeiter können einen Teil ihrer Tätigkeit unbeobachtet mit Freizeit zubringen. Mit dem Anteil ihrer so verwendeten Arbeitszeit steigt jedoch auch die Wahrscheinlichkeit, bei der „Muße" entdeckt und entlassen zu werden. Um ihre Arbeiter zu höheren effektiven Leistungen zu motivieren, zahlen Unternehmen Löhne oberhalb der Grenzproduktivität. Dies mündet in Arbeitslosigkeit. Arbeitslose erhalten eine staatliche Unterstützung, die durch Steuern auf den Faktor Arbeit und auf die Grundbesitzer finanziert wird.

Die Untersuchung beginnt mit den modelltheoretischen Grundlagen in Abschnitt 6.1. Als Referenzsituation beschreibt sodann Abschnitt 6.2 die beschränkt sozial optimale Allokation. Abschnitt 6.3 beschäftigt sich mit dem Arbeitsmarktgleichgewicht und den Wirkungen bestimmter Politikinstrumente auf Löhne und Beschäftigung. In Abschnitt 6.4 werden wir zeigen, wie eine wohlwollende Regierung ihre Steuern einsetzen muß, um eine zweitbeste Arbeitsmarkt- und Umverteilungspolitik zu dezentralisieren. Abschnitt 6.5 analysiert die derzeitige Beschäftigungssituation in Europa. Die wichtigsten Rechnungen finden sich in Abschnitt 6.6.

6.1 Grundlagen

Haushalte

Wir betrachten eine beliebige Region i in Autarkie.[76] Dort leben zwei Gruppen von identischen Haushalten, Grundbesitzer und Arbeiter. Jeder Arbeiter verfügt über eine Einheit Zeit, die er alternativ mit *effektiver* Arbeit e_i oder mit Freizeit $1 - e_i$ zubringt. Für jeden Arbeiter existieren zwei mögliche Zustände der Welt: Er ist entweder arbeitslos (A) oder beschäftigt (B). Sei

$$U_i^* = \begin{cases} u(\sigma_i^A) + 1, & \text{falls } * = A, \\ u(w_i) + 1 - e_i, & \text{falls } * = B, \end{cases} \tag{6.1}$$

die zustandsabhängige Nutzenfunktion eines Arbeiters, wobei σ_i^A und w_i die Einkommen in den beiden Zuständen bezeichnen. Es gelte: $u_\sigma^i, u_w^i > 0$ und $u_{\sigma\sigma}^i, u_{ww}^i < 0$.

In der betrachteten Region leben n_i^A Arbeitslose und n_i^B Beschäftigte. Jeder Arbeiter muß sich in einem der beiden Zustände befinden,

$$N_i = n_i^A + n_i^B. \tag{6.2}$$

Für die Arbeitslosenquote wird im folgenden auch $a_i \equiv \frac{n_i^A}{N_i}$ verwendet. Unbeobachtet von seinem Arbeitgeber wählt ein beschäftigter Arbeiter seinen effektiven Arbeitseinsatz e_i. Dabei wird er einmal pro Zeiteinheit zufällig, d.h. mit Hilfe einer exogenen *Monitoring*-Technologie, kontrolliert. Seine Entdeckungs- und Entlassungswahrscheinlichkeit beträgt somit: $p_i \equiv 1 - e_i$.[77] Ein entlassener Arbeiter wird mit der Wahrscheinlichkeit $1 - a_i$ von einem anderen, identischen Unternehmen wiedereingestellt. In diesem Fall wiederholt sich auch sein Entscheidungsproblem. Mit der Wahrscheinlichkeit a_i hingegen bleibt ein Entlassener arbeitslos.

[76] Die Indizierung verfolgt hier lediglich den Zweck, bei einer späteren Grenzöffnung problemlos auf diesen Modellrahmen zurückgreifen zu können.

[77] Bei Abwesenheit unternehmensspezifischen Wissens ist die Entlassung eines bei der „Muße“ entdeckten Arbeiters und Einstellung eines neuen die optimale Politik des Unternehmens. Eine Lohnkürzung würde diesen Mitarbeiter nur dazu veranlassen, sein Engagement weiter zu reduzieren (vgl. hierzu auch Shapiro und Stiglitz, 1984).

Zusammenfassend ordnet also ein Beschäftigter den Zuständen A und B die Wahrscheinlichkeiten $a_i p_i$ und $1 - a_i p_i$ zu. Als Erwartungsnutzen erhält man daher: $\xi_i = a_i p_i U_i^A + (1 - a_i p_i) U_i^B$.
Ein rationaler Arbeiter maximiert seinen Erwartungsnutzen durch geeignete Wahl von e_i. Sein Optimierungsproblem lautet nach Modifikation von ξ_i unter Verwendung von (6.1) und Berücksichtigung der Definition von p_i:

$$\max_{\{e_i\}} \quad \xi_i = u(w_i) + (1 - e_i)\Big(1 - a_i[u(w_i) - u(\sigma_i^A) - e_i]\Big), \tag{6.3}$$

wobei die Nebenbedingung $0 \leq e_i \leq 1$ zu beachten ist.
Unterstellen wir zunächst eine innere Lösung des Problems (6.3), so daß die Zeitrestriktion im Haushaltsoptimum nicht bindet, $0 < e_i < 1$.[78] Als notwendige Bedingung für ein Maximum von (6.3) ergibt sich folglich:

$$e_i(w_i, \sigma_i^A, a_i) = \frac{1}{2}\left(u(w_i) - u(\sigma_i^A) - \frac{1 - a_i}{a_i}\right), \tag{6.4}$$

mit den Eigenschaften

$$e_w^i = \frac{1}{2}u_w^i > 0,\ e_\sigma^i = -\frac{1}{2}u_\sigma^i < 0,\ e_a^i = \frac{1}{2a_i^2} > 0,\ e_{ww}^i = \frac{1}{2}u_{ww}^i < 0, \tag{6.5}$$

sowie $e_{*\star}^i = 0,\ *, \star \in \{w, z, a\},\ * \neq \star$.[79]
Die effektive Arbeit e_i steigt also im Haushaltsoptimum mit dem Einkommen im Beschäftigungsfall w_i und mit der Arbeitslosenquote a_i. Beide Größen disziplinieren den Arbeiter hinsichtlich seines Engagements. Ein hohes Einkommen ist gleichbedeutend mit einem erheblichen Konsumverzicht im Fall der Arbeitslosigkeit, und eine hohes Niveau der Arbeitslosigkeit verringert die Chance auf eine Wiedereinstellung im Anschluß an eine Entlassung. Dem hingegen mindert ein hohes Einkommen Arbeitsloser σ_i^A den Anreiz eines rationalen Beschäftigten, seine individuelle Entlassungswahrscheinlichkeit durch effektive Arbeit zu reduzieren.

[78]Wie Fußnote 81 zeigen wird, können Randlösungen immer dann ausgeschlossen werden, wenn Arbeiter hinreichend risikoavers sind. Hiervon wollen wir im weiteren ausgehen.

[79]Tiefgestellte Indizes stehen weiterhin für erste bzw. zweite partielle Ableitungen.

Eine soziale Absicherung gegen das Risiko der Arbeitslosigkeit ist also mit *Moral Hazard* behaftet.
Zusammenfassend stellt sich der Erwartungsnutzen eines Arbeiters im Haushaltsoptimum unter Verwendung von (6.4) in (6.3) folgendermaßen dar:

$$\xi_i = u(w_i) + a_i p_i^2. \tag{6.6}$$

Produktion
Grundbesitzer stellen weiterhin ihr Land L_i für die Produktion des privaten Gutes bereit. Bezeichne $E_i \equiv e_i n_i^B$ die effektive Gesamtbeschäftigung in Region i, und sei $F^i(L_i, E_i)$ die linear-homogene, strikt konkave Technologie des Produktionssektors.
Wir erhalten nun als Erreichbarkeitsbedingung für das private Gut:

$$F^i(L_i, E_i) = n_i^A \sigma_i^A + n_i^B w_i + y_i. \tag{6.7}$$

In Autarkie muß also das Gesamteinkommen, ausgedrückt in Einheiten des privaten Gutes, ausschließlich ansässigen Arbeitslosen, Beschäftigten und Grundbesitzern zufließen.

6.2 Beschränktes soziales Optimum

Problem des Zentralplaners
Die Restriktion für die Zugehörigkeit der Arbeiter (6.2), der Erwartungsnutzen im Haushaltsoptimum (6.6) und die Erreichbarkeitsbedingung (6.7) charakterisieren die Menge aller zulässigen Allokationen in Autarkie. Wir unterstellen hiermit implizit, die durch (6.4) beschriebene effektive Arbeit der Beschäftigten sei für den Zentralplaner nicht direkt steuerbar, d.h. e_i stellt für ihn keine direkte Kontrollvariable dar. Folglich können auch lediglich eine beschränkt effiziente Versicherung gegen Arbeitslosigkeit und ein beschränkt effizientes Beschäftigungsniveau realisiert werden.
Der Zentralplaner maximiere eine soziale Wohlfahrtsfunktion in Abhängigkeit des Erwartungsnutzens eines Arbeiters und des sicheren

Einkommens eines repräsentativen Grundbesitzers, $W^i \equiv W^i(\xi_i, y_i)$. Sein formales Problem lautet dann:

$$\max_{\{\sigma_i^A, w_i, y_i, n_i^A, n_i^B\}} \quad W^i\left(u(w_i) + \frac{n_i^A}{N_i}\left[1 - e(w_i, \sigma_i^A, n_i^A/N_i)\right]^2,\; y_i\right), \tag{6.8}$$

unter den Nebenbedingungen (6.2) $[\phi_i]$ und (6.7) $[\lambda_i]$. Die Restriktion (6.6) wurde bereits unter Verwendung der Definitionen von a_i und p_i in (6.8) eingesetzt. Weiterhin sollen nur innere Lösungen betrachtet werden.

Notwendige Bedingungen

Notwendige Bedingungen für ein Maximum der Wohlfahrtsfunktion sind die Nebenbedingungen (6.2), (6.6) und (6.7) sowie die Marginalbedingungen

$$(\sigma_i^A): \quad -W_\xi^i 2a_i p_i e_\sigma^i + \lambda_i(n_i^B F_E^i e_\sigma^i - n_i^A) = 0, \tag{6.9}$$

$$(w_i): \quad W_\xi^i(u_w^i - 2a_i p_i e_w^i) + \lambda_i(n_i^B F_E^i e_w^i - n_i^B) = 0, \tag{6.10}$$

$$(y_i): \quad W_y^i - \lambda_i = 0, \tag{6.11}$$

$$(n_i^A): \quad W_\xi^i \frac{p_i}{N_i}(p_i - 2a_i e_a^i) + \lambda_i\left(\frac{n_i^B}{N_i} F_E^i e_a^i - \sigma_i^A\right) - \phi_i = 0, \tag{6.12}$$

$$(n_i^B): \quad \lambda_i(e_i F_E^i - w_i) - \phi_i = 0. \tag{6.13}$$

Sozial optimale interpersonelle Umverteilung

Nach Einsetzen von (6.11) für λ_i in (6.9) und (6.10), jeweiliger Division von (6.9) durch $2e_\sigma^i$ und (6.10) durch $2e_w^i$, Gleichsetzen beider Bedingungen sowie Berücksichtigung von (6.5) erhält man zunächst:

$$MRS_{\xi y}^i = \frac{n_i^A}{u_\sigma^i} + \frac{n_i^B}{u_w^i}, \tag{6.14}$$

mit $MRS_{\xi y}^i \equiv \frac{W_\xi^i}{W_y^i}$.

Bedingung (6.14) charakterisiert eine sozial optimale Nutzenallokation zwischen Arbeitern und Grundbesitzern. Sie erfordert die Angleichung der marginalen sozialen Wertschätzung für den Erwartungsnutzen eines repräsentativen Arbeiters $MRS^i_{\xi y}$ mit den sozialen Grenzkosten der Umverteilung. Die sozialen Grenzkosten der Umverteilung entsprechen dem Einkommensverzicht, den die Grundbesitzer leisten müssen, damit der Erwartungsnutzen eines jeden Arbeiters um eine marginale Einheit steigen kann. Dies ist der Fall, wenn jeder der n_i^A Arbeitslosen zusätzlich $(u^i_\sigma)^{-1}$ erhält und gleichzeitig jedem der n_i^B Beschäftigten ein um $(u^i_w)^{-1}$ höheres Einkommen gewährt wird.

Beschränkt effiziente Arbeitslosenversicherung
Wir verwenden nun nochmals (6.11) für λ_i in (6.9) und substituieren $MRS^i_{\xi y}$ durch (6.14). Zusammenfassen der Terme ergibt dann:

$$a_i p_i n_i^B \frac{u^i_\sigma}{u^i_w} = (1 - a_i p_i) n_i^A - n_i^B F^i_E e^i_\sigma. \tag{6.15}$$

Bedingung (6.15) steht für eine beschränkt effiziente Versicherung gegen Arbeitslosigkeit. Sie vergleicht den erwarteten Grenznutzen aus einer marginalen Erhöhung der Unterstützung Arbeitsloser mit den erwarteten Grenzkosten. Der erwartete Grenznutzen entspricht der Summe der Grenzzahlungsbereitschaften aller Beschäftigten für einen Beitrag zur Arbeitslosenversicherung $n_i^B \frac{u^i_\sigma}{u^i_w}$, gewichtet mit der Wahrscheinlichkeit arbeitslos zu werden, $a_i p_i$. Die erwarteten Grenzkosten bestehen aus zwei Komponenten. Erstens müssen alle Beschäftigten einen gemeinsamen Einkommensverzicht in Höhe von n_i^A leisten, obwohl sie mit der Wahrscheinlichkeit $1 - a_i p_i$ selber nicht arbeitslos werden und somit auch keine Kompensation erhalten. Zweitens schlägt sich risikoerhöhendes *Moral Hazard* in einer um $-n_i^B e^i_\sigma$ geringeren effektiven Gesamtbeschäftigung nieder. Bewertet mit der Grenzproduktivität F^i_E, reduziert sich das Gesamteinkommen in entsprechendem Umfang.
Aus (6.15) ist sofort ersichtlich, daß eine Volldeckung des Risikos der Arbeitslosigkeit nicht beschränkt effizient sein kann, $\frac{u^i_\sigma}{u^i_w} > 1$. Im Vergleich zu unbeschränkter Effizienz ist ein suboptimal geringes Sicherungsniveau anzustreben, da *Moral Hazard* die Grenzkosten der Arbeitslosenunterstützung nach oben treibt.

Beschränkt effiziente Beschäftigung
Eliminiert man ϕ_i in (6.12) und (6.13) durch Gleichsetzen beider Bedingungen und setzt (6.11) für λ_i und anschließend (6.14) für $MRS^i_{\xi y}$ ein, so folgt:

$$e_i F^i_E - w_i + \frac{(1-a_i p_i)p_i}{a_i N_i}\left(\frac{n^A_i}{u^i_\sigma} + \frac{n^B_i}{u^i_w}\right) = \frac{n^B_i}{N_i} F^i_E e^i_a - \sigma^A_i. \qquad (6.16)$$

Bedingung (6.16) bestimmt das beschränkt effiziente Beschäftigungsniveau, indem sie die marginalen sozialen Nettobeiträge Beschäftigter und Arbeitsloser einander gegenüberstellt. Ein weiterer Beschäftigter steigert das Gesamteinkommen in der Region um $e_i F^i_E$. Gleichzeitig muß hierfür aber auch ein zusätzliches Einkommen in Höhe von w_i bereitgestellt werden. Darüber hinaus senkt eine Einstellung die Wahrscheinlichkeit der Arbeitslosigkeit und wirkt sich positiv auf den (in Einkommenseinheiten zu bewertenden) Erwartungsnutzen aller Arbeiter aus, $\frac{\partial \xi_i}{\partial n^B_i} = \frac{(1-a_i p_i)p_i}{a_i N_i} > 0$. Ein zusätzlicher Arbeitsloser hingegen erhöht die Arbeitslosenquote um $\frac{1}{N_i}$ und motiviert damit die n^B_i Beschäftigten, ihre effektive Arbeit auszudehnen, $e^i_a > 0$. Dieser positive Effekt auf das Gesamteinkommen ist jedoch um die von einem Arbeitslosen beanspruchte Unterstützung σ^A_i zu bereinigen.
In einer erstbesten Welt mit vollkommener Kontrolle über die effektive Arbeit der Beschäftigten entfällt die positive Anreizwirkung der Arbeitslosigkeit, d.h. der marginale soziale Nettobeitrag eines Arbeitslosen ist hier höher als bei unbeschränkter Effizienz. Dies impliziert eine vergleichsweise höhere Arbeitslosigkeit im beschränkten sozialen Optimum.

6.3 Arbeitsmarkt

Haushalte
Wir betrachten nun eine dezentrale Welt. Beschäftigte erzielen auf dem Arbeitsmarkt ein Lohneinkommen in Höhe von w_i. Arbeitslose erhalten

σ_i^A als Transfer von der Regierung bzw. vom Sozialversicherungsträger an ihrem Wohnsitz.

Grundbesitzer beziehen weiterhin $L_i \rho_i$ als Landrente und werden von der Regierung mit einer direkten (Kopf-)Steuer τ_i^L belastet. Folglich ergibt sich

$$y_i = L_i \rho_i - \tau_i^L \tag{6.17}$$

als private Budgetrestriktion der Grundbesitzer.

Produktion

Im Produktionssektor herrsche vollkommener Wettbewerb. Die identischen Unternehmen maximieren ihren Gewinn Π_i durch Wahl ihrer Landnachfrage L_i, ihrer Arbeitsnachfrage n_i^B und ihrer Löhne w_i. Die Arbeitslosenquote a_i stellt dabei eine aus einzelwirtschaftlicher Sicht gegebene Größe dar. Unternehmen werden von der Regierung mit einer Lohnsummensteuer t_i^w und einer Mengensteuer θ_i^n auf den Faktor Arbeit belastet. Als Maximierungsproblem des Produktionssektors erhalten wir:

$$\max_{\{L_i, n_i^B, w_i\}} \quad \Pi_i = F^i(L_i, e_i n_i^B) - L_i \rho_i - n_i^B \left[(1 + t_i^w) w_i + \theta_i^n\right]. \tag{6.18}$$

Die notwendigen Bedingungen für ein Gewinnmaximum lauten:

$$F_L^i = \rho_i, \tag{6.19}$$

$$F_E^i = \frac{(1 + t_i^w) w_i + \theta_i^n}{e_i}, \tag{6.20}$$

$$\frac{e_w^i}{e_i} \left(w_i + \frac{\theta_i^n}{1 + t_i^w} \right) = 1. \tag{6.21}$$

Gemäß (6.19) und (6.20) wählen Unternehmen ihre Nachfrage nach Land bzw. Arbeitern dergestalt, daß die jeweilige Grenzproduktivität mit dem Landpreis bzw. den Kosten der Beschäftigung pro Einheit effektiver Arbeit übereinstimmt. Regel (6.21) ist eine modifizierte Version der bekannten Solow-Bedingung.[80] Sie bestimmt denjenigen Lohnsatz, der die in

[80] Die ursprüngliche Bedingung von Solow (1979) erhält man bei Vernachlässigung der speziellen Faktorsteuer auf Arbeit, $(e_w^i / e_i) w_i = 1$.

Effizienzeinheiten ausgedrückten Kosten der Beschäftigung minimiert.[81] Verwendet man (6.19) und (6.20) in (6.18) und berücksichtigt die Annahme der linearen Homogenität von $F^i(L_i, E_i)$, so zeigt sich, daß die Unternehmen im Gleichgewicht Nullgewinne realisieren, $\Pi_i = 0$.

Arbeitsmarktgleichgewicht

Im Arbeitsmarktgleichgewicht müssen die Regeln (6.20) und (6.21) simultan erfüllt sein:

$$D_i(w_i, n_i^B, \sigma_i^A, t_i^w, \theta_i^n, N_i, L_i)$$
$$\equiv e_i(w_i, \sigma_i^A, a_i) F_E^i \left(L_i, e_i(w_i, \sigma_i^A, a_i) n_i^B\right) - (1 + t_i^w) w_i - \theta_i^n = 0, \quad (6.22)$$
$$S_i(w_i, n_i^B, \sigma_i^A, t_i^w, \theta_i^n, N_i)$$
$$\equiv e_w^i(w_i) \left[(1 + t_i^w) w_i + \theta_i^n\right] - (1 + t_i^w) e_i(w_i, \sigma_i^A, a_i) = 0, \quad (6.23)$$

wobei $a_i = 1 - \frac{n_i^B}{N_i}$ zu beachten ist.

Bei gegebenen Technologien und Präferenzen wird das Arbeitsmarktgleichgewicht durch die Politikinstrumente $\{\sigma_i^A, t_i^w, \theta_i^n\}$ und die (exogenen) Ausstattungen $\{N_i, L_i\}$ bestimmt. Die Steuer auf Grundbesitzer τ_i^L hat keinen unmittelbaren Einfluß auf das Gleichgewicht, weil diese Variable weder im Gewinnmaximierungskalkül der Unternehmen (6.18), noch im Nutzenmaximierungsproblem der Arbeiter (6.3) enthalten ist.

[81] Mit Hilfe von Bedingung (6.21) können wir nun zeigen, daß Randlösungen bei hinreichend starker Risikoaversion der Arbeiter auszuschließen sind. Wie bei Pisauro (1991), soll uns hierzu eine Nutzenspezifikation mit konstanter relativer Risikoaversion dienen: $u(*_i) = *_i^{1-\alpha}/(1-\alpha)$, $* \in \{w, \sigma^A\}$, wobei α den Grad der relativen Risikoaversion angibt. Sei $\bar{w}_i$ derjenige Lohnsatz, für den die folgenden Bedingungen zutreffen: $\bar{e}_i \equiv e_i(\bar{w}_i, \sigma_i^A, a_i) = 1$ und $e_i(w_i, \sigma_i^A, a_i) < 1$, $\forall w_i < \bar{w}_i$. Dann ist für die Unternehmen ein Lohnsatz $w_i < \bar{w}_i$ (und folglich für die Haushalte $e_i < 1$) optimal, falls an der Stelle $\bar{w}_i$ gilt: $-\frac{\partial(\Gamma_i/\bar{e}_i)}{\partial w_i} < 0$, $\Gamma_i \equiv (1 + t_i^w)\bar{w}_i + \theta_i^n$, d.h. falls eine Lohnsenkung die Kosten der Beschäftigung pro Einheit effektiver Arbeit verringern kann. Unter Verwendung von (6.5) kann man leicht zeigen, daß diese Voraussetzung für $\alpha > \frac{\ln \Gamma_i - \ln(1+t_i^w) - \ln 2}{\ln \bar{w}_i}$ stets erfüllt ist. Bei Abwesenheit sämtlicher Steuern läßt sich diese Bedingung vereinfachen zu $\alpha > 1 - \frac{\ln 2}{\ln \bar{w}_i}$. Bereits bei einem Grad relativer Risikoaversion geringer als 1 ist es also für die Unternehmen unattraktiv, Löhne zu zahlen, die ein maximales Niveau effektiver Arbeit herstellen.

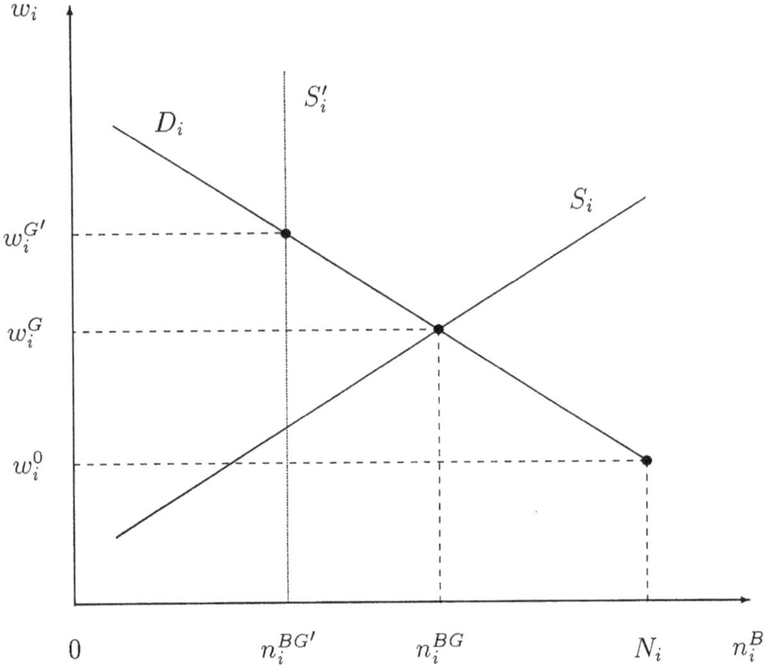

Abb. 6.1: Arbeitsmarktgleichgewicht

Abbildung 6.1 stellt den Arbeitsmarkt im (n_i^B, w_i)-Diagramm dar. Die D_i-Funktion ist der geometrische Ort gewinnmaximaler Beschäftigtenzahlen bei alternativen Lohnsätzen, und die S_i-Funktion ordnet jedem Beschäftigungsniveau den gewinnmaximalen Lohnsatz zu.[7] Das Gleichgewicht $\{n_i^{BG}, w_i^G\}$ liegt im Schnittpunkt beider Funktionen. Die gleichgewichtige Arbeitslosigkeit beträgt $N_i - n_i^{BG}$, wie ein Vergleich mit dem Vollbeschäftigungsgleichgewicht $\{N_i, w_i^0\}$ verdeutlicht.

[7] Die Funktionsverläufe ergeben sich durch entsprechende Differentiation von (6.22) und (6.23). Für D_i erhält man: $\frac{dn_i^B}{dw_i}|_{D_i} = -\frac{E_i F_{EE}^i e_w^i}{e_i F_{EE}^i (e_i - n_i^B e_a^i/N_i) - e_a^i F_E^i/N_i} < 0$, falls $e_i > n_i^B e_a^i/N_i$, d.h. falls die effektive Gesamtbeschäftigung mit steigender Arbeitslosigkeit sinkt. Diese plausible Bedingung sei in der folgenden Analyse stets erfüllt. Für S_i ergibt sich: $\frac{dn_i^B}{dw_i}|_{S_i} = -\frac{e_i F_E^i e_{ww}^i}{e_a^i/N_i} > 0$.

Eine wichtige Determinante der Arbeitslosigkeit ist die Risikobereitschaft der Beschäftigten. So erhält man z.B. im Fall risikoneutraler Arbeiter das Gleichgewicht $\{n_i^{BG'}, w_i^{G'}\}$. Die S_i-Funktion ist dann eine Parallele zur Ordinate, $e^i_{ww} = 0$. Da der gewinnmaximale Lohnsatz der Unternehmen gemäß der Argumentation in Fußnote 81 negativ mit dem Grad der (relativen) Risikoaversion korreliert, muß der Schnittpunkt von S_i' und D_i links des Ursprungsgleichgewichts liegen. Dies ist klar, wenn man bedenkt, daß der Grenznutzen des Einkommens für einen risikoaversen Beschäftigten mit zunehmendem Lohn abnimmt, so daß der *sichere* Freizeitkonsum im Vergleich zur Einkommenseinbuße im *unsicheren* Entlassungsfall immer attraktiver wird. Folglich ist die Zahlung höherer Löhne bei Risikoneutralität ein effektiveres Instrument zur Disziplinierung der Beschäftigten als bei Risikoaversion.

Nun, welche qualitativen Auswirkungen haben die vorhandenen Steuerinstrumente, und wie wirkt sich eine exogene Zuwanderung in die Region auf das Arbeitsmarktgleichgewicht aus? Nach Differentiation des Gleichungssystems (6.22) und (6.23) in den entsprechenden Variablen erhalten wir das folgende Ergebnis.[83]

Ergebnis 6.1 *Arbeitslosentransfers und die Erhebung einer speziellen Steuer auf den Faktor Arbeit steigern das Lohnniveau und führen zu Entlassungen. Eine Erhöhung der Lohnsummensteuer mündet hingegen in niedrigeren Löhnen und einem Anstieg der Arbeitslosigkeit, vorausgesetzt, der Faktor Arbeit wird gleichzeitig nur geringfügig durch die spezielle Faktorsteuer belastet. Eine exogene Zuwanderung von Arbeitern bewirkt eine lediglich unterproportionale Zunahme der Beschäftigung. Die Arbeitslosigkeit steigt und die Löhne sinken.*

Eine Erhöhung der Arbeitslosentransfers veranlaßt die Beschäftigten, ihre effektive Arbeit zu senken. Bei zunächst unveränderter Beschäftigtenzahl und unveränderten Löhnen steigen damit die Kosten des Arbeitseinsatzes

[83] Die formale Herleitung von Ergebnis 6.1 findet sich im Anhang.

pro Einheit effektiver Arbeit. Um dies auszugleichen, müssen die Unternehmen ihre Arbeitsnachfrage reduzieren und ihre Löhne anheben.
Ein ähnliches Argument gilt bei einem Anstieg der speziellen Faktorsteuer. Mit zunehmenden Kosten des Arbeitseinsatzes erhöht sich das gewinnmaximale Niveau effektiver Arbeit im Vergleich zur Ausgangssituation, weil durch diese Steuer zwar die *Anzahl* der Beschäftigten, nicht jedoch ihre durch höhere Löhne positiv beeinflußbare *Qualität* belastet wird. Deshalb substituieren die Unternehmen ihre ursprünglich größere Belegschaft mit geringer Qualität gegen eine kleinere Belegschaft mit höherer Qualität, indem sie ihre Löhne heraufsetzen und ihre Arbeitsnachfrage einschränken.
Im Gegensatz dazu bewirkt die Lohnsummensteuer einen Kostenanstieg für jeden Beschäftigten *und* für jede Einheit effektiver Arbeit. Folglich resultiert ein Rückgang sowohl der Beschäftigung als auch der Löhne.
Eine exogene Zuwanderung von Arbeitern löst bei gegebener Beschäftigtenzahl einen partiellen Anstieg der Arbeitslosenquote aus. Dies erhöht das Arbeitsengagement. Der Faktor Arbeit wird preiswerter, weil jedes beliebige effektive Gesamtbeschäftigungsniveau nun mit geringeren Löhnen realisiert werden kann. Es folgt eine Ausweitung der Arbeitsnachfrage, die aufgrund der abnehmenden Grenzproduktivität der Arbeit aber nur zu einem unterproportionalen Zuwachs der Beschäftigtenzahl führt. Folglich ist die Arbeitslosigkeit sowohl absolut als auch relativ, d.h. bezogen auf die Bevölkerung, höher als bei Abwesenheit von Zuwanderung.

6.4 Arbeitsmarktpolitik

Regierung
Betrachten wir nun das Kalkül der Regierung. Die Regierung besitzt vier Politikinstrumente, die sich folgendermaßen in ihrem Budget niederschlagen. Erstens besteuert sie die von den Unternehmen gezahlte Lohnsumme und erhält $n_i^B w_i t_i^w$ als Einnahme. Zweitens belastet sie die Unternehmen mit der speziellen Steuer auf den Faktor Arbeit und erzielt damit ein Aufkommen in Höhe von $n_i^B \theta_i^n$. Drittens zieht sie von den Grundbesit-

zern die unverzerrende Steuer τ_i^L ein.[84] Viertens leistet die Regierung Arbeitslosentransfers im Umfang von $n_i^A \sigma_i^A$. Zusammengefaßt erhalten wir als staatliches Budget:

$$n_i^B (w_i t_i^w + \theta_i^n) + \tau_i^L = n_i^A \sigma_i^A. \tag{6.24}$$

Die Regierung maximiert die soziale Wohlfahrt $W^i(\xi_i, y_i)$ durch geeignete Wahl ihrer Politikinstrumente. Sie berücksichtigt dabei das Arbeitsmarktgleichgewicht (6.22) und (6.23) sowie die Verhaltensreaktionen der Arbeiter gemäß (6.5). Damit ergibt sich als formales Maximierungsproblem:

$$\max_{\{\sigma_i^A, t_i^w, \theta_i^n\}} \quad W^i \left(u(w_i) + \frac{n_i^A}{N_i}(1 - e_i)^2, \; F^i(L_i, e_i n_i^B) - n_i^B w_i - n_i^A \sigma_i^A \right). \tag{6.25}$$

Dabei folgt der Term für y_i nach Elimination von $L_i \rho_i$ durch (6.19) und τ_i^L durch (6.24). Folglich entfällt τ_i^L auch als Wahlvariable im Problem (6.25). Diese Steuer dient der Regierung als Instrument zur Verwirklichung ihres Budgetausgleichs.

Politikregeln

Differentiation des Maximierungsproblems in den Wahlvariablen ergibt nach einigen Umformungen die folgenden Politikregeln:[85]

$$(\sigma_i^A): \quad a_i p_i MRS_{\xi y}^i - F_E^i e_w^i \frac{n_i^B}{u_w^i} - \frac{n_i^A}{u_\sigma^i} = 0, \tag{6.26}$$

$$(w_i): \quad (1 - a_i p_i) MRS_{\xi y}^i + (F_E^i e_w^i - 1) \frac{n_i^B}{u_w^i} = 0, \tag{6.27}$$

$$(n_i^B): \quad \frac{(1 - a_i p_i) p_i}{a_i N_i} MRS_{\xi y}^i + F_E^i [e_i - (1 - a_i) e_a^i] - w_i + \sigma_i^A = 0. \tag{6.28}$$

Nach gegenseitigem Einsetzen von (6.26) und (6.27) erhält man sofort (6.14) und (6.15), und anschließendes Einsetzen in (6.28) bestätigt (6.16).

[84] Da wir Landrentenabfluß durch die Autarkie-Annahme ausgeschlossen haben, könnte hier ebenso gut eine Landrentensteuer als Finanzierungsinstrument dienen.

[85] Zur Herleitung dieser Regeln beachte man (A.6.12) – (A.6.15) im Anhang.

Ergebnis 6.2 *Mit einem Arbeitslosentransfer, einer Lohnsummensteuer, einer speziellen Steuer auf den Faktor Arbeit sowie einer unverzerrenden Steuer verfügt die Regierung über ein vollständiges Instrumentarium zur Realisierung einer beschränkt sozial optimalen Allokation.*

Wie setzt die Regierung ihre Politikinstrumente im beschränkten sozialen Optimum ein? Beginnend mit t_i^w, zeigt sich, daß eine Politik der Lohnsubventionierung erforderlich ist,

$$-t_i^w = \frac{(1 - a_i p_i) u_w^i}{n_i^B} MRS_{\xi y}^i > 0.^{86} \tag{6.29}$$

Bei ihrer Lohnpolitik berücksichtigen die Unternehmen lediglich private Größen, d.h. sie vergleichen den Effekt auf das Arbeitsengagement mit den zusätzlichen Arbeitskosten. Eine marginale Lohnsteigerung ruft aber darüber hinaus für alle n_i^B Beschäftigten eine Einkommenserhöhung hervor und verursacht somit einen Anstieg des Erwartungsnutzens eines repräsentativen Arbeiters in Höhe von $(1 - a_i p_i) u_w^i$. Dieser Anstieg ist mit der sozialen Grenzzahlungsbereitschaft für den Erwartungsnutzen $MRS_{\xi y}^i$ zu bewerten. Damit beschreibt die rechte Seite von (6.29) die positive soziale Externalität der privaten Lohnfindung, welche durch eine Subvention von $-t_i^w$ pro Lohneinheit korrekt internalisiert wird. Ohne eine solche Unterstützung lägen im Gleichgewicht sozial zu niedrige Löhne vor.[87]

Mit ihrem Arbeitslosentransfer σ_i^A garantiert die Regierung eine beschränkt effiziente Absicherung gegen einen möglichen Einkommens-

[86] Dieses Ergebnis folgt unmittelbar nach Substitution von $(F_E^i e_w^i - 1)$ in (6.27) durch t_i^w mittels geeigneter Verwendung von (6.20) und (6.21).

[87] Eine alternative Rechtfertigung für eine Lohnsubventionierung findet sich bei Wilson (1990). Er zeigt, daß die Grenzrate der Substitution zwischen effektiver Arbeit und Einkommen im Haushaltsoptimum geringer ist als der Lohnanstieg, der erforderlich wäre, um einen Beschäftigten zu einer zusätzlichen Einheit effektiver Arbeit zu veranlassen: $-\frac{\partial \xi_i / \partial e_i}{\partial \xi_i / \partial w_i} = \frac{a_i p_i}{e_w^i} < \frac{1}{e_w^i}$. Eine Lohnsubventionierung ist daher erforderlich, um das Niveau effektiver Arbeit mittelbar über den positiven Effekt auf die Löhne zu beeinflussen und so die sozial erwünschte Arbeitsleistung der Beschäftigten zu verwirklichen.

ausfall. Zur Finanzierung ihrer arbeitsmarktpolitischen Ausgaben greift sie entsprechend ihrer Verteilungspräferenzen verstärkt auf die spezielle Steuer auf den Faktor Arbeit θ_i^n zurück, wodurch der Erwartungsnutzen der Arbeiter vermindert wird, oder sie erhebt eine unverzerrende Steuer auf die Grundbesitzer τ_i^L.

Ergebnis 6.3 *Die Dezentralisierung des beschränkten sozialen Optimums erfordert eine Subventionierung der Löhne zur Internalisierung des positiven externen Effekts auf den Erwartungsnutzen der Arbeiter. Mit dem Arbeitslosentransfer wird das Niveau der sozialen Sicherung festgelegt. Die Finanzierung der Arbeitsmarktpolitik erfolgt entweder durch eine verstärkte Belastung des Faktors Arbeit oder durch eine steuerliche Inanspruchnahme der Grundbesitzer.*

Nun, welchen Beitrag zur Erklärung unfreiwilliger Arbeitslosigkeit können Effizienzlöhne – von Phelps (1994) treffender auch als „Anreizlöhne" (*Incentive Wages*) bezeichnet – leisten?[88] Um dies zu beurteilen, wollen wir uns zunächst mit der theoretischen Fundierung von Arbeitslosigkeit in weiteren Effizienzlohnmodellen auseinandersetzen und auch alternative Erklärungsansätze kurz vorstellen.

Ausgewählte Ansätze zur Erklärung von Arbeitslosigkeit

Neben dem weitverbreitenden *Shirking*-Ansatz der vorliegenden Arbeit existieren in der Literatur drei weitere (Effizienzlohn-)Modelltypen: Se-

[88] Inwieweit Effizienzlohnarbeitslosigkeit als „unfeiwillig" angesehen werden kann, ist in der Literatur nicht unumstritten, wie z.B. der Diskurs zwischen Carmichael (1985) und Stiglitz (1985) belegt. Grundsätzlich ist denkbar, daß Arbeitslose, die eine Beschäftigung erhalten wollen, eine „Eintrittsgebühr" an ihren zukünftigen Arbeitgeber entrichten. Bei vollkommener Konkurrenz um die knappen Stellen wird diese Gebühr im Gleichgewicht dafür sorgen, daß Arbeiter indifferent zwischen beiden Zuständen sind. Arbeitslosigkeit ist dann ausschließlich „freiwilliger" Natur. Während Carmichael zeigt, daß diese Argumentation selbst bei unvollkommenen Kapitalmärkten aufrechterhalten werden kann, betont Stiglitz den rein semantischen Charakter der Fragestellung für das zugrundeliegende Allokationsproblem.

lektionsmodelle, *Labor-Turnover*-Modelle und soziologische Modelle.[89] Alle Ansätze liefern eine Begründung dafür, warum Unternehmen das Arbeitsengagement der Arbeiter mittelbar über ihre Lohnpolitik beeinflussen können und folglich Anreizlöhne oberhalb des Vollbeschäftigungsniveaus wählen.

In *Selektionsmodellen* können Unternehmen die Qualität heterogener Bewerber nicht direkt beobachten. Sie berücksichtigen aber, daß eine positive Korrelation zwischen dem Reservationslohn eines Arbeiters und seiner Qualifikation besteht – begründbar mit besseren Arbeitsmarktalternativen Hochqualifizierter. Durch Zahlung höherer Löhne läßt sich somit die Wahrscheinlichkeit für eine qualitativ bessere Zusammensetzung der Belegschaft steigern.

Labor-Turnover-Modelle unterstellen die Existenz unternehmensspezifischen Humankapitals, das Ausbildungsinvestitionen erfordert, welche als (*versunkene*) Kosten einer Neueinstellung interpretiert werden können. Um diese zu vermeiden, sollen höhere Löhne die etablierte Belegschaft von Kündigungen abhalten.

Abweichend vom neoklassischen Paradigma der strengen Maximierung individueller Ziele, basieren *soziologische Modelle* auf gruppenspezifischen Normen (Akerlof, 1982) oder auf Gerechtigkeitsvorstellungen der Belegschaft – „faire Löhne“ – (Akerlof und Yellen, 1990). In Akerlofs Ansatz, der durch eine Reihe verhaltenswissenschaftlicher Untersuchungen abgesichert ist, können Unternehmen das „Arbeitsklima“ verbessern und das durchschnittliche Arbeitsengagement fördern, indem sie einen über den Reservationslohn hinausgehenden Zuschlag zahlen. *Fair-Wage*-Ansätze betonen hingegen die Bedeutung einer aus Sicht der Belegschaft „angemessenen“ Entlohnung für den Arbeitseifer der Beschäftigten.

Zusammenfassend lassen sich Anreizlöhne also im wesentlichen auf Informationsasymmetrien, Transaktionskosten sowie auf bestimmte soziale Normen der Beschäftigten zurückführen. Effizienzlohnmodelle basieren

---

[89] Einen Überblick bieten die Arbeiten von Yellen (1984), Stiglitz (1986) und Phelps (1994).

dabei auf der Annahme, daß weder Arbeiter noch Unternehmer Verhandlungsmacht besitzen. Tatsächlich verfügen jedoch beide Seiten über strategische Möglichkeiten, die Arbeitskonditionen in ihrem Sinne zu beeinflussen. Während die Verhandlungsmacht eines Beschäftigten (bzw. seiner gewerkschaftlichen Vertreter) darauf zurückzuführen ist, daß Arbeiter nicht unmittelbar und kostenlos durch gleichqualifizierte ersetzt werden können, profitiert umgekehrt ein Unternehmer (bzw. seine Arbeitgebervertretung) von den potentiellen Friktionskosten, die ein Beschäftigter im Fall seiner Entlassung zu tragen hat. Folgerichtig erklären *Matching-Modelle* (Diamond, 1982; Pissarides, 1990; Saint-Paul, 1996) die Lohnbildung als Ergebnis bilateraler Verhandlungen zwischen Arbeitnehmern und Arbeitgebern.

Blanchard und Katz (1997) geben einen kurzen Überblick über die wesentlichen Erkenntnisse dieses Ansatzes. Demnach lassen sich erstens die Auswirkungen veränderter konjunktureller Rahmenbedingungen auf den Arbeitsmarkt abbilden. So erhöht z.B. ein rezessionsbedingter Rückgang der Einstellungsquote die Suchkosten Arbeitsloser und verschlechtert damit zugleich die Verhandlungsposition der Arbeitsanbieter. Umgekehrt mag unter sehr günstigen Arbeitsmarktbedingungen ein weit über der Produktivität liegender Lohn beobachtbar sein. Ein ganz ähnlicher Zusammenhang existiert allerdings auch in unserem voranstehenden Modell. Dort geht von einem exogenen Anstieg der Arbeitslosenquote (z.B. infolge exogener Zuwanderung) eine implizite Drohung aus, die sich in einem erhöhten Arbeitsengagement niederschlägt und Unternehmen zu einer entgegengerichteten Lohnkorrektur veranlaßt.

Zweitens lassen sich die Einflüsse einer sinkenden durchschnittlichen Verweildauer der Beschäftigten im Unternehmen sowie einer Zunahme gesetzlicher Reglementierungen auf die privaten Lohnverhandlungen erklären. Eine Zunahme der Fluktuation reduziert die Wahrscheinlichkeit für eine längerfristige Arbeitslosigkeit und stärkt damit die Verhandlungsposition der Arbeitsanbieter. Kündigungsschutzvorschriften hingegen schränken den Lohndruck Arbeitsloser auf die etablierte Belegschaft ein. Unternehmen werden gezwungen Arbeiter weiterzubeschäftigen, die sie bei freier Disposition entlassen würden. Da geringer qualifizierte Arbeiter nicht beliebig durch höher qualifizierte ersetzt werden können, senken solche Restriktionen auch die durchschnittliche Produktivität der Beschäftigten.

Kompetitive Ansätze und Modelle mit einem *dualen Arbeitsmarkt* basieren auf der Beobachtung besonders nachteiliger Marktbedingungen für gering qualifizierte Arbeiter. Effizienzlohnaspekte besitzen hier kaum Relevanz, weil Tätigkeiten zumeist aus Routine bestehen und Qualitätsanforderungen zu vernachlässigen sind. Auch Verhandlungsmacht ist nicht vorhanden, da schlecht ausgebildete Arbeiter leicht substituiert werden können. Die geringen Löhne in diesem Segment begünstigen daher freiwillige Arbeitslosigkeit. Dementsprechend ist auch die Quote der „Nichtbeschäftigung“ im unteren Einkommensbereich eine treffendere Bezugsgröße zur Beschreibung der Arbeitsmarktsituation als die Arbeitslosenquote.

6.5 Arbeitsmärkte in der EU

Entwicklung der Arbeitslosigkeit

Mit der voranstehenden Auswahl haben wir uns auf ausgesuchte Modelle zur Erklärung „natürlicher“ Arbeitslosigkeit (Friedman, 1968; Phelps, 1968) konzentriert.[90] Die Grundannahme der *Natural-Rate*-Hypothese, einer langfristig von monetären Größen unabhängigen Arbeitslosigkeit, mag insbesondere im Hinblick auf die jüngere Entwicklung in Europa gerechtfertigt erscheinen. Trotz rückläufiger Inflationsraten Ende der

[90] Vgl. hierzu Friedmans umfangreiche Definition, zitiert bei Blanchard und Katz (1997): „The natural rate of unemployment is the level which would be ground out by the Walrasian system of general equilibrium equations, provided that there is imbedded in them the actual structural characteristics of the labor and commodity markets, including market imperfections, stochastic variability in demands and supplies, the cost of gathering information about job vacancies and labor availabilities, the costs of mobility, and so on.“

80er und zu Beginn der 90er Jahre – unter anderem erklärbar durch die Konvergenzbemühungen der Mitgliedstaaten im Hinblick auf die EU-Währungsunion – war dort ein deutlicher Anstieg der Arbeitslosigkeit zu verzeichnen.

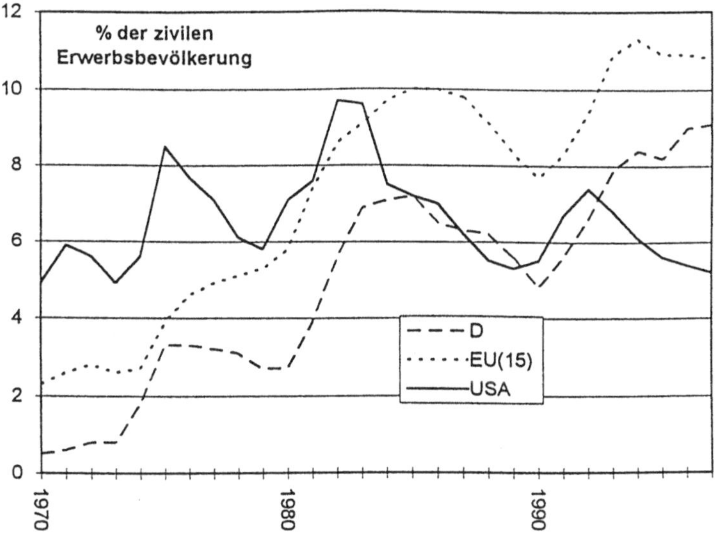

Quelle: EU-Kommission (1998b).

Abb. 6.2: Entwicklung der Arbeitslosigkeit

Historisch betrachtet, ist das heutige Niveau ein Ergebnis schubweiser Veränderungen während der letzten drei Dekaden. Wie Abbildung 6.2 zeigt, kam es Mitte der 70er, zu Beginn der 80er und in den frühen 90er Jahren jeweils zu starken Ausschlägen der Arbeitslosenquoten in Europa, die in der Folgezeit nicht wieder abgebaut werden konnten. Die erste Anstiegswelle und der Übergang zur zweiten werden im allgemeinen auf die Ölpreisschocks und die Abschwächung des Produktivitätswachstums im Verlauf der 70er Jahre zurückgeführt.[91] Beide Entwicklungen betrafen

[91] Das durchschnittlich 5%ige jährliche Wachstum der Arbeitsproduktivität in den

die USA in gleichem Maße. Auch dort erhöhten sich die Energiepreise, und das Produktivitätswachstum verlangsamte sich – eine derartige Kumulation blieb allerdings aus. Stattdessen sind in den USA alternierende Phasen steigender und sinkender Arbeitslosigkeit zu beobachten, die regelmäßig in einer Rückkehr zum Ausgangsniveau, d.h. in einem Korridor um etwa 5,5% herum, münden. Exogene Einflußfaktoren dürften daher einen lediglich geringen Erklärungsgehalt für das spezifisch europäische Beschäftigungsproblem besitzen.

Institutionelle Rahmenbedingungen

Auffällig sind hingegen die unterschiedlichen Entwicklungen der institutionellen Rahmenbedingungen in Europa und den USA. Im Zuge der Expansion des Wohlfahrtsstaates wurden die europäischen Arbeitsmärkte in den letzten drei Jahrzehnten durch eine beträchtliche Zunahme staatlicher Regulierungen geprägt. Jüngere Beiträge betonen insbesondere die nachteiligen Wirkungen der vergleichsweise geringen Lohn- und Beschäftigungsflexibilität, des hohen Organisationsgrades von Arbeitnehmern und Arbeitgebern, der umfangreichen steuerlichen Belastungen des Faktors Arbeit und der verminderten Arbeitsanreize infolge großzügiger Lohnersatzleistungen (Lindbeck, 1997; Siebert, 1997; Knappe, 1997; Nickell, 1997, 1998). Damit bestätigen sie die Auffassung der vielzitierten OECD *Jobs Study* (1994), die für jene Länder, welche das zunehmend bedeutsame Anpassungsvermögen der Unternehmen durch Arbeitsmarktregulierungen einschränken, eine Zementierung ihrer Arbeitsmarktprobleme prognostiziert.

Siebert (1997) führt den großen Einfluß institutioneller Veränderungen im wesentlichen auf drei Wirkungsmechanismen zurück. Staatliche Restriktionen schwächen erstens die Nachfrage nach Arbeit, weil sie die expliziten Kosten des Arbeitseinsatzes erhöhen (zunehmende steuerliche Belastungen) und/oder den Schattenpreis der Arbeit nach oben

europäischen OECD-Ländern während der 60er und frühen 70er Jahre reduzierte sich in den 80er und 90er Jahren auf etwa 2% (OECD, 1996b).

treiben (extensive Kündigungsschutzregelungen). Sie verzerren zweitens das Arbeitsangebot (sozialversicherungsbedingter Anstieg der Reservationslöhne). Drittens vermindern oder beseitigen Eingriffe in die Preisbildung die Ausgleichsfunktion des Arbeitsmarktes (kollektive Lohnverhandlungen).

Alle genannten Einflußfaktoren sind empirisch abgesichert. Laut OECD (1994) mündet beispielsweise eine 1%ige Senkung der Arbeitskosten in einem durchschnittlich rund 1%igen Anstieg der langfristigen Arbeitsnachfrage. Umgekehrt entfalten hohe Lohnnebenkosten eine deutlich negative Beschäftigungswirkung. Hier gibt es zwar keine auffälligen Unterschiede zwischen den USA und Europa. Bemerkenswert ist allerdings die etwa doppelt so hohe Anpassungsgeschwindigkeit in den USA, was auf eine wesentlich höhere Beschäftigungsflexibilität schließen läßt. Hinsichtlich der Lohnflexibilität ist unbestritten, daß Länder, die einer freien Lohnbildung im unteren Einkommensbereich durch Mindestlohnregelungen entgegenwirken, eine besonders geringe Beschäftigung in diesem Marktsegment aufweisen (OECD, 1996c).[92]

Ähnliche Effekte gehen von einer hohen Lohnersatzquote – dem relativen Transfereinkommen eines Arbeitslosen gemessen an seinem Lohneinkommen – aus. In einer Studie mit 20 OECD-Ländern (Bezugsjahre 1983-1994) schätzt Nickell (1998) eine etwa 25%ige Zunahme der Arbeitslosigkeit infolge einer Anhebung der Lohnersatzquote um 10% (bei einjähriger Leistungsdauer). Ausschlaggebend mag hierbei die anreizmindernde Wirkung einer sozialversicherungsbedingt hohen Grenzbelastung der Arbeitsaufnahme sein, die z.B. laut Modellrechnung für Deutschland im Einkommensbereich unter 2.300 DM/Monat zwischen 50% und 100% liegt (Deutsche Bundesbank, 1996).

---

[92]Machin und Manning (1997) bestreiten einen signifikant negativen Einfluß von Mindestlöhnen auf die Beschäftigung und betonen die größere empirische Relevanz der Verteilungswirkung. Aufgrund der Heterogenität der gesetzlichen Regelungen in den vier von ihnen untersuchten EU-Ländern (Frankreich, die Niederlande, Spanien, Großbritannien) muß die Repräsentativität ihrer Ergebnisse jedoch bezweifelt werden.

Ein weiterer negativer Einfluß mag von der Höhe des gewerkschaftlichen Organisationsgrades ausgehen. Hier rechnet Nickell (1998) mit einer bis zu 60% höheren Arbeitslosigkeit aufgrund eines um 10% gestiegenen Anteils der Gewerkschaftsmitglieder an der Gesamtheit der Lohnempfänger. Dieser Effekt wird allerdings abgeschwächt, wenn Arbeitgeber und Gewerkschaften ihre Lohnverhandlungen jeweils stark koordinieren. Abgestimmtes Verhalten diszipliniert die Partikularinteressen und stärkt die Verhandlungspositionen *beider* Seiten.

EU und USA – ein Vergleich

Die folgende Tabelle 6.1 faßt nun einige Charakteristika europäischer Arbeitsmärkte zusammen und vergleicht diese mit US-amerikanischen Verhältnissen. Es wird deutlich, daß Unternehmen in den USA mit einer größeren beschäftigungsrelevanten Dispositionsfreiheit ausgestattet sind (liberaler Kündigungsschutz), und aufgrund des geringen gewerkschaftlichen Organisationsgrades kommt der freien Lohnbildung eine stärkere Bedeutung zu als in den meisten EU-Ländern. Hier mag eine Ursache für die höhere Anpassungsflexibilität in den USA liegen.

Darüber hinaus begünstigt die geringe Dauer und vergleichsweise mäßige Höhe von Lohnersatzleistungen für Arbeitslose in den USA (Vergleichsausnahmen: Italien, Großbritannien, Irland, Österreich) die schnelle Wiederaufnahme einer Beschäftigung. Tatsächlich sind in Europa 40-50% der Arbeitslosen ein Jahr oder länger ohne Beschäftigung – gegenüber einem Anteil von nur etwa 10% ihrer US-amerikanischen Pendants (OECD, 1994).

Die bessere *Performance* des US-Arbeitsmarktes schlägt sich nicht nur in einer niedrigeren Arbeitslosigkeit, sondern auch in einer gemessen am EU-Durchschnitt höheren Beschäftigungsquote nieder. Bemerkenswert ist hierbei die gegenläufige Entwicklung auf beiden Kontinenten. Während die Beschäftigungsquote in Europa seit 1970 eine rückläufige Tendenz aufwies, verbuchten die USA im gleichen Zeitraum einen deutlichen Anstieg um beinahe 10% (Siebert, 1997). Neben allgemeinen demographischen Trends mag diese Entwicklung insbesondere durch die anreizmindernden Wirkungen der ausgeprägten sozialen Absicherung in den Wohlfahrtsstaaten der EU begünstigt worden sein.

	A	B	D	DK	E	F	I
Kündigungsschutz[a]	10	11	9	2	13	8	14
Lohnersatzquote[b]	50	60	63	90	70	57	20
Leistungsdauer (Jahre)	2	4	4	2,5	3,5	3	0,5
Gewerkschaftsdichte[c]	46,2	51,2	32,9	71,4	11,0	9,8	38,8
Abgabenlast[d]	22,6	21,5	23,0	0,6	33,2	38,8	40,2
Arbeitslosenquote[e]	3,8	10,0	8,4	8,2	24,1	12,3	11,4
Beschäftigungsquote[f]	67,3	56,1	65,2	75,0	47,5	59,8	54,0
...	IRL	NL	P	UK	S	SF	USA
...	6	4	12	3	7	5	1
...	37	70	65	38	80	63	50
...	4	2	0,8	4	1,2	2	0,5
...	49,7	25,5	31,8	39,1	82,5	72,0	15,6
...	7,1	27,5	14,5	13,8	37,8	25,5	20,9
...	14,3	7,2	7,0	9,6	9,8	18,4	6,1
...	53,2	62,2	69,3	69,6	75,6	67,1	73,1

Für Griechenland und Luxemburg keine Daten verfügbar. a: Modifiziertes Länder-Ranking gemäß OECD (1994) – Regulierungsintensität in aufsteigender Reihenfolge (1 = niedrigster Kündigungsschutz). b: Arbeitslosenunterstützung in % des letzten Beschäftigungseinkommens. c: Gewerkschaftsmitglieder in % aller abhängig Beschäftigten. d: Arbeitskosten in % der Löhne (minus 1). Hierunter fallen auch Arbeitgeberanteile zur Rentenversicherung und andere zurechenbare Zahlungen der Arbeitgeber. e: Arbeitslose in % der zivilen Erwerbsbevölkerung (Eurostat-Definition), 1994. f: Beschäftigte in % der Bevölkerung im erwerbsfähigen Alter, 1994.
Quellen: OECD (1994), OECD (1996c), Nickell (1997), EU-Kommission (1998b).

Tab. 6.1: Arbeitsmärkte in der EU und den USA

Mindestens ebenso gravierend wie die institutionellen Unterschiede zwischen der EU und den USA sind die Divergenzen innerhalb Europas. So haben die südlichen Mitgliedsländer einen wesentlich strengeren Kündigungsschutz als z.B. Dänemark, Großbritannien und die Niederlande, deren gesetzliche Regelungen eher mit denen der USA vergleichbar sind. Auch Lohnersatzleistungen variieren sehr stark. In Italien kann von einer Arbeitslosenversicherung kaum die Rede sein. Dänemark, Schweden, die Niederlande und Spanien hingegen gewähren weitüberdurchschnittliche und/oder besonders langfristige Unterstützungen. Hinsichtlich der beschäftigungsbedingten Abgabenlast der Unternehmen reicht die Bandbreite staatlicher Eingriffe von Dänemark mit unter 1% bis zu über 40% in Italien. Dieses Bild wird allerdings durch die zusätzliche Berücksichtigung von Einkommen- und Verbrauchsteuern etwas relativiert.[93] Gewerkschaften haben in beinahe allen EU-Mitgliedstaaten einen bedeutenden Einfluß auf die Lohnbildung. Zwar streuen die Organisationsgrade recht stark, ebenso entscheidend ist aber die Frage, inwieweit die Ergebnisse der Tarifverhandlungen auch Nichtmitglieder binden. In Frankreich und Spanien z.B. beeinflussen Gewerkschaften die Löhne von über 70% der gesamten Arbeitnehmerschaft, obwohl sie jeweils nur etwa 10% der Beschäftigten vertreten. Eine vergleichbare Abdeckung existiert auch in den übrigen europäischen Ländern mit Ausnahme Großbritanniens, wo eine deutlich geringere tarifvertragliche Bindung vorherrscht.

Die Bedeutung von Arbeitsmarktrigiditäten für die Nachhaltigkeit des europäischen Beschäftigungsproblems erscheint kaum fraglich. Eine Beurteilung dieser Entwicklung hingegen ist außerordentlich schwierig. Zum einen ist der Erklärungsgehalt der einzelnen Einflußfaktoren wie z.B. der Gewerkschaftsmacht oder der Höhe von Lohnersatzleistungen kaum zu quantifizieren. Zum anderen ist selbst eine qualitative Aussage über die gesellschaftlichen Kosten der Arbeitslosigkeit immer abhängig von den zugrundeliegenden Normen. So mag im voranstehenden Effizienzlohnmodell eine über der „natürlichen“ Rate liegende Arbeitslosigkeit unter Effizienzgesichtspunkten durchaus erwünscht sein: Ausgehend von einer *Laissez-Faire*-Situation führt zwar die Einführung einer durch beschäftigungsabhängige Steuern finanzierten Sozialversicherung zu einem An-

[93] Vgl. hierzu die Darstellungen in Nickell (1997) und (1998).

stieg der Arbeitslosigkeit, diesem negativen Effekt müssen aber die nutzenspendende Wirkung eines verringerten Lebensrisikos der Arbeitnehmer sowie die disziplinierende Wirkung auf das Arbeitsengagement gegenübergestellt werden. Neben dem Effizienzkriterium sind auch bestimmte gesellschaftliche Gerechtigkeitsvorstellungen zu berücksichtigen: Eine vom Prinzip der Versicherungsäquivalenz abweichende steuerliche Belastung des Faktors Arbeit zur Finanzierung von Umverteilungsmaßnahmen mündet in einer erhöhten Arbeitslosigkeit, und umgekehrt bewirkt eine Reduktion der Lohnnebenkosten – in unserem Modell finanzierbar durch eine verstärkte Besteuerung von Grundbesitzern – eine entsprechende Entlastung des Arbeitsmarktes.

Unterschiedliche gesellschaftliche Präferenzen können sicherlich einen Beitrag zur Erklärung der bedeutenden arbeitsmarktpolitischen Divergenzen in den betrachteten Ländern leisten. Die Verwirklichung einer „gesellschaftlich optimalen" Arbeitslosenquote ist aber theoretisch nur dann möglich, wenn wohlmeinende Regierungen mittels geeigneter Steuern und Transfers beliebig in den Arbeitsmarkt eingreifen können. Diese Bedingung ist in der realen Welt typischerweise verletzt. In Deutschland z.B. mag die Tarifautonomie – ableitbar aus dem in Art. 9 III GG garantierten Grundrecht der Koalitionsfreiheit – einer angestrebten steuerlichen Entlastung des Faktors Arbeit Grenzen auferlegen. Ein weiteres Beispiel ist das persönliche Recht auf Hilfe zum Lebensunterhalt und in besonderen Lebenslagen, d.h. auf Sozialhilfe gemäß Paragraph 4 I Bundessozialhilfegesetz (BSHG), das eine untere Schranke für die Unterstützung Arbeitsloser darstellt. Beide Restriktionen engen den arbeitsmarktpolitischen Handlungsspielraum einer Regierung ein.

Nehmen wir z.B. an, der (beschränkt) optimale Arbeitslosentransfer liege unterhalb des sozialrechtlich garantierten Existenzminimums. Bedingung (6.26) gilt dann mit einem strikten „<"-Zeichen, da eine Senkung der Unterstützungsleistung in dieser Situation einen Wohlfahrtsanstieg induzieren würde. Bezeichne $\Delta_i^\sigma < 0$ die entsprechende Verzerrung auf der rechten Seite von (6.26), so zeigt sich nach Verwendung dieser Bedin-

gung in (6.27) und (6.28), daß die Regierung mit ihrer Beschäftigungspolitik in Richtung einer suboptimal hohen Arbeitslosigkeit abweicht, $\Delta_i^n = -\frac{(1-a_i p_i)p_i}{a_i N_i}\Delta_i^\sigma > 0$. Δ_i^n bezeichne hierbei die Differenz zwischen dem marginalen sozialen Nettobeitrag eines Beschäftigten und eines Arbeitslosen. Eine ineffizient hohe Arbeitslosigkeit senkt den Erwartungsnutzen der Arbeiter und wirkt so dem unerwünschten Verteilungseffekt zu hoher Lohnersatzleistungen entgegen. Ganz analog verlangen auch tariflich ausgehandelte Löhne oberhalb des zweitbesten Niveaus eine restriktivere Beschäftigungspolitik der Regierung.
Neben der eingeschränkten Wirksamkeit arbeitsmarktpolitischer Maßnahmen mag auch die Öffnung der Grenzen die Handlungsmöglichkeiten einer Regierung begrenzen. Wie wir wissen, mündet dezentrale Umverteilungspolitik in einer sozial zu geringen Unterstützung armer Haushalte, weil die externen fiskalischen Wirkungen im Kalkül regionaler Entscheidungsträger keine Rolle spielen. Fraglich ist nun, ob diese Argumentation auf die Arbeitsmarktpolitik übertragbar ist, wenn Zuwanderer gemäß Art. 51 EGV an den sozialversicherungsrechtlichen Leistungen ihres Gastlandes partizipieren. Kann Mobilität als theoretische Erklärung für eine sozial zu hohe Arbeitslosigkeit dienen?

6.6 Anhang

Dieser Anhang leitet die in Ergebnis 6.1 beschriebenen Arbeitsmarkteffekte her und zeigt anhand der Bedingungen erster Ordnung für das Problem (6.25), daß die Regierung in Autarkie ein beschränktes soziales Optimum verwirklicht.

Arbeitsmarkteffekte
Die Arbeitsmarkteffekte $\frac{\partial n_i^B}{\partial *_i}$ und $\frac{\partial w_i}{\partial *_i}$, $* \in \{\sigma^A, t^w, \theta^n, N\}$, ergeben sich nach Differentiation von (6.22) und (6.23). In Matrix-Form erhält man:

$$\begin{pmatrix} e_i^2 F_{EE}^i - \frac{e_a^i}{N_i}(F_E^i + E_i F_{EE}^i) & E_i F_{EE}^i e_w^i \\ \frac{e_a^i}{N_i} F_E^i e_w^i & e_i F_E^i e_{ww}^i \end{pmatrix} \begin{pmatrix} dn_i^B \\ dw_i \end{pmatrix} =$$

$$= \begin{pmatrix} -(F_E^i + E_i F_{EE}^i) e_\sigma^i & w_i & 1 & -\frac{n_i^B}{N_i^2} e_a^i (F_E^i + E_i F_{EE}^i) \\ F_E^i e_w^i e_\sigma^i & -(w_i e_w^i - e_i) & -e_w^i & \frac{n_i^B}{N_i^2} e_a^i F_E^i e_w^i \end{pmatrix} \begin{pmatrix} d\sigma_i^A \\ dt_i^w \\ d\theta_i^n \\ dN_i \end{pmatrix}. \tag{A.6.1}$$

Sei G die Matrix auf der linken Seite von (A.6.1). Dann folgt:

$$|G| = e_i F_E^i \left(e_i^2 F_{EE}^i e_{ww}^i - \frac{e_a^i}{N_i} \left[e_{ww}^i (F_E^i + E_i F_{EE}^i) + n_i^B (e_w^i)^2 F_{EE}^i \right] \right) > 0, \tag{A.6.2}$$

falls $F_{EE}^i \frac{E_i}{F_E^i} > -1$, wovon wir im weiteren ausgehen wollen.

Wir definieren $g \equiv \frac{e_i F_E^i}{|G|} > 0$. Mit Hilfe der Cramerschen Regel ergeben sich dann die folgenden Arbeitsmarkteffekte:

$$\frac{\partial n_i^B}{\partial \sigma_i^A} = -g e_\sigma^i \left[e_{ww}^i (F_E^i + E_i F_{EE}^i) + n_i^B (e_w^i)^2 F_{EE}^i \right] < 0, \tag{A.6.3}$$

$$\frac{\partial w_i}{\partial \sigma_i^A} = g e_i F_{EE}^i e_w^i e_\sigma^i > 0, \tag{A.6.4}$$

$$\frac{\partial n_i^B}{\partial t_i^w} = g \left[w_i e_{ww}^i - \frac{\theta_i^n}{(1+t_i^w)^2} n_i^B (e_w^i)^2 F_{EE}^i \right] \gtrless 0, \tag{A.6.5}$$

$$\frac{\partial w_i}{\partial t_i^w} = -g \frac{e_w^i}{e_i} \left[\frac{e_a^i}{N_i} w_i + \frac{\theta_i^n}{(1+t_i^w)^2} \left(\frac{e_a^i}{N_i} [F_E^i + F_{EE}^i] - e_i^2 F_{EE}^i \right) \right] \gtrless 0, \tag{A.6.6}$$

$$\frac{\partial n_i^D}{\partial \theta_i^n} = g \left[e_{ww}^i + n_i^B (e_w^i)^2 \frac{F_{EE}^i}{F_E^i} \right] < 0, \tag{A.6.7}$$

$$\frac{\partial w_i}{\partial \theta_i^n} = -g e_w^i \frac{F_{EE}^i}{F_E^i} \left[e_i - \frac{n_i^B}{N_i} e_a^i \right] > 0, \tag{A.6.8}$$

$$\frac{\partial n_i^B}{\partial N_i} = -g\frac{n_i^B}{N_i^2}e_a^i\left[e_{ww}^i(F_E^i + E_iF_{EE}^i) + n_i^B(e_w^i)^2F_{EE}^i\right] > 0, \tag{A.6.9}$$

$$\frac{\partial w_i}{\partial N_i} = g\frac{n_i^B}{N_i^2}e_a^i e_i F_{EE}^i e_w^i < 0. \tag{A.6.10}$$

Zum positiven Vorzeichen von (A.6.8) beachte man unsere in Fußnote 82 getroffene Annahme.

Aus (A.6.9) ist ersichtlich, daß der zuwanderungsinduzierte Beschäftigungsanstieg lediglich unterproportional ist,

$$\frac{\partial a_i}{\partial N_i} = -\frac{\partial(\frac{n_i^B}{N_i})}{\partial N_i} = \frac{n_i^B - N_i\frac{\partial n_i^B}{\partial N_i}}{N_i^2} = g\frac{n_i^B}{N_i^2}e_i^2F_{EE}^i e_{ww}^i > 0, \tag{A.6.11}$$

d.h. die Arbeitslosenquote steigt.

Bedingungen erster Ordnung

Die Bedingungen erster Ordnung für ein Wohlfahrtsmaximum in (6.22) lauten:

$$\frac{dW^i}{d\sigma_i^A}: \left(F_E^i\left[e_i - (1-a_i)e_a^i\right] - w_i + \sigma_i^A + \frac{(1-a_ip_i)p_i}{a_iN_i}\frac{W_\xi^i}{W_y^i}\right)\frac{\partial n_i^B}{\partial \sigma_i^A} - n_i^A$$
$$+\left(n_i^B(F_E^ie_w^i - 1) + 2(1-a_ip_i)e_w^i\frac{W_\xi^i}{W_y^i}\right)\frac{\partial w_i}{\partial \sigma_i^A} + n_i^BF_E^ie_\sigma^i - 2a_ip_ie_\sigma^i\frac{W_\xi^i}{W_y^i} = 0, \tag{A.6.12}$$

$$\frac{dW^i}{d*_i}: \left(F_E^i\left[e_i - (1-a_i)e_a^i\right] - w_i + \sigma_i^A + \frac{(1-a_ip_i)p_i}{a_iN_i}\frac{W_\xi^i}{W_y^i}\right)\frac{\partial n_i^B}{\partial *_i}$$
$$+\left(n_i^B(F_E^ie_w^i - 1) + 2(1-a_ip_i)e_w^i\frac{W_\xi^i}{W_y^i}\right)\frac{\partial w_i}{\partial *_i} = 0, \tag{A.6.13}$$

mit $* \in \{t^W, \theta^n\}$.

Die Politikregeln (6.26) – (6.28) folgen nun unmittelbar aus (A.6.12) und (A.6.13) sowie Beachtung von (6.5), vorausgesetzt, die Determinante der Matrix

$$C \equiv \begin{pmatrix} \frac{\partial n_i^B}{\partial t_i^w} & \frac{\partial w_i}{\partial t_i^w} \\ \frac{\partial n_i^B}{\partial \theta_i^n} & \frac{\partial w_i}{\partial \theta_i^n} \end{pmatrix} \tag{A.6.14}$$

ist ungleich Null, $|C| \neq 0$.
Dies bestätigt sich nach Einsetzen von (A.6.5) - (A.6.8) in (A.6.14):

$$|C| = -\frac{e_i}{|G|} < 0. \tag{A.6.15}$$

7 Dezentrale Arbeitsmarktpolitik

In diesem letzten Kapitel der theoretischen Analyse untersuchen wir Effizienz- und Wohlfahrtswirkungen dezentraler Arbeitsmarktpolitik. Wir stellen dabei zwei Szenarien vergleichend gegenüber. Das erste Szenario bildet eine um Effizienzlohnarbeitslosigkeit erweiterte Version des in Kapitel 6 diskutierten Umverteilungsmodells mit mobilen Haushalten. Im zweiten Szenario sind beide Haushaltsgruppen vollkommen immobil. Stattdessen konkurrieren Regionen um mobiles Kapital als Steuerbasis zur Finanzierung ihrer Sozialpolitik. Während das dezentrale Gleichgewicht bei mobilen Haushalten durch eine (beschränkt) effiziente Arbeitsmarktpolitik gekennzeichnet ist, mündet Kapitalsteuerwettbewerb in einer ineffizienten Sozialversicherungs- und Beschäftigungspolitik. In beiden Szenarien sind mittels koordinierter Politikmaßnahmen Wohlfahrtsgewinne erzielbar.

Die gemeinsame Bekämpfung der hohen Arbeitslosigkeit ist ein wesentlicher Schwerpunkt in der aktuellen europäischen Integrationsdebatte. Dies verdeutlichen die durch den Amsterdamer Beschluß vom Juni 1997 verfügten Änderungen des EG-Vertrages. Hervorzuheben sind die Verankerung eines hohen Beschäftigungsniveaus als Ziel in Art. 2 EGV und die Förderung der Koordinierung einzelstaatlicher Beschäftigungsmaßnahmen zur Verstärkung ihrer Wirksamkeit in Art. 3 I i EGV. Mit der Einführung eines gesonderten Beschäftigungskapitels – festgeschrieben in Art. 109 n-s EGV – erhält die Beschäftigungspolitik sogar den Status einer „Angelegenheit von gemeinsamem Interesse“. Aufgrund dieser Neuerungen hat sich die EU-Kommission (1997) unter dem Titel „Eine Beschäftigungsagenda für das Jahr 2000“ mit den arbeitsmarktpolitischen Problemen in der EU auseinandergesetzt. Ihre Lösungsansätze konzentrieren sich auf makroökonomische Stabilität und Strukturreformen. Darüber hinaus betont die EU-Kommission aber auch die Bedeutung einer ausgewogenen Regionalentwicklung als Mittel zur Verhinderung einer übermäßig starken Migration von Arbeitskräften infolge von Arbeitsplatzmangel.

Inwieweit eine solche regionalpolitische Zielsetzung und die Förderung aufeinander abgestimmter Maßnahmen allokationstheoretisch gerechtfertigt werden können, ist fraglich. Da Regierungen bei geschlossenen Grenzen eine (beschränkt) sozial optimale Politik betreiben, mag die Beantwortung dieser Frage von den Wirkungen erwarteter Wanderungsbewegungen abhängen.

Wanderung ist durch Unsicherheit gekennzeichnet, denn Haushalte wissen in der Regel nicht, ob sie an ihrem neuen Wohnort einen Arbeitsplatz bekommen (und diesen auch behalten). Rationale Wanderungsentscheidungen basieren daher auf dem alternativ erzielbaren Erwartungsnutzen, d.h. sie orientieren sich an der Höhe der Löhne, der Lohnersatzleistungen und der Arbeitslosigkeit. Gleichzeitig löst Migration Budgeteffekte aus. Findet der Zuwanderer eine Beschäftigung, so steigt das Nettoaufkommen aus der Besteuerung des Faktors Arbeit, und wird er später arbeitslos, so bezieht er eine staatliche Unterstützungsleistung. Fiskalische Externalitäten treten also immer dann auf, wenn der *erwartete* Nettobeitrag eines Zuwanderers ungleich Null ist. Nur in diesem Fall wird das Äquivalenzprinzip durchbrochen, und andere Haushaltsgruppen – in unserem Modell die vollbeschäftigten Grundbesitzer – werden zur Finanzierung der regionalen Arbeitsmarktpolitik herangezogen. Die Qualität dezentraler Entscheidungen ist folglich unabhängig davon, ob es durch die Sozialversicherung *ex post* zu einer Umverteilung zwischen Beschäftigten und Arbeitslosen kommt. Ausschlaggebend für das Auftreten adverser Effekte ist lediglich die *ex-ante*-Position mobiler Haushalte.

Beiträge von Lejour und Verbon (1994) und Sinn (1997a) bestätigen diese Argumentation. Im Gegensatz zur wohlfahrtstheoretischen Rechtfertigung für (*ex-ante*-)Umverteilung im vorliegenden Modell, konzentriert sich Sinn allerdings auf das Effizienzkriterium. Er zeigt, daß eine redistributive Staatstätigkeit, die bei geschlossenen Grenzen mit adverser Selektion auf dem privaten Versicherungsmarkt gegen Einkommensausfälle begründet werden kann, bei offenen Grenzen mit eben diesem Marktversagen behaftet ist: Während sich gute Risiken nach Bekanntwerden ihres Leistungsvermögens in einem Land mit geringem Sozialversicherungsniveau niederlassen, streben schlechte Risiken einen Wohnort mit möglichst hoher Absicherung an. Freie Wanderung ist daher gleichbedeutend mit „Systemwettbewerb“ – also mit der Wiedereinführung des Marktmechanismus „durch die Hintertür“. Ein ähnliches Bild ergibt sich auch im politökonomischen Ansatz von Lejour und Verbon, wenn nur die schlechten Risiken mobil sind: Um Zuwanderung zu begrenzen, reduzieren die Integrationsländer ihre Sozialbeiträge und -leistungen. Bei Mobilität guter Risiken hingegen gibt es keinen eindeutigen Integrationseffekt auf die Sozialbeiträge: Zum einen senkt Zuwanderung den Preis der Sozialversicherung, da der Anteil guter Risiken steigt, zum anderen wirkt sich der resultierende Lohnrückgang negativ auf den Erwartungsnutzen bereits ansässiger Haushalte aus, wodurch eine Internalisierung mittels höherer Beiträge erforderlich wird.

Die geringen internationalen Mobilitätsraten in Europa geben häufig Anlaß zur Vermutung, einer sozialpolitischen Dezentralisierung stünde auch zukünftig nichts im Wege. Diese Feststellung trifft jedoch selbst bei vollkommener Immobilität im allgemeinen nicht zu, wenn nationale Arbeitsmärkte unvollkommen sind und Regierungen aus institutionellen Gründen auf eine (quellen-)steuerliche Belastung mobilen Kapitals zurückgreifen müssen. Bei staatlichen Eingriffen in den Arbeitsmarkt sind dann die negativen Wirkungen einer Erosion dieser Steuerbasis zu berücksichtigen. Kapitalabwanderung kann aber durch eine höhere Nettorendite – hervorgerufen durch eine entsprechend höhere Kapitalproduktivität – verhindert werden. Sind Kapital und Arbeit komplementäre Faktoren, so mögen Regierungen daher Anreize besitzen, ineffizient geringe Unterstützungsleistungen zu gewähren, um ein höheres Arbeitsengagement der Beschäftigten zu fördern und damit eine höhere Produktivität des eingesetzten Kapitals zu realisieren.

Auch Lejour und Verbon (1996) kommen zu dem Ergebnis, daß ein integrierter Kapitalmarkt die beteiligten Länder dazu veranlaßt, ihre Sozialbeiträge zu reduzieren, um Kapitalabwanderung zu vermeiden. In ihrem Modell werden Sozialleistungen zwar ausschließlich durch Lohnsteuern finanziert, im Rahmen dezentraler Lohnverhandlungen gelingt es aber den Gewerkschaften, einen Teil der Beitragslast in Form höherer Löhne auf die Unternehmen zu überwälzen. Da somit der Nettoertrag des eingesetzten Kapitals sinkt, wirkt dieser Mechanismus wie eine indirekte Quellensteuer auf Kapital. Die Begründung für ein Versagen dezentraler Arbeitsmarktpolitik ist daher vollkommen analog zur vorherrschenden Argumentation in der Steuerwettbewerbsliteratur, die eine ineffizient geringe Kapitalbesteuerung auf unabgestimmtes Verhalten der Integrationsländer zurückführt (siehe z.B. Bucovetsky und Wilson, 1991).

Die theoretische Analyse beginnt in Abschnitt 7.1 mit der Wiedereinführung von Haushaltsmobilität. Unterabschnitt 7.1.1 beschreibt zunächst die effiziente interregionale Allokation bei Arbeitslosigkeit, 7.1.2 charakterisiert das dezentrale Gleichgewicht und 7.1.3 zeigt, wie Regionen ihre Politikmaßnahmen koordinieren müssen, um ein (beschränktes) soziales Optimum zu gewährleisten. Abschnitt 7.2 ist identisch strukturiert. In Unterabschnitt 7.2.1 modifizieren wir das bestehende Modell und erläutern die effiziente interregionale Kapitalallokation, 7.2.2 beschäftigt sich mit Sozialpolitik bei Kapitalsteuerwettbewerb und 7.2.3 erklärt die erforderlichen Koordinierungsaktivitäten der Regionen. Abschnitt 7.3 schließlich dient als mathematischer Anhang.

7.1 Haushaltsmobilität

Haushalte

Wir öffnen die Grenzen der autarken Region i und betrachten wie bisher einen Integrationsraum mit zwei Regionen, $i = 1, 2$. Gegenüber der Autarkie-Situation sind nun zwei zusätzliche Restriktionen zu beachten. Erstens muß die Gesamtzahl aller Arbeiter in der Föderation der Summe der Arbeiter in beiden Gebietskörperschaften entsprechen,

$$N = \sum_{i=1,2} N_i. \tag{7.1}$$

Zweitens können Arbeiter frei wählen, in welcher Region sie leben möchten. Wanderungskosten sollen dabei keine Rolle mehr spielen. Da Migrationsentscheidungen unter Unsicherheit getroffen werden, ist das Arbitragegleichgewicht durch identische Erwartungsnutzen gekennzeichnet, $\xi_1 = \xi_2$. Gemäß (6.6) gilt dann im Haushaltsoptimum der Arbeiter:

$$u(w_1) + a_1(p_1)^2 = u(w_2) + a_2(p_2)^2. \tag{7.2}$$

Unterschiedliche Arbeitslosentransfers, Löhne und Arbeitslosenquoten sind also durchaus mit einem Migrationsgleichgewicht vereinbar. Werden z.B. in Region 1 höhere Löhne gezahlt und existiert dort eine höhere Arbeitslosigkeit – beide Größen senken die Entlassungswahrscheinlichkeit $p_i = 1 - e_i(w_i, \sigma_i^A, a_i)$ –, so kann diese Situation nur dann ein Gleichgewicht sein, wenn 2 eine entsprechend umfangreichere Absicherung gegen Arbeitslosigkeit bietet.

Produktion
Auch die Erreichbarkeitsbedingung (6.7) ist zu modifizieren, wenn wir unterstellen, daß die in einer Region produzierten Güter an einem beliebigen Ort in der Föderation von einer beliebigen Haushaltsgruppe konsumiert werden können,

$$\sum_{i=1,2} F^i(L_i, E_i) = \sum_{i=1,2} (n_i^A \sigma_i^A + n_i^B w_i + y_i). \tag{7.3}$$

Beschränktes soziales Optimum

Problem des Zentralplaners
Die Menge aller zulässigen Allokationen wird nun durch die Restriktionen (6.2), (6.6) sowie (7.1) – (7.3) gekennzeichnet. Der Zentralplaner maximiere die ungewichtete Summe der Wohlfahrt in beiden Regionen. Sein

formales Kalkül lautet dann:

$$\max_{\{\sigma_i^A, w_i, y_i, n_i^A, n_i^B, N_i\}} \sum_{i=1,2} W^i \left(u(w_i) + \frac{n_i^A}{N_i}(1-e_i)^2,\ y_i \right), \tag{7.4}$$

unter den Nebenbedingungen (6.2) $[\phi_i]$, (7.1) $[\beta]$, (7.2) $[\alpha]$ und (7.3) $[\lambda]$. Die Nebenbedingung (6.6) wurde dabei bereits in (7.4) eingesetzt.

Notwendige Bedingungen

Notwendige Bedingungen für ein Maximum der Wohlfahrt in der Föderation sind die oben genannten Restriktionen sowie die Marginalbedingungen

$$(\sigma_i^A): \quad -(W_\xi^i + \alpha_i) 2 a_i p_i e_\sigma^i + \lambda (n_i^B F_E^i e_\sigma^i - n_i^A) = 0, \tag{7.5}$$

$$(w_i): \quad (W_\xi^i + \alpha_i)(u_w^i - 2 a_i p_i e_w^i) + \lambda (n_i^B F_E^i e_w^i - n_i^B) = 0, \tag{7.6}$$

$$(y_i): \quad W_y^i - \lambda = 0, \tag{7.7}$$

$$(n_i^A): \quad (W_\xi^i + \alpha_i) \frac{p_i}{N_i}(p_i - 2 a_i e_a^i) + \lambda \left(\frac{n_i^B}{N_i} F_E^i e_a^i - \sigma_i^A \right) - \phi_i = 0, \tag{7.8}$$

$$(n_i^B): \quad \lambda (e_i F_E^i - w_i) - \phi_i = 0, \tag{7.9}$$

$$(N_i): \quad -(W_\xi^i + \alpha_i) \frac{a_i p_i}{N_i}(p_i - 2 a_i e_a^i) - \lambda a_i \frac{n_i^B}{N_i} F_E^i e_a^i + \phi_i - \beta = 0, \tag{7.10}$$

$i = 1, 2$, wobei die Definitionen $\alpha_1 \equiv \alpha$ und $\alpha_2 \equiv -\alpha$ zu beachten sind.

Beschränkt sozial optimale Allokation

Analog zur Herleitung in Kapitel 6 erhalten wir nun als Bedingungen für ein beschränktes soziales Allokationsoptimum:

$$a_i p_i n_i^B \frac{u_\sigma^i}{u_w^i} = (1 - a_i p_i) n_i^A - n_i^B F_E^i e_\sigma^i, \quad i = 1, 2, \tag{7.11}$$

$$e_i F_E^i - w_i + \frac{(1 - a_i p_i) p_i}{a_i N_i} \left(\frac{n_i^A}{u_\sigma^i} + \frac{n_i^B}{u_w^i} \right) = \frac{n_i^B}{N_i} F_E^i e_a^i - \sigma_i^A, \quad i = 1, 2, \tag{7.12}$$

$$\sum_{i=1,2} MRS^i_{\xi y} = \sum_{i=1,2} \left(\frac{n_i^A}{u_\sigma^i} + \frac{n_i^B}{u_w^i} \right), \tag{7.13}$$

$$(1 - a_1)(e_1 F_E^1 - w_1) - a_1 \sigma_1^A = (1 - a_2)(e_2 F_E^2 - w_2) - a_2 \sigma_2^A. \tag{7.14}$$

Die Gleichungen (7.11) und (7.12) sind die bereits bekannten Bedingungen für eine beschränkt effiziente Arbeitsmarktpolitik *innerhalb* einer Region. Sie determinieren das anzustrebende Sozialversicherungs- und Beschäftigungsniveau.

Bedingung (7.13) charakterisiert eine sozial optimale Umverteilungspolitik in der Föderation. Diese verlangt, daß die Summe der regionalen Grenzzahlungsbereitschaften für den Erwartungsnutzen mobiler Arbeiter mit der Summe der Grenzkosten der Umverteilung, d.h. mit dem erforderlichen Einkommensverzicht aller Grundbesitzer, übereinstimmt.

Bedingung (7.14) schließlich charakterisiert eine effiziente interregionale Verteilung mobiler Arbeiter.[94] Sie wird realisiert, wenn der *erwartete* marginale soziale Nettobeitrag eines Arbeiters in beiden Regionen identisch ist. Mit der Wahrscheinlichkeit $(1 - a_i)$ erhält ein Zuwanderer eine Beschäftigung. Er bewirkt dann einen Nettoressourcenzufluß in Höhe von $(e_i F_E^i - w_i)$. Mit der Wahrscheinlichkeit a_i hingegen wird er arbeitslos und vermindert die regionalen Konsummöglichkeiten um σ_i^A.

Dezentrales Gleichgewicht

Wir untersuchen nun, ob und inwieweit dezentrale Politikentscheidungen der durch (7.11) - (7.14) beschriebenen normativen Grundlage entsprechen. Hierzu analysieren wir ein dezentrales Gleichgewicht. Im dezentralen Gleichgewicht treffen alle Arbeiter nutzenmaximale Arbeitsangebots- und Wohnortentscheidungen, alle Unternehmen betreiben ihre optimale Faktoreinsatz- und Lohnpolitik, beide Regionen maximieren ihre Wohlfahrt, und alle Restriktionen sind erfüllt.

[94]Formal ergibt sich (7.14) nach Multiplikation von (7.8) mit a_i, anschließendem Einsetzen in (7.10), Verwendung von (7.9) für ϕ_i und Auflösen nach $\frac{\beta}{\lambda}$ für beide Regionen.

Wanderungsreaktionen

Parallel zur Vorgehensweise in Kapitel 5 beginnen wir mit der Beschreibung des Migrationsverhaltens der Arbeiter. Bei vollkommener Mobilität muß jede einzelne Regierung berücksichtigen, daß sie mit ihren Politikmaßnahmen die Anzahl der Haushalte in ihrer Gebietskörperschaft beeinflußt. Dies wirkt sich laut Ergebnis 6.1 auf die Löhne und die Arbeitslosigkeit aus. Das arbeitsmarktpolitische Instrumentarium der Region i umfasse weiterhin die Versicherungsleistung σ_i^A, die Lohnsummensteuer t_i^w und die spezielle Faktorsteuer auf Arbeit θ_i^n.[95]

Formal ergeben sich die Wanderungsreaktionen der Politikinstrumente durch entsprechende Differentiation des Wanderungsgleichgewichts (7.2) unter Beachtung der Bevölkerungsrestriktion (7.1):

$$\frac{\partial N_i}{\partial \sigma_i^A} = -\frac{a_i p_i u_\sigma^i + (1-a_i p_i)\left[u_w^i \frac{\partial w_i}{\partial \sigma_i^A} + \frac{p_i}{a_i N_i}\frac{\partial n_i^B}{\partial \sigma_i^A}\right]}{\sum_{h=1,2} \xi_N^h}, \tag{7.15}$$

$$\frac{\partial N_i}{\partial *_i} = -\frac{(1-a_i p_i)\left[u_w^i \frac{\partial w_i}{\partial *_i} + \frac{p_i}{a_i N_i}\frac{\partial n_i^B}{\partial *_i}\right]}{\sum_{h=1,2} \xi_N^h}, \tag{7.16}$$

mit $* \in \{t^w, \theta^n\}$ und

$$\begin{aligned} \xi_N^i &\equiv (1-a_i p_i)\left[u_w^i \frac{\partial w_i}{\partial N_i} + \frac{p_i}{a_i N_i}\left(\frac{\partial n_i^B}{\partial N_i} - \frac{n_i^B}{N_i}\right)\right] \\ &= (1-a_i p_i)\frac{n_i^B}{(a_i N_i)^2}\frac{e_i^2 F_E^i F_{EE}^i\left[(e_w^i)^2 - a_i p_i e_i e_{ww}^i\right]}{|G|} < 0.^{96} \end{aligned} \tag{7.17}$$

[95]Die Steuer auf Grundbesitzer τ_i^L fungiert auch hier als Residuum zur Gewährleistung des Budgetausgleichs. Sie entfaltet daher keine unmittelbaren Wanderungswirkungen.

[96]Zur Berechnung von ξ_N^i verwende man die Beschäftigungsreaktion (A.6.9) und die Lohnreaktion (A.6.10) aus Anhang 6.6. Dort findet sich auch die Definition der Determinante $|G| > 0$. Die negativen Vorzeichen von ξ_N^i, $i = 1, 2$, sichern die Stabilität des Migrationsgleichgewichts.

Problem einer Regionalregierung

Region i maximiert die Wohlfahrtsfunktion $W^i(\xi_i, y_i)$. Landrentenabfluß und freiwillige Transfers wollen wir im weiteren ausschließen, d.h. in jeder Region wird die interne Produktion vollständig durch den Konsum ansässiger Haushalte aufgezehrt. Folglich gilt: $y_i = F^i(L_i, E_i) - n_i^A \sigma_i^A - n_i^B w_i$. Das regionale Politikziel bei offenen Grenzen ist daher identisch mit der Zielfunktion bei Autarkie, beschrieben durch (6.8). Wir unterstellen weiterhin Nash-Verhalten. Als Maximierungsproblem ergibt sich:

$$\max_{\{\sigma_i^A, t_i^w, \theta_i^n\}} \quad W^i\left(u(w_i) + \frac{n_i^A}{N_i}(1-e_i)^2,\ F^i(L_i, e_i n_i^B) - n_i^B w_i - n_i^A \sigma_i^A\right) \tag{7.18}$$

unter Beachtung der Migrationsreaktionen (7.15) und (7.16), des regionalen Arbeitsmarktgleichgewichts (6.22) und (6.23), der Beschäftigungsreaktionen gemäß (6.5) und der regionalen Budgetrestriktion (6.24).

Politikregeln

Die Bedingungen erster Ordnung für die Lösung des Problems (7.18) lassen sich auf die folgenden Politikregeln reduzieren:[97]

$$(\sigma_i^A): \quad a_i p_i MRS_{\xi y}^i - F_E^i e_w^i \frac{n_i^B}{u_w^i} - \frac{n_i^A}{u_\sigma^i} = a_i p_i \frac{y_N^i + MRS_{\xi y}^i \xi_N^i}{\sum_{h=1,2} \xi_N^h}, \tag{7.19}$$

$$(w_i): \quad (1 - a_i p_i) MRS_{\xi y}^i + (F_E^i e_w^i - 1)\frac{n_i^B}{u_w^i} = (1 - a_i p_i) \frac{y_N^i + MRS_{\xi y}^i \xi_N^i}{\sum_{h=1,2} \xi_N^h}, \tag{7.20}$$

$$(n_i^B): \quad \frac{(1 - a_i p_i) p_i}{a_i N_i} MRS_{\zeta y}^i + F_E^i[e_i - (1-a_i) e_\sigma^i] - w_i + \sigma_i^A =$$

$$= (1 - a_i p_i) \frac{p_i}{a_i N_i} \frac{y_N^i + MRS_{\xi y}^i \xi_N^i}{\sum_{h=1,2} \xi_N^h}, \tag{7.21}$$

[97] Die Bedingungen erster Ordnung erhält man unter Verwendung der ersten Ableitungen bei Autarkie, (A.6.12) und (A.6.13), jeweils erweitert um den Term $(y_N^i + \frac{W_\xi^i}{W_y^i} \xi_N^i) \frac{\partial N_i}{\partial *_i}$, $*_i \in \{\sigma^A, t^w, \theta^n\}$, anschließendem Einsetzen von (7.15) und (7.16) für $\frac{\partial N_i}{\partial *_i}$, Zusammenfassen der Terme und Berücksichtigung von $|C| < 0$ gemäß (A.6.14) und (A.6.15).

mit

$$y_N^i \equiv \left(F_E^i[e_i - (1-a_i)e_a^i] - w_i + \sigma_i^A\right)\frac{\partial n_i^B}{\partial N_i} + n_i^B(F_E^i e_w^i - 1)\frac{\partial w_i}{\partial N_i}$$
$$+(1-a_i)^2 F_E^i e_a^i - \sigma_i^A. \tag{7.22}$$

Ein Vergleich von (7.19) - (7.21) mit (6.26) - (6.28) zeigt sofort, daß im dezentralen Gleichgewicht andere Einkommens- und Beschäftigungsniveaus optimal sind als in Autarkie, es sei denn, die Wirkungen der Zuwanderung auf immobile Grundbesitzer und mobile Arbeiter neutralisieren sich gerade, $y_N^i = -MRS_{\xi y}^i \xi_N^i$.
Zur Vereinfachung der Interpretation dieser Regeln setzen wir zunächst (7.19) in (7.20) ein und erhalten als Vorschrift für eine optimale regionale Umverteilungspolitik:

$$MRS_{\xi y}^i = \left(\frac{n_i^A}{u_\sigma^i} + \frac{n_i^B}{u_w^i}\right) + \frac{y_N^i + \xi_N^i\left(\frac{n_i^A}{u_\sigma^i} + \frac{n_i^B}{u_w^i}\right)}{\xi_N^j}, \tag{7.23}$$

$i \neq j$.
Die Erklärung von (7.23) ist analog zum Fall vollkommener Arbeitsmärkte in Kapitel 5 (vgl. auch Wildasin, 1991; Wellisch 1999). Region i stellt ihrer Grenzzahlungsbereitschaft für den Erwartungsnutzen einheimischer Arbeiter die Grenzkosten der Umverteilung gegenüber. Im Gegensatz zur Autarkie löst ein höheres Erwartungsnutzenniveau nun eine Nettozuwanderung in Höhe von $-(\xi_N^j)^{-1}$ aus. Dementsprechend umfassen die Grenzkosten den zuwanderungsbedingten Einkommensverlust einheimischer Grundbesitzer in Höhe von $-y_N^i$ und die (in Einkommenseinheiten ausgedrückte) Erwartungsnutzeneinbuße der Arbeiter $-\xi_N^i$.
Verwendet man (7.23) in (7.20) und (7.21), so erhält man sofort die notwendigen Bedingungen für eine beschränkt effiziente Arbeitslosenversicherung (7.11) und ein beschränkt effizientes Beschäftigungsniveau (7.12). Regionen betreiben also selbst bei vollkommener Haushaltsmobilität eine beschränkt effiziente Arbeitsmarktpolitik.

Auch (7.23) läßt sich weiter vereinfachen. Hierzu verwenden wir (7.17) für ξ_N^i und (7.22) für y_N^i, berücksichtigen die Politikregeln für eine beschränkt effiziente Arbeitsmarktpolitik und beachten die regionale Budgetrestriktion (6.24). Dann folgt:

$$MRS^i_{\xi y} = \left(\frac{n_i^A}{u_\sigma^i} + \frac{n_i^B}{u_w^i}\right) - \frac{a_i\sigma_i^A - (1-a_i)(w_i t_i^w + \theta_i^n)}{\xi_N^j}, \tag{7.24}$$

$i \neq j$.

Zuwanderungsbedingte Grenzkosten existieren also dann und nur dann, wenn der erwartete fiskalische Nettobeitrag eines zusätzlichen Arbeiters negativ ist. Gemäß der regionalen Budgetrestriktion (6.24) entspricht die erwartete Steuerlast der Immigration genau dem Finanzierungsbeitrag immobiler Grundbesitzer pro mobilem Arbeiter, $a_i\sigma_i^A - (1 - a_i)(w_i t_i^w + \theta_i^n) = \frac{\tau_i^L}{N_i}$. Wird die regionale Arbeitsmarktpolitik ausschließlich durch mobile Arbeiter finanziert, $\tau_i^L = 0$, so gibt es auch keine Zusatzlast regionaler Umverteilungspolitik. Folglich ist eine sozial suboptimale Umverteilungssituation wiederum ausschließlich auf *fiskalische Externalitäten* zurückzuführen. Obwohl Arbeitslosigkeit existiert, wird der Wanderungseffekt auf die Löhne und die Beschäftigung korrekt internalisiert, weil die Regierung diese Größen mit Hilfe ihre verfügbaren Instrumente vollständig kontrollieren kann. Da eine Verzerrung der regionalen Umverteilungspolitik der direkteste Weg ist, den Erwartungsnutzen der Arbeiter zu beeinflussen und Wanderungsentscheidungen zu lenken, besitzen die Regionen keine Anreize, ihre Arbeitsmarktpolitik ebenfalls zu verzerren. Betreiben Regionen im dezentralen Gleichgewicht eine aktive Umverteilungspolitik, $\tau_i^L \neq 0$, so unterscheiden sich im allgemeinen auch die marginalen sozialen Nettobeiträge der Arbeiter. Da keine weiteren wanderungsinduzierten „Ballungsexternalitäten" existieren, repräsentiert der marginale *fiskalische* Nettobeitrag eines Arbeiters $-\frac{\tau_i^L}{N_i}$ zugleich seinen marginalen *sozialen* Nettobeitrag.[98] Bei unabgestimmtem Verhalten unterschiedlicher Regionen gibt es aber keinen Mechanismus, der $\frac{\tau_1^L}{N_1} = \frac{\tau_2^L}{N_2}$

[98]Formal läßt sich diese Behauptung nachweisen, indem man $(w_i t_i^w + \theta_i^n)$ im regionalen Budget (6.24) gemäß (6.20) durch $(e_i F_E^i - w_i)$ substituiert.

sicherstellen kann. Folglich ist das dezentrale Gleichgewicht durch eine ineffiziente interregionale Haushaltsallokation gekennzeichnet.

Ergebnis 7.1 *Bei Haushaltsmobilität betreiben Regionen im dezentralen Gleichgewicht eine beschränkt effiziente Arbeitsmarktpolitik. Sie verzerren aber ihre Umverteilungspolitik, wenn Anbieter anderer (immobiler) Faktoren an der Finanzierung arbeitsmarktpolitischer Maßnahmen beteiligt werden. In diesem Fall münden auch private Wanderungsentscheidungen mobiler Arbeiter in einer ineffizienten räumlichen Allokation.*

Kann koordiniertes Verhalten der Regionen die Qualität des dezentralen Gleichgewichts erhöhen? Welche Eigenschaften muß eine Koordinationsvereinbarung haben?

Koordination

Nehmen wir an, beide Regionen betreiben im dezentralen Gleichgewicht eine aktive Umverteilungspolitik zu Gunsten ihrer Arbeiter, $\tau_i^L > 0$. Ausgehend vom dezentralen Gleichgewicht ist dann ein Wohlfahrtsanstieg in der Föderation möglich. Einen Mechanismus, der dies gewährleisten kann, haben wir bereits kennengelernt – die zentralstaatliche Intervention. Eine weitere Alternative besteht in der freiwilligen Koordinierung dezentraler Entscheidungen (siehe z.B. Lejour, 1995; Wellisch, 1999). Diese setzt voraus, daß sich beide Regionen durch Koordination tatsächlich besserstellen, und daß sie sich *verbindlich* auf simultane Politikmaßnahmen einigen können.
Wir abstrahieren vom Glaubwürdigkeitsproblem dezentraler Koordinierungsmaßnahmen.[99] Beide Regionen seien identisch. Eine effiziente interregionale Haushaltsallokation wird also stets realisiert. Ein Vergleich von (7.24) mit (7.13) impliziert aber auch in einem symmetrischen dezentralen Gleichgewicht eine sozial zu moderate Umverteilungspolitik,

[99] Denkbar wäre hier, daß sich beide Regionen vertraglich zur simultanen Durchführung vereinbarter Maßnahmen verpflichten und eine einklagbare Vertragstrafe in hinreichender Höhe festschreiben.

$MRS_{\xi y} > (\frac{n^A}{\sigma^A} + \frac{n^B}{u_w})$, bzw. eine sozial zu geringe Steuerbelastung immobiler Grundbesitzer. Folglich kann eine gleichzeitige (und somit wanderungsneutrale) Erhöhung von τ^L die Wohlfahrt in beiden Regionen steigern.

Fraglich ist nun, wie die so vereinnahmten zusätzlichen Steuermittel zu verwenden sind. Da Regionen bei Ausschluß von Wanderungsreaktionen gemäß Ergebnis 6.2 ein vollständiges Instrumentarium besitzen, reicht es aus zu untersuchen, welche Anpassungen der realen Arbeitsmarktvariablen $\{\sigma^A, w, a\}$ im dezentralen Gleichgewicht erforderlich sind. Nach entsprechender Differentiation einer regionalen Wohlfahrtsfunktion $W(\xi, y)$, Verwendung der (beschränkten) Effizienzbedingungen für den Arbeitsmarkt (7.11) und (7.12) sowie Berücksichtigung von (7.24) mit (6.24) erhält man dann:

$$\frac{1}{W_y}\frac{dW}{d\sigma^A} = -\tau^L \frac{2apu_\sigma}{N\xi_N} > 0, \tag{7.25}$$

$$\frac{1}{W_y}\frac{dW}{dw} = -\tau^L \frac{2(1-ap)u_w}{N\xi_N} > 0, \tag{7.26}$$

$$\frac{1}{W_y}\frac{dW}{da} = \tau^L \frac{2(1-ap)p}{aN\xi_N} < 0, \tag{7.27}$$

für $\tau^L > 0$.

Wie sich zeigt, verwendet jede Region die koordinationsbedingten Zusatzeinnahmen, um ein höheres Sozialversicherungsniveau zu gewährleisten und den Faktor Arbeit steuerlich zu entlasten. Dies führt zu höheren Löhnen und zu einer geringeren Arbeitslosigkeit. Da sich im symmetrischen dezentralen Gleichgewicht ein aus gesellschaftlicher Sicht zu geringer Erwartungsnutzen der Arbeiter ergibt, ergreifen die Regionen alle Maßnahmen, die geeignet sind, diesen „Marktfehler“ zu beheben.

Damit können wir nun die folgende qualitative Aussage über das Ergebnis unkoordinierter Umverteilungs- und Arbeitsmarktpolitik treffen.

Ergebnis 7.2 *Im dezentralen Gleichgewicht zwischen identischen Regionen sind die Löhne und die Arbeitslosentransfers unter Wohlfahrtsaspekten zu gering und die Arbeitslosigkeit ist zu hoch, wenn mobile Arbeiter Nettoempfänger sind, d.h. wenn ihr erwarteter Steuerbeitrag negativ ist.*

In einer umgekehrten Situation mit immobilen Nettoempfängern und mobilen Nettogebern wechseln die Vorzeichen des voranstehenden Ergebnisses entsprechend. Im dezentralen Gleichgewicht herrschen dann ineffizient hohe Löhne und Transferzahlungen, und Regionen versuchen mobile Arbeiter durch eine ineffizient geringe Arbeitslosigkeit anzuziehen. Koordiniertes Verhalten verlangt in einem solchen Fall eine stärkere Belastung des Faktors Arbeit zur Finanzierung von Transferleistungen an die immobilen Armen.

7.2 Kapitalmobilität

Haushalte

Wir unterstellen nun vollkommene Immobilität von Arbeitern. Damit entfällt die freie Wohnortwahl, und das Entscheidungsproblem eines Beschäftigten reduziert sich auf die Festlegung seiner effektiven Arbeitsleistung. Neben dem immobilen Faktor Land befindet sich auch mobiles Kapital in der Hand immobiler Grundbesitzer. Grundbesitzer werden daher im weiteren als Kapitaleigner bezeichnet. Die Anzahl immobiler Kapitaleigentümer in einer Region normieren wir auf Eins.

Bezeichne K den exogenen Kapitalstock der Föderation, und sei K_i das in Region i investierte Realkapital, so muß gelten:

$$K = \sum_{i=1,2} K_i. \tag{7.28}$$

Von einer endogenen Erklärung der Konsum-/Sparentscheidung der Kapitaleigner wollen wir hier ebenso absehen wie von einer Kapitalverflechtung mit Gebietskörperschaften außerhalb der Föderation.

Produktion
Sei $F^i(L_i, K_i, E_i)$ die modifizierte Produktionsfunktion der Region i, die weiterhin durch lineare Homogenität und strikte Konkavität gekennzeichnet sein soll. Die Erreichbarkeitsbedingung für das private Gut in der Föderation lautet dann:

$$\sum_{i=1,2} F^i(L_i, K_i, E_i) = \sum_{i=1,2} (n_i^A \sigma_i^A + n_i^B w_i + y_i). \tag{7.29}$$

Beschränktes soziales Optimum

Problem des Zentralplaners
Die Restriktionen (6.2), (6.6) sowie (7.28) und (7.29) charakterisieren nun die Menge aller zulässigen Allokationen in der Föderation.
Der Zentralplaner maximiere weiterhin die ungewichtete Summe der Wohlfahrt in beiden Regionen. Damit lautet sein formales Kalkül:

$$\max_{\{\sigma_i^A, w_i, y_i, n_i^A, n_i^B, K_i\}} \sum_{i=1,2} W^i \left(u(w_i) + \frac{n_i^A}{N_i}(1 - e_i)^2,\ y_i \right), \tag{7.30}$$

unter den Nebenbedingungen (6.2) $[\phi_i]$, (7.28) $[\kappa]$ und (7.29) $[\lambda]$. Die Nebenbedingung (6.6) ist wiederum bereits in (7.30) enthalten.

Notwendige Bedingungen
Die notwendigen Bedingungen für ein Maximum der gesamtwirtschaftlichen Wohlfahrt bestehen aus den voranstehenden Restriktionen sowie aus den Marginalbedingungen (6.9) - (6.13) und

$$(K_i): \quad \lambda F_K^i - \kappa = 0, \tag{7.31}$$

$i = 1, 2$.

Beschränkt sozial optimale Allokation
Da alle Haushalte immobil sind und die effektiven Arbeitsentscheidungen der Beschäftigten nicht direkt von der Kapitalallokation abhängen, stimmen die notwendigen Bedingungen für die Variablen $\{\sigma_i^A, w_i, y_i, n_i^A, n_i^B\}$

mit den entsprechenden Marginalbedingungen bei Autarkie überein. Dementsprechend gelten auch hier (6.14) - (6.16) als Bedingungen für eine sozial optimale Umverteilungssituation und eine beschränkt effiziente Allokation auf dem Arbeitsmarkt.
Als Bedingung für eine effiziente interregionale Kapitalallokation erhalten wir nach Division von (7.31) durch λ, Auflösen nach $\frac{\kappa}{\lambda}$ und Gleichsetzen für beide Regionen:

$$F_K^1 = F_K^2. \qquad (7.32)$$

Kapital ist in der Föderation räumlich effizient verteilt, wenn seine Grenzproduktivität in beiden Regionen identisch ist. Diese Bedingung stellt ein gesamtwirtschaftliches Einkommensmaximum sicher.

Dezentrales Gleichgewicht

Wir vergleichen nun unkoordiniertes Verhalten im dezentralen Gleichgewicht mit dem beschränkten sozialen Allokationsoptimum, beschrieben durch (6.14) - (6.16) und (7.32). Wie sich zeigen wird, ist eine Dezentralisierung von Kompetenzen immer dann wohlfahrtsoptimal, wenn beide Regionen jeweils über ein vollständiges Politikinstrumentarium verfügen, und wenn sie zudem eine ausgeglichene Kapitalbilanz besitzen.[100] Sodann untersuchen wir, wie Regionen vom beschränkten sozialen Optimum abweichen, wenn sie ihre Arbeitsmarktpolitik (realistischerweise) mit ausschließlich verzerrenden Steuern finanzieren müssen.

Haushalte
Das Verhalten der Arbeiter wird weiterhin durch (6.6) beschrieben.
Kapitaleigentümer in beiden Regionen besitzen jeweils eine identische Kapitalausstattung in Höhe $k \equiv \frac{K}{2}$. Kapitalisten können frei wählen,

[100] Durch die (Symmetrie-)Annahme identischer Kapitalexporte und -importe wird die Ausnutzung von *Terms-of-Trade*-Effekten mittels strategischer Beeinflussung des Zinssatzes ausgeschlossen. Nur eine solche Vermeidung interregionaler Verteilungseffekte der Kapitalbesteuerung ermöglicht eine Konzentration auf die Arbeitsmarktwirkungen der Kapitalmobilität.

in welcher Region sie investieren wollen. Im Arbitragegleichgewicht bei vollkommener Kapitalmobilität muß daher in der Föderation ein einheitlicher Zinssatz r vorherrschen. Sei τ_i^L weiterhin die unverzerrende (Kopf-)Steuer, so lautet die Budgetrestriktion immobiler Kapitaleigner:

$$y_i = L_i \rho_i + rk - \tau_i^L. \tag{7.33}$$

Produktion

Unternehmen maximieren ihren Gewinn Π_i durch Wahl ihrer Landnachfrage L_i, ihrer Kapitalnachfrage K_i, ihrer Arbeitsnachfrage n_i^B und ihrer Löhne w_i. Sie passen sich dabei an den Kapitalmarktzins r an. Unternehmen werden zudem mit einer Quellensteuer auf Kapital θ_i^K sowie mit den Steuern auf den Faktor Arbeit $\{t_i^w, \theta_i^n\}$ belastet. Als Maximierungsproblem des Produktionssektors erhalten wir:

$$\max_{\{L_i, K_i, n_i^B, w_i\}} \Pi_i = F^i(L_i, K_i, e_i n_i^B) - L_i \rho_i - K_i(r + \theta_i^K) - n_i^B \left[(1 + t_i^w) w_i + \theta_i^n\right]. \tag{7.34}$$

Notwendige Bedingungen für ein Gewinnmaximum sind (6.19) für L_i, (6.20) für n_i^B, (6.21) für w_i sowie

$$F_K^i = r + \theta_i^K \tag{7.35}$$

für K_i. Unternehmen wählen ihre Kapitalnachfrage dergestalt, daß die Grenzproduktivität den Faktorkosten pro Einheit eingesetzten Kapitals entspricht.

In den Bedingungen für ein Arbeitsmarktgleichgewicht (6.22) und (6.23) ist nun der mobile Faktor K_i zusätzlich zu berücksichtigen.

Kapitalmarktreaktionen

Bei gewinnmaximaler Kapitalnachfrage der Produktionssektoren in beiden Regionen gemäß (7.35) muß im interregionalen Kapitalmarktgleichgewicht gelten:

$$F_K^1 - \theta_1^K = r = F_K^2 - \theta_2^K. \tag{7.36}$$

Ein einheitlicher Zinssatz impliziert identische *Nettorenditen* des eingesetzten Realkapitals. Eine effiziente interregionale Kapitalallokation verlangt hingegen identische *Bruttorenditen.* Beide Bedingungen sind also nur dann kompatibel, wenn Kapital in beiden Regionen (zufällig) gleich hoch besteuert wird. Bei Annahme identischer Regionen wird (7.32) stets sichergestellt.

Differentiation von (7.36) unter Beachtung von (7.28) ermöglicht nun die Berechnung der Reaktionen mobilen Kapitals auf marginale Veränderungen der eingesetzten Politikinstrumente. Dabei ist zu beachten, daß die Grenzproduktivität des Kapitals eine Funktion in Abhängigkeit der regionalen Faktorausstattungen ist, $F^i_K = F^i_K(L_i, K_i, E_i)$. Dieser „Übertragungskanal" bewirkt, daß auch regionale Arbeitsmarktinstrumente die Anlageentscheidungen der Kapitaleigner beeinflussen,

$$\frac{\partial K_i}{\partial \sigma_i^A} = -\frac{F^i_{KE}\left(n_i^B e^i_\sigma + n_i^B e^i_w \frac{\partial w_i}{\partial \sigma_i^A} + [e_i - (1-a_i)e^i_a]\frac{\partial n_i^B}{\partial \sigma_i^A}\right)}{\sum_{h=1,2} r^h_K}, \tag{7.37}$$

$$\frac{\partial K_i}{\partial *_i} = -\frac{F^i_{KE}\left(n_i^B e^i_w \frac{\partial w_i}{\partial *_i} + [e_i - (1-a_i)e^i_a]\frac{\partial n_i^B}{\partial *_i}\right)}{\sum_{h=1,2} r^h_K}, \tag{7.38}$$

$* \in \{t^w, \theta^n\}$ und

$$\frac{\partial K_i}{\partial \theta_i^K} = \left(\sum_{h=1,2} r^h_K\right)^{-1}, \tag{7.39}$$

mit

$$r^i_K \equiv F^i_{KK} + F^i_{KE}\left(n_i^B e^i_w \frac{\partial w_i}{\partial K_i} + \left[e_i - (1-a_i)e^i_a\right]\frac{\partial n_i^B}{\partial K_i}\right). \tag{7.40}$$

Hierbei gilt: $\frac{\partial n_i^B}{\partial K_i} = -g e_i F^i_{EK} e^i_{ww} > 0$ und $\frac{\partial w_i}{\partial K_i} = g \frac{e^i_a}{N_i} F^i_{EK} e^i_w > 0$, wenn wir eine komplementäre Beziehung zwischen Kapital und Arbeit unterstellen, $F^i_{KE} = F^i_{EK} > 0$.[101]

[101] Die Beschäftigungs- und Lohnreaktion erhält man mittels Differentiation des Arbeitsmarktgleichgewichts (6.22) und (6.23) nach K_i, entsprechendem Einfügen des Spaltenvektors $\{-e_i F^i_{EK}; 0\} dK_i$ auf der rechten Seite von (A.6.1) und anschließender Anwendung der Cramerschen Regel.

Gemäß (7.40) löst ein Kapitalzufluß gegenläufige Effekte auf die Grenzproduktivität des eingesetzten Kapitals aus. Einerseits senkt der zusätzliche Kapitaleinsatz die Grenzproduktivität des Kapitals. Andererseits wirkt sich der positive Effekt auf die Arbeitsnachfrage und die Löhne steigernd auf die effektive Gesamtbeschäftigung aus, so daß sich die Kapitalproduktivität erhöht. Um Stabilität zu gewährleisten, dominiere der direkte Einfluß den indirekten, $\frac{\partial K_i}{\partial \theta_i^K} < 0$.

Problem einer Regionalregierung – vollständiges Instrumentarium
Beide Regierungen besitzen nun ein weiteres Steuerinstrument, θ_i^K. Dies schlägt sich folgendermaßen in ihrem Budget nieder:

$$n_i^B(w_i t_i^W + \theta_i^n) + K_i \theta_i^K + \tau_i^L = n_i^A \sigma_i^A. \tag{7.41}$$

Einsetzen von (7.41) in (7.34), Elimination von τ_i^L mittels (7.33) und Beachtung von $\Pi_i = 0$ ermöglicht es, das Nettoeinkommen der Grundbesitzer in gewohnter Form darzustellen,

$$y_i = F^i(L_i, K_i, E_i) - n_i^B w_i - n_i^A \sigma_i^A - (K_i - k)r. \tag{7.42}$$

Hierbei stellt $K_i - k$ die Nettokapitalposition einer Region dar. Gilt z.B. $K_i > k$, so ist Region i Nettokapitalimporteur. Interregionale Zinsübertragungen schmälern dann das Einkommen einheimischer Kapitaleigner. Entsprechendes gilt für eine (netto-)kapitalexportierende Region.
Als Maximierungsproblem der Regierung erhalten wir nun:

$$\max_{\{\sigma_i^A, t_i^w, \theta_i^n, \theta_i^K\}} W^i\left(u(w_i) + \frac{n_i^A}{N_i}(1 - e_i)^2, \ y_i\right) \tag{7.43}$$

unter Beachtung der Kapitalmarktreaktionen (7.37) - (7.39), des regionalen Arbeitsmarktgleichgewichts (6.22) und (6.23), der Beschäftigungsreaktionen gemäß (6.5), der regionalen Budgetrestriktion (7.41) und der privaten Budgetrestriktion (7.42).

Politikregeln – vollständiges Instrumentarium

Nach Umformung der Bedingungen erster Ordnung für die Lösung von (7.43) erhält man als Politikregeln:[102]

$$(\sigma_i^A): \quad a_i p_i MRS^i_{\xi y} - F^i_E e^i_w \frac{n_i^B}{u^i_w} - \frac{n_i^A}{u^i_\sigma} = -e^i_w \frac{n_i^B}{u^i_w} F^i_{KE} \frac{y^i_K + MRS^i_{\xi y}\xi^i_K}{\sum_{h=1,2} r^h_K}, \tag{7.44}$$

$$(w_i): \quad (1 - a_i p_i) MRS^i_{\xi y} + (F^i_E e^i_w - 1)\frac{n_i^B}{u^i_w} = e^i_w \frac{n_i^B}{u^i_w} F^i_{KE} \frac{y^i_K + MRS^i_{\xi y}\xi^i_K}{\sum_{h=1,2} r^h_K}, \tag{7.45}$$

$$(n_i^B): \quad \frac{(1 - a_i p_i)p_i}{a_i N_i} MRS^i_{\xi y} + F^i_E[e_i - (1 - a_i)e^i_a] - w_i + \sigma_i^A =$$

$$= [e_i - (1 - a_i)e^i_a] F^i_{KE} \frac{y^i_K + MRS^i_{\xi y}\xi^i_K}{\sum_{h=1,2} r^h_K}, \tag{7.46}$$

$$(K_i): \quad y^i_K + MRS^i_{\xi y}\xi^i_K = 0, \tag{7.47}$$

mit

$$y^i_K \equiv \left(F^i_E[e_i - (1 - a_i)e^i_a] - w_i + \sigma_i^A\right)\frac{\partial n_i^B}{\partial K_i} + n_i^B(F^i_E e^i_w - 1)\frac{\partial w_i}{\partial K_i} + \theta_i^K - (K_i - k)\frac{\partial r}{\partial K_i}, \tag{7.48}$$

$$\xi^i_K \equiv (1 - a_i p_i)\left(u^i_w \frac{\partial w_i}{\partial K_i} + \frac{p_i}{a_i N_i}\frac{\partial n_i^B}{\partial K_i}\right). \tag{7.49}$$

Nach Einsetzen von (7.47) in (7.44) – (7.46) erhalten wir sofort die Marginalbedingungen (6.26) – (6.28). Regionen betreiben also im dezentralen Gleichgewicht eine beschränkt sozial optimale Arbeitsmarkt- und Umverteilungspolitik, wenn die Erhebung der Kapitalsteuer gemäß (7.47) erfolgt.

Zur Ermittlung der optimalen Kapitalsteuer verwenden wir (7.48) und (7.49) in (7.47) und berücksichtigen die simultane Erfüllung aller übrigen Optimalitätsregeln,

$$\theta_i^K = (K_i - k)\frac{\partial r}{\partial K_i}. \tag{7.50}$$

---

[102] Die nachfolgenden Bedingungen ergeben sich analog zur Vorgehensweise in Fußnote 97.

Hier zeigt sich die Bedeutung der Symmetrieannahme. Ausgehend von einem Gleichgewicht mit ausgeglichenen Kapitalbilanzen in beiden Regionen, $K_i = \frac{K}{2} \equiv k$, hat keine Regierung einen Anreiz, Kapital zu besteuern bzw. zu subventionieren, um mittelbar über den ausgelösten Zinseffekt eine Verbesserung der Einkommenssituation einheimischer Kapitaleigner herbeizuführen, $\theta_i^K = 0$. Damit erfüllt auch das Kapitalmarktgleichgewicht (7.36) die Effizienzbedingung (7.32).

Ergebnis 7.3 *Verfügen Regionen über ein vollständiges Arbeitsmarktinstrumentarium einschließlich einer unverzerrenden Steuer und sind die Kapitalbilanzen ausgeglichen, so verzichten sie auf die Erhebung einer verzerrenden Kapitalsteuer. Dezentrale Anlageentscheidungen münden in einer effizienten interregionalen Kapitalallokation.*

Wie (7.50) impliziert, erhalten wir unter der Annahme „kleiner" Regionen, die sich an einen gegebenen internationalen Kapitalmarktzins anpassen, $\frac{\partial r}{\partial K_i} = 0$, ein qualitativ identisches Ergebnis. In dieser Situation kann sogar auf die einschränkende Annahme ausgeglichener Kapitalbilanzen verzichtet werden, da keine strategischen Spielräume existieren.

Abwesenheit unverzerrender Steuern

Angenommen, die Regierungen müssen ihre Politik ausschließlich über verzerrende Steuern finanzieren, $\tau_i^L \equiv 0$.[103] Das Budgetdefizit, das sich bei optimaler Wahl der Arbeitsmarktinstrumente $\{\sigma_i^A, t_i^w, \theta_i\}$ ergeben mag, ist nun mit Hilfe der Faktorsteuer auf mobiles Kapital zu decken. Eine Erhebung von θ_i^K ist allerdings mit einer Zusatzlast verbunden. Infolge des Anstiegs der Faktorkosten reduzieren einheimische Unternehmen ihre Kapitalnachfrage, so daß für Kapitaleigner gemäß (7.39) eine

[103] Die praktisch weitgehende Bedeutungslosigkeit von Kopfsteuern und/oder unverzerrenden Landrentensteuern wird in der Literatur häufig mit Gerechtigkeitsüberlegungen erklärt (siehe z.B. Wellisch 1999; Wellisch und Hülshorst, 1999), die aufgrund unserer Annahme *identischer* Kapitaleigner im vorliegenden Modell allerdings keine Rolle spielen. Bei Landrentensteuern sind überdies hohe verwaltungstechnische Kosten zu beachten (vgl. Fußnote 65).

Anlage in der anderen Gebietskörperschaft attraktiver wird. Dies führt zu einer Erosion der regionalen Steuerbasis.
Anstelle von τ_i^L fungiere nun θ_i^K als Instrument zur Verwirklichung des regionalen Budgetausgleichs. Damit entfällt die Kapitalsteuer als Wahlvariable im Kalkül einer Regierung. Entsprechend entfällt (7.47) im regionalen Kalkül.
Die soziale Optimalität der interpersonellen Nutzenallokation gemäß (6.14) bleibt von der Einschränkung des Steuerinstrumentariums allerdings unberührt, wie einfaches Einsetzen von (7.44) in (7.45) sofort beweist:

$$MRS_{\xi y}^i = \frac{n_i^A}{u_\sigma^i} + \frac{n_i^B}{u_w^i}. \tag{7.51}$$

Stattdessen verzerrt Region i ihre Arbeitsmarktpolitik. Sei Δ_i^σ die Differenz zwischen der Grenzzahlungsbereitschaft und den Grenzkosten der Sozialversicherung in (6.15), und bezeichne Δ_i^n die Differenz zwischen dem marginalen Nettobeitrag eines Beschäftigten und eines Arbeitslosen in (6.16). Dann erhält man die folgenden Politikregeln:[104]

$$\frac{\Delta_i^\sigma}{F_{KE}^i n_i^B e_\sigma^i} = \frac{\theta_i^K}{F_{KK}^i + r_K^j}, \tag{7.52}$$

$$\frac{\Delta_i^n}{F_{KE}^i [e_i - (1-a_i) e_a^i]} = \frac{\theta_i^K}{F_{KK}^i + r_K^j}, \tag{7.53}$$

$i \neq j$.
Kapitalsteuerwettbewerb mündet in einer ineffizienten Arbeitsmarktpolitik dezentraler Entscheidungsträger. Allgemein gesprochen, streben Regionen einen Ausgleich der Verzerrungen relativ zum jeweiligen Effekt auf die Kapitalproduktivität zwischen all jenen Politikbereichen an, die einen direkten Einfluß auf die räumliche Allokation mobilen Kapitals haben. Gemäß (7.52) bestehen die relativen Grenzkosten erhöhter Arbeitslosentransfers in der negativen Auswirkung auf die effektive Gesamtbeschäftigung, welche die regionale Grenzproduktivität des Faktors

---

[104] Die Herleitung dieser Regeln wird im Anhang erklärt.

Kapital reduziert, $F^i_{KE} n^B_i e^i_\sigma < 0$. Dies veranlaßt Kapitaleigner zu einer Umschichtung ihres Vermögens. Pro Einheit der Steuerbasis wandern netto $-(F^i_{KK} + r^j_K)^{-1} > 0$ Einheiten mobilen Kapitals in die jeweils andere Region ab, und es kommt zu einer Reduktion des Kapitalsteueraufkommens. Um der Abwanderung der mobilen Steuerbasis entgegenzuwirken, senken die Regionen ihre Sozialversicherungsleistungen im dezentralen Gleichgewicht unter das beschränkt effiziente Niveau, $\Delta^\sigma_i > 0$.
Mit umgekehrtem Vorzeichen ist diese Argumentation auf die Beschäftigungspolitik (7.53) übertragbar. Unterstellen wir einen positiven Zusammenhang zwischen der Beschäftigtenanzahl und der effektiven Gesamtbeschäftigung, so fördert eine expansive Beschäftigungspolitik die Kapitalproduktivität, $F^i_{KE}[e_i - (1 - a_i)e^i_a] > 0$. In der Folge fließt mobiles Kapital in die Region, und die so ausgelöste Verbreiterung der Steuerbasis ruft einen positiven Aufkommenseffekt hervor. Daher streben die Regionen ein ineffizient hohes Beschäftigungsniveau an, $\Delta^n_i < 0$.
Auch eine ineffiziente interregionale Kapitalallokation kann allgemein nur zwischen identischen Regionen erreicht werden, denn die Annahme ausgeglichener Kapitalbilanzen (im dezentralen Gleichgewicht) ist weder notwendig noch hinreichend für identische Bruttorenditen in beiden Regionen, $F^1_K(L_1, k, E_1) \neq F^2_K(L_2, k, E_2)$.

Ergebnis 7.4 *Bei Kapitalmobilität betreiben Regionen im dezentralen Gleichgewicht eine sozial optimale Umverteilungspolitik. Sie realisieren aber ein ineffizient geringes Sozialversicherungsniveau und eine ineffizient hohe Beschäftigung, wenn mobile Faktoren wie Kapital zur Finanzierung arbeitsmarktpolitischer Maßnahmen herangezogen werden. Eine effiziente interregionale Kapitalallokation wird regelmäßig verfehlt.*

Die qualitativen Aussagen hängen selbstverständlich von der Annahme einer komplementären Beziehung zwischen immobiler Arbeit und mobilem Kapital ab. Für $F^i_{KE} < 0$ drehen sich die Vorzeichen von Δ^σ_i und Δ^n_i entsprechend um. Zudem wird vorausgesetzt, daß die Kapitalsteuer tatsächlich ein notwendiges Instrument zur Finanzierung der regionalen

Politik darstellt, $\theta_i^K > 0$. Wie wir wissen, tritt dieser Fall nur dann auf, wenn das Äquivalenzprinzip am Arbeitsmarkt verletzt wird, d.h. wenn die erwarteten Versicherungsleistungen an einen Arbeiter seine erwartete Nettosteuerbelastung übersteigen, $a_i\sigma_i^A > (1 - a_i)(w_i t_i^w + \theta_i^n)$. Wird hingegen zu Gunsten immobiler Kapitaleigner umverteilt, $\theta_i^K < 0$, so realisieren Regionen im dezentralen Gleichgewicht ineffizient hohe Arbeitslosentransfers und eine ineffizient hohe Arbeitslosigkeit. Sie senken somit die Grenzproduktivität des Kapitals und begünstigen dadurch eine abwanderungsbedingte Reduktion der Subventionslast.

Auch wenn wir von der Annahme symmetrischer Kapitalbilanzen absehen, ändern sich die in (7.52) und (7.53) beschriebenen Effekte. Ist Region i Kapitalexporteur, $K_i < k$, so ergibt sich für sie ein Zusatznutzen einer ineffizienten Arbeitsmarktpolitik: Ein Anstieg der Kapitalproduktivität treibt die Nettorendite des Kapitals nach oben und bewirkt eine Zinserhöhung, die in einer Ausweitung der Nettozinsforderungen einheimischer Kapitaleigner mündet. Aus Sicht einer kapitalimportierenden Region hingegen verringern sich entsprechend die Anreize, das soziale Sicherungsniveau zu senken und die Beschäftigung zu fördern, da diese Maßnahmen mit einem Anstieg ihres interregionalen Nettotransfers von Zinseinkommen einhergehen.

Ergebnis 7.3 ist ohne Einschränkungen auf eine Welt mit vielen „kleinen" Regionen, d.h. mit *vollkommenem Kapitalsteuerwettbewerb*, übertragbar.[105] Dies ermöglicht uns einen Vergleich mit Beiträgen zur dezentralen Finanzpolitik in einer zweitbesten Welt.[106] Eine Standard-

[105]Formal ist es hierzu lediglich erforderlich, r_K^j in (7.37) - (7.39) sowie in (7.52) und (7.53) zu eliminieren.

[106]Tatsächlich ist das durch (7.51) - (7.53) beschriebene Gleichgewicht als drittbeste Situation zu klassifizieren, da bereits die Referenzsituation ein lediglich „beschränktes" soziales Optimum darstellt. Wie Krelove (1992) zeigt, kann vollkommener interregionaler Wettbewerb bei Abwesenheit unverzerrender Steuern aber auch selbst dann in einer drittbesten Allokation münden, wenn ein vollständiges Instrumentarium eine *erstbeste* Allokation sicherstellt.

quelle hierzu ist die Arbeit von Zodrow und Mieszkowski (1986). Sie zeigen, daß der interregionale fiskalische Wettbewerb um mobiles Kapital eine Unterversorgung mit öffentlichen Gütern und (öffentlich bereitgestellten, privaten) Faktoren hervorruft. Während die Unterversorgung mit öffentlichen Gütern ausschließlich auf die Zusatzlast der verzerrenden Besteuerung zurückzuführen ist, basiert der Nachweis einer Unterversorgung mit öffentlichen Faktoren auf der Annahme, daß die steuerinduzierte Kapitalabwanderung den Produktivitätseffekt zusätzlicher Infrastrukturmaßnahmen überkompensiert.[107]
In einem allgemeineren Modellrahmen bestätigen jüngere Beiträge die Aussage einer Unterversorgung mit öffentlichen Faktoren. Hülshorst und Wellisch (1996) sowie Wellisch und Hülshorst (1999) untersuchen Zweitbest-Szenarien, in denen landrentenmaximierende (kleine) Regionen öffentliche Güter und Faktoren ausschließlich durch standortabhängige Steuern auf mobile Haushalte und Unternehmen finanzieren müssen. Dabei verzerren Regionen all jene Politikbereiche, die einen direkten Einfluß auf immobile Vermögenswerte besitzen. Diese Bedingung ist für öffentliche Faktoren, welche die Grenzproduktivität des Faktors Land erhöhen, erfüllt. Öffentliche Güter hingegen werden trotz Abwesenheit von *Lump-Sum*-Steuern gemäß der Samuelson-Regel bereitgestellt, weil sie die regionale Landrente nur mittelbar über die ausgelösten Wanderungseffekte beeinflussen.

Intuitiv korrespondiert die effektive Gesamtbeschäftigung des vorliegenden Modells mit den öffentlich bereitgestellten (privaten) Faktoren in den zitierten Arbeiten. Hier allerdings wirken der Aufkommenseffekt und der Produktivitätseffekt in dieselbe Richtung: Ausgehend von einer beschränkt effizienten Situation verringert eine Senkung der staatli-

[107] Sinn (1997a) sieht in dieser Annahme einen wesentlichen Mangel der Analyse von Zodrow und Mieszkowski, indem er feststellt, daß ein solch negativer Effekt gleichbedeutend ist mit einem zu hohen Kapitalsteuersatz und folglich mit einem zu hohen Infrastrukturniveau. „Unter der impliziten Annahme einer *Über*versorgung mit Infrastruktur leiten sie dann eine *Unter*versorgung ab.“

chen Versicherungsleistung die Steuerbelastung des mobilen Faktors Kapital *und* führt zu einem beschäftigungsinduzierten Anstieg der Kapitalproduktivität. Beide Effekte begünstigen ein ineffizient hohes Gesamtbeschäftigungsniveau. Analog zur Bereitstellung öffentlicher Güter, verzichten die Regionen aber auf eine zusätzliche Verzerrung ihrer Umverteilungspolitik, weil eine Veränderung der Nutzenallokation nur mittelbar über eine Anpassung ihrer bereits „optimal" verzerrten Arbeitsmarktpolitik möglich ist.

Koordination

Analog zu Unterabschnitt 7.1.3 untersuchen wir nun, wie identische Regionen durch koordiniertes Verhalten von einem ineffizienten dezentralen Gleichgewicht zu einer beschränkt sozial optimalen Allokation gelangen können.[108] Da eine sozial optimale Verteilungssituation vorliegt, kann eine simultane Anhebung der Kapitalsteuer ausschließlich effizienzbedingte Wohlfahrtsgewinne erbringen. Differenziert man $W(\xi, y)$ nach $\{\sigma^A, w, a\}$ und berücksichtigt (7.51) - (7.53), so folgt:

$$\frac{1}{W_y}\frac{dW}{d\sigma^A} = \theta^K \frac{F_{KE} n^B e_\sigma}{F_{KK} + r_K} > 0, \tag{7.54}$$

$$\frac{1}{W_y}\frac{dW}{dw} = \theta^K \frac{F_{KE} n^B e_w}{F_{KK} + r_K} < 0, \tag{7.55}$$

$$\frac{1}{W_y}\frac{dW}{da} = -\theta^K \frac{N F_{KE}[e - (1-a)e_a]}{2(F_{KK} + r_K)} > 0, \tag{7.56}$$

für $\theta^K > 0$.

Ausgehend vom unkoordinierten Gleichgewicht, ergreifen Regionen alle Maßnahmen, die geeignet sind, die ineffizient hohe effektive Gesamtbeschäftigung zu reduzieren. Gemäß Ergebnis 6.1 ist der Rückgang von

[108] Zur Internalisierung der positiven fiskalischen Externalitäten des Kapitalsteuerwettbewerbs durch eine geeignete zentralstaatliche Subventionierung vgl. Wildasin (1989) oder DePater und Myers (1994).

Löhnen und Beschäftigung durch eine verringerte Lohnsummensubventionierung zu realisieren. Gemeinsam mit den erhöhten Kapitalsteuereinnahmen, können diese zusätzlichen Finanzierungsmittel in die Arbeitslosenversicherung fließen und dort ein höheres Leistungsniveau ermöglichen.

Ergebnis 7.5 *Bei Kapitalsteuerwettbewerb zwischen identischen Regionen sind die Arbeitslosentransfers im dezentralen Gleichgewicht unter Wohlfahrtsaspekten zu gering, und das Beschäftigungsniveau und die Löhne sind zu hoch.*

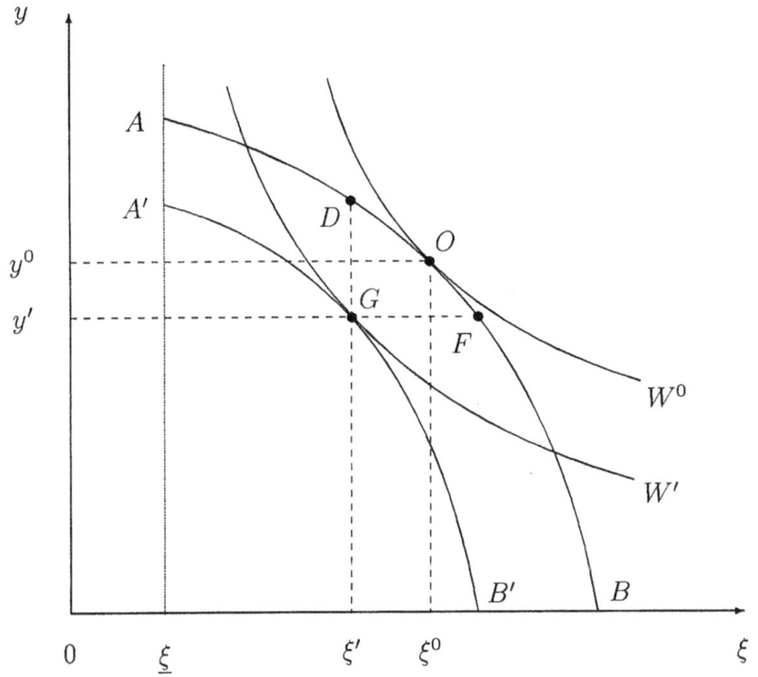

Abb. 7.1: Dezentrale Umverteilung bei Kapitalsteuerwettbewerb

Abbildung 7.1 zeigt, daß – im Gegensatz zu einer Welt mit mobilen Haushalten – keine allgemeine Aussage über Gewinner und Verlierer einer ko-

ordinierten Politik getroffen werden kann. Die ineffiziente Allokation auf dem Arbeitsmarkt verringert die regionalen Umverteilungsmöglichkeiten gegenüber der Autarkie. Damit verläuft die regionale Möglichkeitsgrenze im dezentralen Gleichgewicht $A'B'$ unterhalb der Möglichkeitsgrenze im beschränkten sozialen Optimum AB. Zwar wird in beiden Situationen die sozial optimale Umverteilungsregel (7.51) befolgt, die soziale Wohlfahrt W' im Punkt G ist aber geringer als W^0 im Punkt O. Ausgehend vom dezentralen Gleichgewicht G, bewirkt eine abgestimmte Anhebung der Kapitalsteuer eine Verschiebung der regionalen Möglichkeitsgrenze in Richtung AB.
Wir sehen, daß die Verteilung dieses Zugewinns auf die beiden Haushaltsgruppen wesentlich von der Gestalt der regionalen Wohlfahrtsfunktion abhängt. Sind ξ und y normale Güter in der Präferenzordnung W, so profitieren beide Haushaltsgruppen. Der Erwartungsnutzen der Arbeiter steigt dann z.B. von ξ' auf ξ^0, und Kapitalisten beziehen ein zusätzliches Einkommen in Höhe von $y^0 - y'$. In diesem Fall sichert Politikkoordination auch einen Pareto-effizienten *Übergang* vom dezentralen Gleichgewicht zum beschränkten Allokationsoptimum. Bei einem beschränkten sozialen Optimum außerhalb des Bereichs DF hingegen wird genau eine Haushaltsgruppe schlechtergestellt, und die durch (7.54) - (7.56) beschriebenen Maßnahmen sind nur auf der Grundlage einer Wohlfahrtsfunktion zu rechtfertigen.

Ergebnis 7.6 *Während Politikkoordination bei mobilen Haushalten immer eine Haushaltsgruppe schlechterstellt, kann abgestimmtes Verhalten bei Kapitalsteuerwettbewerb dem Pareto-Kriterium genügen, wenn der Nutzen jeder Haushaltsgruppe als normales Gut in die soziale Wohlfahrtsfunktion eingeht.*

Mit Hilfe der vorliegenden Modelle mag eine Koordination dezentraler Arbeitsmarktpolitik, wie in den Amsterdamer Verträgen vorgesehen, zumindest aus theoretischer Perspektive gerechtfertigt werden. Voraussetzung ist dabei allerdings, daß die Äquivalenz von (erwarteten) Steuer- bzw. Beitragslasten und (erwarteten) Unterstützungsleistungen bei der Arbeitsmarktpolitik verletzt wird.[109] Trifft dies zu, so werden die Wirkungen dezentraler Entscheidungen durch Wanderungs- und Kapitalmarktreaktionen auf andere Gebietskörperschaften übertragen. Die hiermit verbundenen fiskalischen Externalitäten münden in einer sozial suboptimalen Politik der einzelnen Regierungen.

Sicherlich ist eine direkte Übertragung der voranstehenden Ergebnisse auf reale Situationen nur eingeschränkt möglich. Insbesondere mag man die Annahme einer weitgehenden staatlichen Einflußnahme auf Einkommens- und Beschäftigungsniveaus beanstanden. In den meisten europäischen Ländern bilden sich Löhne schließlich dezentral durch Verhandlungen zwischen Gewerkschaften und Arbeitgeberverbänden. Da die so resultierenden Verzerrungen der (beschränkt) sozial optimalen Einkommensstruktur für die Regierungen unvermeidbar sind, besitzen diese wahrscheinlich noch weitergehende Anreize, ihre Beschäftigungspolitik zu verzerren. Je nach Stärke und Richtung dieser Effekte mag es dann zu qualitativ entgegengesetzten Aussagen kommen.[110] Das entscheidende Argument für die vorliegende Modellierung regionaler Arbeitsmarktpo-

---

[109]Ein Indiz hierfür mögen die steuerfinanzierten öffentlichen Zuweisungen in die staatlichen Sozialversicherungen sein, die mit durchschnittlich 41,2% in der EU (1995, ohne Griechenland) eine erhebliche Größenordnung besitzen. Dabei schwanken die jeweiligen Anteile zwischen knapp über 30% in Deutschland, Frankreich, Belgien, Italien sowie den Niederlanden und etwa 77% in Dänemark (Statistisches Bundesamt, 1998).

[110]Fuest und Huber (1998) z.B. zeigen, daß dezentrale Lohnverhandlungen bei Steuerwettbewerb im (Nash-)Gleichgewicht eine *Subventionierung* mobilen Kapitals begünstigen. Um den negativen Beschäftigungswirkungen sozial zu hoher Löhne entgegenzuwirken, fördern Regionen einen Anstieg der Arbeitsproduktivität, indem sie den Zufluß von Kapital fiskalisch unterstützen. Folglich hat eine koordinierte Erhöhung der Kapitalsteuer in dieser Situation eine wohlfahrtsverringernde Wirkung.

litik ist daher theoretischer Natur: Eine analytisch saubere Isolierung mobilitätsinduzierter Wohlfahrtseffekte erfordert, daß die Regionen in der Referenzsituation, d.h. in Autarkie, eine (beschränkt) sozial optimale Politik betreiben können. Diese Bedingung ist nur erfüllt, wenn sie über hinreichend umfangreiche arbeitsmarktpolitische Kompetenzen verfügen.

7.3 Anhang

Dieser Anhang dient der Herleitung der Politikregeln (7.52) und (7.53). Zunächst lösen wir hierzu (7.44) und (7.46) nach $\frac{y_K^i + MRS_{\xi y}^i \xi_K^i}{\sum_{h=1,2} r_K^h}$ auf, setzen beide Bedingungen gleich und verwenden (7.51),

$$\frac{\Delta_i^\sigma}{F_{KE}^i n_i^B e_\sigma^i} = \frac{\Delta_i^n}{F_{KE}^i [e_i - (1 - a_i) e_a^i]}, \tag{A.7.1}$$

mit

$$\Delta_i^n \equiv a_i p_i n_i^B \frac{u_\sigma^i}{u_w^i} - \left((1 - a_i p_i) n_i^A - n_i^B F_E^i e_\sigma^i\right), \tag{A.7.2}$$

$$\Delta_i^\sigma \equiv \left[e_i F_E^i - w_i + \frac{(1 - a_i p_i) p_i}{a_i N_i} \left(\frac{n_i^A}{u_\sigma^i} + \frac{n_i^B}{u_w^i}\right)\right] - \left[\frac{n_i^B}{N_i} F_E^i e_a^i - \sigma_i^A\right]. \tag{A.7.3}$$

Nun setzen wir (7.48) für y_K^i (mit $K_i = k$) und (7.49) für ξ_K^i in (7.46) ein, multiplizieren mit $\sum_{h=1,2} r_K^h$, beachten (7.40) und fassen geeignet zusammen,

$$\Delta_i^n \left(F_{KK}^i + F_{KE}^i n_i^B e_w^i \frac{\partial w_i}{\partial K_i} + r_K^j\right) =$$

$$= F_{KE}^i [e_i - (1 - a_i) e_a^i] \left(\left[(1 - a_i p_i) u_w^i MRS_{\xi y}^i + n_i^B (F_E^i e_w^i - 1)\right] \frac{\partial w_i}{\partial K_i} + \theta_i^K\right), \tag{A.7.4}$$

$i \neq j$.

Subtrahiert man $F_E^i[e_i - (1-a_i)e_a^i]F_{KE}^i n_i^B e_w^i \frac{\partial w_i}{\partial K_i}$ auf beiden Seiten von (A.7.4) und verwendet dabei (A.7.2), (A.7.3) sowie (7.51), so folgt:

$$\Delta_i^n\left(F_{KK}^i + r_K^j\right) - \theta_i^K F_{KE}^i[e_i - (1-a_i)e_a^i] =$$

$$= \frac{e_w^i}{e_\sigma^i}\left(\Delta_i^\sigma F_{KE}^i[e_i - (1-a_i)e_a^i] - \Delta_i^n F_{KE}^i n_i^B e_\sigma^i\right)\frac{\partial w_i}{\partial K_i}. \quad \text{(A.7.5)}$$

Nach Einsetzen von (A.7.1) verschwindet die rechte Seite von (A.7.5), und wir erhalten die Politikregel (7.53). Bedingung (7.52) ergibt sich dann unmittelbar aus (A.7.1).

8 Zusammenfassung

Wir beschäftigen uns nun noch einmal zusammenfassend mit den einleitenden Fragen dieser Arbeit.

Benötigt eine Föderation harmonisierte Sozialsysteme?

Gegenstand des Harmonisierungsproblems ist die Befürchtung, unterschiedliche Sozialleistungsniveaus verzerrten die Wanderungsentscheidungen mobiler Arbeitnehmer und verhinderten somit eine effiziente interregionale Haushaltsallokation. Zwei Aspekte spielen für die Beurteilung dieser Aussage eine besondere Rolle. Zum einen gilt es abzuschätzen, wie hoch Migrationsneigungen tatsächlich sind. Hier hat sich in der Vergangenheit z.B. bei der Wiedervereinigung Deutschlands gezeigt, daß große Unterschiede in den Lebensbedingungen – dazu zählen sicherlich auch Einkommenschancen – starke Wanderungswellen auslösen. Andererseits können wir auf Grundlage der empirischen Ergebnisse aus Kapitel 2 von erheblichen persönlichen Wanderungskosten ausgehen. Liegen Wanderungskosten vor, so stehen den positiven gesamtwirtschaftlichen Einkommenseffekten der Faktorwanderung Nutzeneinbußen der Migranten gegenüber. Je größer die persönlichen Wohnortbindungen sind, desto größer sind also auch die effizienzsichernden Divergenzen in den Sozialtransfers zwischen den Gebietskörperschaften. Abhängig von der Höhe der Wanderungskosten ist lediglich eine hinreichend starke Angleichung der Sozialsysteme gerechtfertigt.

Zum anderen sind staatliche Umverteilungs- und Versicherungsleistungen sauber voneinander zu trennen. Bei Umverteilungsleistungen rufen private Wanderungsentscheidungen regelmäßig fiskalische Externalitäten hervor, weil Migranten keine Anreize besitzen, ausgelöste Budgeteffekte zu berücksichtigen. Werden hingegen ausschließlich beitragsäquivalente Versicherungsleistungen gewährt, so ist die *erwartete* Budgetbelastung eines weiteren Immigranten gleich Null. Unabhängig davon, ob sich Beitragssätze und Arbeitslosentransfers interregional unterscheiden, kommt es stets zu einer korrekten Internalisierung durch die Wanderer. Das Harmonisierungsbedürfnis in der EU steht also in einem ursächlichen Zusammenhang zum Ausmaß der interpersonellen Umverteilung im Rahmen der staatlichen Sozialversicherungen.

Welche Kompetenzen benötigt eine Zentralregierung?

Die Aufgaben einer Zentralregierung sind vielfältig. Erstens muß sie für eine sozial optimale interpersonelle Einkommensverteilung sorgen, indem sie regionalspezifisch Steuern erhebt und Sozialtransfers gewährt. Dabei hat sie zweitens zur Gewährleistung interregionaler Effizienz darauf zu achten, daß Sozialleistungsunterschiede in einem angemessenen Verhältnis zur Stärke der Wohnortbindungen stehen. Drittens sind die politischen Präferenzen untergeordneter Regierungen – in Deutschland durch die Mehrheitsverhältnisse im Bundesrat erklärbar – mit zu berücksichtigen. Die Zentrale strebt daher im allgemeinen eine bestimmte interregionale Einkommensverteilung an. Diese zeichnet sich durch föderationsweit einheitliche soziale Grenzkosten der Besteuerung aus.

Identische soziale Grenzkosten der Besteuerung erfordern ein Transfersystem, mit dem die Zentrale Steuermittel zwischen den Regionen umverteilen kann. Ist ein solches Transfersystem nicht vorhanden oder sind besondere Finanzausgleichsregelungen institutionell verankert, so kann sie sich einem bestimmten interregionalen Verteilungsziel nur auf Umwegen nähern. Als Übertragungsmedium bieten sich dabei mobile Haushalte an. Unterstellen wir, Migranten seien Transferempfänger. Dann wird die Zentralregierung Sozialleistungen in reicheren Regionen verstärken und in ärmeren Regionen reduzieren, um letzteren eine abwanderungsbedingte Budgetentlastung zu bescheren. Diese „erkauft" sie gewissermaßen durch Hinnahme einer ineffizienten Asymmetrie der Sozialsysteme. Auch die interpersonelle Einkommensverteilung wird verzerrt. Die Richtung dieser Verzerrung ist aber nicht eindeutig. Tendenziell kommt es immer dann zu einer Reduktion der Umverteilungsmaßnahmen, wenn die soziale Wertschätzung hierfür in ärmeren Regionen gering ausgeprägt ist.

Für den europäischen Integrationsprozeß ergeben sich daraus wichtige Konsequenzen. Zwar mag mit einem (noch nachzuweisenden) Versagen autonomer Sozialsysteme die notwendige Bedingung für eine Anwendung der „Besser"-Klausel des Subsidiaritätsprinzips erfüllt sein. Damit diese auch hinreichend ist, müssen die Mitgliedsländer der EU-Zentrale aber umfangreiche Zugriffsmöglichkeiten auf ihre staatlichen Budgets gewähren. Ein solcher Verzicht auf die nationale Steuerhoheit erscheint allerdings kaum wahrscheinlich.

Wie kann eine sozial optimale Politik dezentralisiert werden?

Eine einseitige regionale Umverteilungsmaßnahme löst eine Reihe ökonomischer Effekte aus. Unmittelbar erlegt sie den Belasteten zusätzliche Steuern auf und gibt diese in Form von Sozialtransfers an die Begünstigten weiter. Mittelbar über die Bedeutung fiskalischer Größen für die Wohnortentscheidungen von Geber- oder Empfängerhaushalten werden aber auch private und staatliche Budgets berührt. Migration wirkt sich auf die Knappheit mobiler Faktoren wie Arbeit und immobiler Faktoren wie Land aus. In der Zuwanderungsregion sinken die Löhne, und die Landrenten steigen, während es sich in der Abwanderungsregion umgekehrt verhält. Existiert grenzüberschreitendes Eigentum an immobilen Vermögenswerten, so kommt es zu einer Passivierung des Leistungsbilanzsaldos in der Zuwanderungsregion und zu einer entsprechenden Aktivierung in der Abwanderungsregion.

Die migrationsinduzierten Einkommens- und Budgeteffekte mögen den regionalen Umverteilungszielen entgegenwirken. Unabhängig davon, ob Geber- oder Empfängerhaushalte wandern, müssen dezentrale Entscheidungsträger mit einer Verschlechterung des zahlenmäßigen Verhältnisses von Reichen zu Armen rechnen. Zudem verlangen gesunkene Markteinkommen der Transferempfänger eine steuerfinanzierte Kompensation. Beide Effekte aggregieren sich zu einer „Zusatzlast" regionaler Sozialleistungen, welche die Umverteilungsmöglichkeiten der dezentralen Ebene beschränkt. Übersteigt diese Zusatzlast die Grenzkosten der Unterstützung gebietsfremder, potentieller Migranten, so zahlt es sich für eine Region sogar aus, grenzüberschreitende Sozialtransfers zu leisten.

Weitere Verteilungswirkungen sind zu beachten, wenn dezentrale Regierungen einen Abfluß von Einkommen aus immobilen Vermögenswerten Gebietsfremder nicht unterbinden können. Dann bestehen zusätzliche Anreize, die Einkommensverteilung zu Lasten *Mobiler* zu verzerren. Diese Maßnahmen können die Verzerrung zu Lasten *Armer* reduzieren oder verstärken, je nachdem, ob Geber- oder Empfängerhaushalte wandern.

Ein zentralstaatliches Anreizsystem muß den Externalitäten auf der dezentralen Ebene Rechnung tragen. Bei Existenz eines vollständigen zentralen Transfersystems stellt der interregionale Verteilungskampf kein Problem dar. Die Einkommenspositionen der Regionen können beliebig korrigiert werden. Erforderlich ist demnach eine Internalisierung der externen Budgeteffekte durch Subventionierung regionaler Sozialleistungen. Dabei ist auch die Neigung der Regionen, freiwillige grenzüberschreitende Sozialtransfers zu leisten, entscheidend für die Höhe des optimalen marginalen Subventionssatzes.

Die Internalisierungsanreize ändern sich, wenn das zentrale Transfersystem unvollständig ist, so daß eine sozial optimale interregionale Verteilungssituation nicht erreicht werden kann. In diesem Fall wird reicheren Regionen ein höherer marginaler Subventionssatz zugeschrieben, und die marginale Subventionierung der Umverteilung in ärmeren Region ist geringer, damit eine wanderungsinduzierte Angleichung regionaler (Grenz-) Steuerlasten stattfinden kann.

Berührt Mobilität die Sozialversicherungen und die Beschäftigung?

Wenn Sinn (1997a) schreibt „The problem of systems competition is not the underprovision of public goods. The true problems arise from its distributional implications...“, dann zielt er mit dieser Aussage darauf ab, daß es weniger die allokativen Bereiche staatlichen Handelns sind, die eine Dezentralisierung in Frage stellen, sondern vielmehr die distributiven Aktivitäten. Beide Aufgabenfelder sind aber nur unter bestimmten

Bedingungen voneinander zu trennen. Besonders deutlich wird dies im Rahmen der staatlichen Arbeitsmarktpolitik. Bei Arbeitslosigkeit können eine (beschränkt) effiziente Sozialversicherungs- und Beschäftigungspolitik *und* eine sozial optimale Umverteilungspolitik nur dann simultan verwirklicht werden, wenn die Regierung alle Arbeitsmarktexternalitäten mittels geeigneter Steuern internalisieren kann und wenn sie zudem über ein unverzerrendes Transferinstrument verfügt.

In einer Welt mit mobilen Arbeitsanbietern werden diese Bedingungen regelmäßig verletzt. Die Durchbrechung der Finanzierungsäquivalenz ruft eine Zusatzlast der Umverteilung hervor. Ist der Erwartungswert des Steuerbeitrags eines Wanderers negativ, so kürzen dezentrale Regierungen ihren staatlichen Zuschuß zur Arbeitsmarktpolitik. Auch Arbeitslosentransfers sinken. Die steuerliche Belastung des Faktors Arbeit steigt. Dies mündet in geringeren Löhnen und einer höheren Arbeitslosigkeit. Arbeitsanbieter erzielen folglich einen sozial suboptimal geringen Erwartungsnutzen. Darüber hinaus bestehen aber keine Anreize, von einer effizienten Sozialversicherungs- und Beschäftigungspolitik abzuweichen. Intuitiv ist klar, daß sich Wanderer am Erwartungsnutzen orientieren. Eine optimale Verzerrung der Nutzenallokation bedarf daher keinen weiteren Verzerrungen auf dem Arbeitsmarkt.

Auch in einer Welt mit Kapitalsteuerwettbewerb bilden Verteilungsziele die treibende Kraft hinter verzerrten Politikanreizen. Denn bei vollständiger Finanzierung der Arbeitsmarktpolitik durch eine Besteuerung des Faktors Arbeit wäre die Erhebung einer verzerrenden Kapitalsteuer überflüssig. Um mobiles Kapital als Steuerbasis zu gewinnen bzw. seine Abwanderung zu vermeiden, streben dezentrale Regierungen eine höhere Nettorendite des Kapitals in ihrer Region an. Hierzu eignen sich sowohl eine Senkung des Kapitalsteuersatzes als auch eine Förderung der Kapitalproduktivität. Gehen wir von einem produktionstechnischen Zusammenhang zwischen der Kapitalproduktivität und der effektiven Gesamtbeschäftigung aus, so besitzen die Regierungen daher Anreize, ihre Sozialversicherungs- und Beschäftigungspolitik zu verzerren. Bei einer komplementären Beziehung zwischen Kapital und Arbeit ergibt sich eine ineffizient hohe Beschäftigtenzahl, und ineffizient geringe Arbeitslosentransfers sollen ein gesteigertes Arbeitsengagement der Beschäftigten sicherstellen. Obwohl die Erhebung der Kapitalsteuer interpersonellen Verteilungszielen dient, kommt es zu einer sozial optimalen Umverteilungspolitik, denn eine Veränderung des Erwartungsnutzens der Arbeiter wirkt sich nur mittelbar über die bereits „optimal" verzerrte Beschäftigung auf die Anlageentscheidungen der Kapitaleigner aus.

Ob sich eine abgestimmte Arbeitsmarktpolitik in einem gemeinsamen Markt tatsächlich als vorteilhaft erweisen kann, hängt also wesentlich davon ab, inwieweit staatliche Versicherungs- und Umverteilungsleistungen in der Praxis zu trennen sind. Hierzu scheint es in der EU unterschiedliche Voraussetzungen zu geben. Die in den skandinavischen Ländern zu beobachtende Finanzierung der Sozialpolitik aus dem allgemeinen Steueraufkommen mag als Indiz für eine größere Bedeutung der Verteilungskomponente anzusehen sein. Andererseits deuten die vornehmlich beitragsfinanzierten Sozialsysteme in Mitteleuropa und die dortigen Bemühungen, sogenannte „versicherungsfremde Leistungen" auszugliedern, auf einen erhöhten Stellenwert der Versicherungskomponente hin.

9 Literatur

Akerlof, G.A., 1982, Labor Contracts as Partial Gift Exchange, *Quarterly Journal of Economics 97*, 543-569.

Akerlof, G.A., und J.L. Yellen, 1990, The Fair Wage-Effort Hypothesis and Unemployment, *Quarterly Journal of Economics 105*, 255-284.

Alesina, A., und E. Spolaore, 1997, On the Number and Size of Nations, *Quarterly Journal of Economics 112*, 1027-1056.

Altonji, J., und D. Card, 1991, The Effects of Immigration on the Labor Market Outcomes of Natives, in: J.M. Abowd und R.B. Freeman (Hrsg.), *Immigration, Trade and the Labor Market*, Chicago: University of Chicago Press.

Andreoni, J., 1989, Giving with Impure Altruism: Applications to Charity and Ricardian Equivalence, *Journal of Political Economy 97*, 1447-1458.

Arrow, K.J., 1951, Social Choice and Individual Welfare, New York: Wiley.

Attanasio, O.P., und F. Padoa-Schioppa, 1991, Regional Inequalities, Migration and Mismatch in Italy 1960-1986, in: F. Padoa-Schioppa (Hrsg.), *Mismatch and Labor Mobility*, Cambridge MA: Cambridge University Press.

Barr, N., 1992, Economic Theory of the Welfare State: A Survey and Interpretation, *Journal of Economic Literature 30*, 741-803.

Becker, G.S., 1983, A Theory of Competition among Pressure Groups for Political Influence, *Quarterly Journal of Economics 98*, 371-400.

Bentolila, S., 1997, Sticky Labor in Spanish Regions, *European Economic Review 41*, 591-598.

Bergson, A., 1938, A Reformulation of Certain Aspects of Welfare Economics, *Quarterly Journal of Economics 52*, 314-344.

Berry, R., und R. Soligo, 1969, Some Welfare Aspects of International Migration, *Journal of Political Economy 77*, 778-794.

Bhagwati, J.N., und C. Rodriguez, 1975, Welfare-theoretical Analysis of the Brain Drain, *Journal of Development Economics 2*, 195-221.

Bjorvatin, K., 1998, Taxation and Migration in a Federal System, *International Tax and Public Finance 5*, 345-355.

Blanchard, O., und L.F. Katz, 1997, What We Know and Do not Know about the Natural Rate of Unemployment, *Journal of Economic Perspectives 11*, 51-72.

Blau, F.D., 1984, The Use of Transfer Payments by Immigrants, *Industrial and Labor Relations Review 37*, 222-239.

Boadway, R.W., und F. Flatters, 1982, Efficiency and Equalization Payments in a Federal System of Government: A Synthesis and Extension of Recent Results, *Canadian Journal of Economics 15*, 613-633.

Boadway, R.W., und D.E. Wildasin, 1984, Public Sector Economics, 2. Aufl., Boston: Little Brown.

Boadway, R.W., und M. Keen, 1994, Efficiency and the Fiscal Gap in Federal Systems, *Queen's University Discussion Paper 915*, Kingston: Queen's University.

Borchardt, K.D., 1997, Sozialrecht, in: M.A. Dauses (Hrsg.), *Handbuch des EU-Wirtschaftsrechts*, München: C.H. Beck.

Borjas, G.J., 1987, Self-Selection and the Earnings of Immigrants, *American Economic Review 77*, 531-553.

Borjas, G.J., 1989, Economic Theory and International Migration, *International Migration Review 23*, 457-485.

Borjas, G.J., 1990, Friends or Strangers: The Impact of Immigrants on the U.S. Economy, New-York: Basic Books.

Borjas, G.J., 1991, Immigration and Self-Selection, in: J.M. Abowd und R.B. Freeman (Hrsg.), *Immigration, Trade and the Labor Market*, Chicago: University of Chicago Press.

Borjas, G.J., 1994, The Economics of Immigration, *Journal of Economic Literature 32*, 1667-1717.

Borjas, G.J., und L. Hilton, 1996, Immigration and the Welfare State: Immigrant Participation in Means-Tested Entitlement Programs, *Quarterly Journal of Economics 111*, 575-604.

Borjas, G.J., R.B. Freeman und L. Katz, 1992, On the Market Effects of Immigration and Trade, in: G.J. Borjas und R.B. Freeman (Hrsg.), *Immigration and the Work Force*, Chicago: University of Chicago Press.

Borjas, G.J., R.B. Freeman und L. Katz, 1996, Searching for the Effect of Immigration on the Labor Market, *American Economic Review 86*, 246-251.

Brennan, G., und J.M. Buchanan, 1980, The Power to Tax: Analytical Foundations of a Fiscal Constitution, Cambridge MA: Cambridge University Press.

Briggs, V.M., 1975, Illegal Aliens: The Need for a More Restrictive Border Policy, *Social Science Quarterly 56*, 477-484.

Brown, C.C., und W.E. Oates, 1987, Assistance to the Poor in a Federal System, *Journal of Public Economics 32*, 307-330.

Buchanan, J.M., 1975, The Limits of Liberty, Chicago: University of Chicago Press.

Buchanan, J.M., und C.J. Goetz, 1972, Efficiency Limits of Fiscal Mobility: An Assessment of the Tiebout Model, *Journal of Public Economics 1*, 25-43.

Buchanan, J.M., und G. Tullock, 1962, The Calculus of Consent, Ann Arbor: University of Michigan Press.

Bucovetsky, S., und J.D. Wilson, 1991, Tax Competition with Two Tax Instruments, *Regional Science and Urban Economics 21*, 333-350.

Burbidge, J.B., und G.M. Myers, 1994a, Population Mobility and Capital Tax Competition, *Regional Science and Urban Economics*, 441-459.

Burbidge, J.B., und G.M. Myers, 1994b, Redistribution within and across the Regions of a Federation, *Canadian Journal of Economics 27*, 620-636.

Burbidge, J.B., J.A. DePater, G.M. Myers, und A. Sengupta, 1997, A Coalition-Formation Approach to Equilibrium Federations and Trading Blocs, *American Economic Review 87*, 940-956.

Burda, M.C., 1993, The Determinants of East-West German Migration, *European Economic Review 37*, 452-461.

Carmichael, L., 1985, Can Unemployment be Unvoluntary?: Comment, *American Economic Review 75*, 1213-1214.

Carrington, W.J., E. Detragiache und T. Vishwanath, 1996, Migration with Endogenous Moving Costs, *American Economic Review 86*, 909-930.

Chang, C.H., 1995, Optimum Taxation in an Efficiency Wage Model, *Southern Economic Journal 62*, 428-439.

Chiswick, B.R., 1978, The Effect of Americanization on the Earnings of Foreign-born Men, *Journal of Political Economy 86*, 897-921.

Clarke, H., 1997, International Migrations and the Pseudoconvergence of National Living Standards, *Economic Record 73*, 120-124.

Courchene, T.J., 1993, Reflections on Canadian Federalism: Are there Implications for the European Economic and Monetary Union? *European Economy – Reports and Studies 5*, 123-166.

Courchene, T.J., 1994, Social Canada in the Millenium: Reform Imperatives and Restructuring Principles, Toronto: Howe Institute.

Crane, R., 1992, Voluntary Income Redistribution with Migration, *Journal of Urban Economics 31*, 84-98.

Cremer, H., und P. Pestieau, 1996, Distributive Implications of European Integration, *European Economic Review 40*, 747-757.

DeNew, J.P., und K.F. Zimmermann, 1994, Native Wage Impacts of Foreign Labor: A Random Effects Panel Analysis, *Journal of Population Economics 7*, 177-192.

DePater, J.A., und G.M. Myers, 1994, Strategic Capital Tax Competition: A Pecuniary Externality and a Corrective Device, *Journal of Urban Economics 36*, 66-78.

Deutsche Bundesbank, 1996, Zum Lohnabstand gegenüber der Sozialhilfe, *Monatsbericht der Deutschen Bundesbank – Februar*, 63-66.

Diamond, P., 1982, Wage Determination and Efficiency in Search Equilibrium, *Review of Economic Studies 49*, 217-227.

Dixit, A.K., 1992, Investment and Hysteresis, *Journal of Economic Perspectives 6*, 107-132.

Dixit, A.K., und J. Londregan, 1998, Fiscal Federalism and Redistributive Politics, *Journal of Public Economics 68*, 153-180.

Downs, A., 1957, An Economic Theory of Democracy, New York: Harper & Row.

Drèze, J., 1993, Regions of Europe: A Feasible Status to be Discussed, *Economic Policy 17*, 206-307.

Edwards, J., und M. Keen, 1996, Tax Competition and Leviathan, *European Economic Review 40*, 113-134.

Ekberg, J., 1983, Inkomseffekter av Invandring (Income Effects of Immigration), Växjö: Högskolan i Växjö, cit. Gustafsson (1990).

Engerman, S.L., und R.W. Jones, 1997, International Labor Flows and National Wages, *American Economic Review 87*, 200-204.

Epple, D., und A. Zelenitz, 1981, The Implications of Competition among Jurisdictions: Does Tiebout Need Politics? *Journal of Political Economy 89*, 1197-1217.

Epple, D., und T. Romer, 1991, Mobility and Redistribution, *Journal of Political Economy 99*, 828-858.

Ethier, W., 1985, International Trade and Labor Migration, *American Economic Review 75*, 691-707.

EU-Kommission, 1996, Haushaltsvademekum 1996, Luxemburg: Amt für amtliche Veröffentlichungen der Europäischen Gemeinschaften.

EU-Kommission, 1997, Beschäftigung in Europa 1997, Luxemburg: Amt für amtliche Veröffentlichungen der Europäischen Gemeinschaften.

EU-Kommission, 1998a, Haushaltsvademekum 1998, Luxemburg: Amt für amtliche Veröffentlichungen der Europäischen Gemeinschaften.

EU-Kommission, 1998b, Jahreswirtschaftsbericht 1997, Luxemburg: Amt für amtliche Veröffentlichungen der Europäischen Gemeinschaften.

Eurostat, 1996, Regionen 1995, Luxemburg: Amt für amtliche Veröffentlichungen der Europäischen Gemeinschaften.

Eurostat, 1997a, Bevölkerungsstatistik 1997, Luxemburg: Amt für amtliche Veröffentlichungen der Europäischen Gemeinschaften.

Eurostat, 1997b, Wanderungsstatistik 1996, Luxemburg: Amt für amtliche Veröffentlichungen der Europäischen Gemeinschaften.

Eurostat, 1998, Statistisches Jahrbuch 1997, Luxemburg: Amt für amtliche Veröffentlichungen der Europäischen Gemeinschaften.

Faini, R., G. Galli, P. Gennari und F. Rossi, 1997, An Empirical Puzzle: Falling Migration and Growing Unemployment Differentials among Italian Regions, *European Economic Review 41*, 571-579.

Flatters, F., V. Henderson und P. Mieszkowski, 1974, Public Goods, Efficiency, and Regional Fiscal Equalization, *Journal of Public Economics 3*, 99-112.

Franco, D., und T. Munzi, 1997, Ageing and Fiscal Policies in the European Union, *European Economy 4*, 239-388.

Frey, W., 1995, Immigration and Internal Migration Flight from U.S. Metropolitan Areas: Toward a New Demographic Balkanisation, *Urban Studies 32*, 733-757.

Friedman, M., 1968, The Role of Monetary Policy, *American Economic Review 58*, 1-21.

Fuest, C., und B. Huber, 1997, Tax Coordination and Unemployment, *EPRU Working Paper 97/26*, Kopenhagen: Copenhagen Business School.

Gabszewicz, J., und T. van Ypersele, 1996, Social Protection and Political Competition, *Journal of Public Economics 61*, 193-208.

Gang, I.N., und F.L. Rivera-Batiz, 1994a, Unemployment and Attitudes towards Foreigners in Germany, in: G. Steinmann und R.E. Ulrich (Hrsg.), *The Economic Consequences of Immigration to Germany*, Heidelberg: Physica.

Gang, I.N., und F.L. Rivera-Batiz, 1994b, Labor Market Effects of Immigration in the United States and Europe: Substitution vs. Complementarity, *Journal of Population Economics 7*, 157-175.

Gilbert, G., und P. Picard, 1996, Incentives and Optimal Size of Local Jurisdictions, *European Economic Review 40*, 19-41.

Goodhart, C.A., und S. Smith, 1993, Stabilization, *European Economy – Reports and Studies 5*, 417-455.

Gordon, R.H., 1983, An Optimal Taxation Approach to Fiscal Federalism, *Quarterly Journal of Economics 98*, 567-586.

Greenwood, M.J., 1969, An Analysis of the Determinants of Geographic Labor Mobility in the United States, *Review of Economics and Statistics 51*, 189-194.

Greenwood, M.J., 1997, Internal Migration in Developed Countries, in: M.R. Rosenzweig und O. Stark (Hrsg.), *Handbook of Population and Family Economics*, Volume 1B, Amsterdam/New York: Elsevier.

Gustafsson, B., 1986, International Migration and Falling into the Income Safety Net: Social Assistance among Foreign Citizens in Sweden, *International Migration 24*, 461-483.

Gustafsson, B., 1990, Public Sector Transfers and Income Taxes among Immigrants and Natives in Sweden, *International Migration 28*, 181-199.

Hailbronner, K., 1997, Freizügigkeit, in: M.A. Dauses (Hrsg.), *Handbuch des EU-Wirtschaftsrechts*, München: C.H. Beck.

Harris, J., und M. Todaro, 1970, Migration, Unemployment, and Development: A Two-Sector Analysis, *American Economic Review 60*, 126-142.

Harsanyi, J.C., 1953, Cardinal Utility in Welfare Economics and the Theory of Risk Taking, *Journal of Political Economy 61*, 434-435.

Harsanyi, J.C., 1975, Can the Maximin Principle Serve as Basis for Morality? A Critique of John Rawls's Theory, *American Political Science Review 69*, 594-606.

Heilemann, U., und H.D. Loeffelholz, 1998, Ökonomische und fiskalische Implikationen der Zuwanderung nach Deutschland, *RWI-Papiere 52*, Essen: Rheinisch-Westfälisches Institut für Wirtschaftsforschung.

Hicks, J.R., 1932, The Theory of Wages, London: Macmillan.

Hicks, J.R., 1939, Foundations of Welfare Economics, *Economic Journal 49*, 696-712.

Hochman, H.L., und J.D. Rodgers, 1969, Pareto Optimal Redistribution, *American Economic Review 59*, 542-557.

Homburg, S., 1997, Ursachen und Wirkungen des Finanzausgleichs, in: A. Oberhauser (Hrsg.), *Fiskalföderalismus in Europa*, Berlin: Duncker & Humblot.

Hülshorst, J., und D. Wellisch, 1996, Optimal Local Environmental and Fiscal Policy in Second-Best Situations, *Finanzarchiv N.F. 53*, 387-410.

Johnson, H.G., 1969, Some Economic Aspects of Brain Drain, *Pakistan Development Review 7*, 379-411.

Kaldor, N., 1939, Welfare Propositions of Economics and Interpersonal Comparisons of Utility, *Economic Journal 49*, 549-552.

Knappe, E., 1997, Arbeitsmarktordnung und Arbeitsmarktpolitik, *Jahrbücher für Nationalökonomie und Statistik 216*, 498-523.

Krelove, R., 1992, Do Local Governments Use their Tax Bases Efficiently? *Journal of Urban Economics 31*, 285-300.

Krelove, R., 1993, Efficient Tax Exporting, *Canadian Journal of Economics 25*, 145-155.

Krumm, R., 1983, Regional Labor Markets and the Household Migration Decision, *Journal of Regional Science 23*, 361-376.

LaLonde, R.J., und R.H. Topel, 1991, Labor Market Adjustments to Increased Immigration, in: J.M. Abowd und R.B. Freeman (Hrsg.), *Immigration, Trade and the Labor Market*, Chicago: University of Chicago Press.

LaLonde, R.J., und R.H. Topel, 1997, Economic Impact of International Migration and the Economic Performance of Migrants, in: M.R. Rosenzweig und O. Stark (Hrsg.), *Handbook of Population and Family Economics*, Volume 1B, Amsterdam/New York: Elsevier.

Leach, J., 1996, Training, Migration, and Regional Income Disparities, *Journal of Public Economics 61*, 429-443.

Lee, K., 1998, Uncertain Income and Redistribution in a Federal System, *Journal of Public Economics 69*, 413-433.

Leite-Monteiro, M., 1997, Redistributive Policy with Labor Mobility across Countries, *Journal of Public Economics 65*, 229-244.

Lejour, A.M., 1995, Integrating or Desintegrating Welfare States? A Qualitative Study to the Consequences of Economic Integration on Social Insurance, Tilburg: Center for Economic Research.

Lejour, A.M., und H.A. Verbon, 1994, Labor Mobility and Decision Making on Social Insurance in an Integrated Market, *Public Choice 79*, 161-185.

Lejour, A., und H.A. Verbon, 1996, Capital Mobility, Wage Bargaining, and Social Insurance Policies in an Economic Union, *International Tax and Public Finance 3*, 495-513.

Lindbeck, A., 1996, The West European Employment Problem, *Weltwirtschaftliches Archiv 132*, 609-637.

Machin, S., und A. Manning, 1997, Minimum Wages and Economic Outcomes in Europe, *European Economic Review 41*, 733-742.

Mansoorian, A., und G.M. Myers, 1993, Attachment to Home and Efficient Purchases of Population in a Fiscal Externality Economy, *Journal of Public Economics 52*, 117-132.

Mansoorian, A., und G.M. Myers, 1997, On the Consequences of Government Objectives for Economies with Mobile Populations, *Journal of Public Economics 63*, 265-281.

McCormick, B., 1997, Regional Unemployment and Labor Mobility in the UK, *European Economic Review 41*, 581-589.

Molho, I., 1986, Theories of Migration: A Review, *Scottish Journal of Political Economy 33*, 396-419.

Musgrave, R.A., 1971, Economics of Fiscal Federalism, *Nebraska Journal of Economics and Business 10*, 3-13.

Myers, G.M., 1990, Optimality, Free Mobility, and the Regional Authority in a Federation, *Journal of Public Economics 43*, 107-121.

Myers, G.M., und Y.Y. Papageorgiou, 1997, Efficient Nash Equilibria in a Federal Economy with Migration Costs, *Regional Science and Urban Economics 27*, 345-371.

Nash, J., 1950, The Bargaining Problem, *Econometrica 18*, 155-162.

Nerlove, M., 1987, Household and Economy Welfare Economics of Fertility, New York: Academic Press.

Nickell, S., 1997, Unemployment and Labor Market Rigidities: Europe versus North America, *Journal of Economic Perspectives 11*, 55-74.

Nickell, S., 1998, Unemployment: Questions and Some Answers, *The Economic Journal 108*, 802-816.

Niskanen, W.A., 1971, Bureaucracy and Representative Government, Chicago: Aldine Atherton.

Nowotny, E., 1997, Zur regionalen Dimension der Finanzverfassung der EU – gegenwärtiger Stand und Perspektiven, in: A. Oberhauser (Hrsg.), *Fiskalföderalismus in Europa*, Berlin: Duncker & Humblot.

Oates, W.E., 1972, Fiscal Federalism, New York: Harcourt.

Obstfeld, M., und G. Peri, 1998, Regional Nonadjustment and Fiscal Policy, *Economic Policy 26*, 207-247.

OECD, 1988, Ageing Populations, Paris: OECD.

OECD, 1994, The OECD Jobs Study: Evidence and Explanations, Paris: OECD.

OECD, 1996a, Ageing in OECD Countries: A Critical Policy Challenge, Paris: OECD.

OECD, 1996b, Economic Outlook, Paris: OECD.

OECD, 1996c, Employment Outlook, Paris: OECD.

Pauly, M.V., 1973, Income Redistribution as a Local Public Good, *Journal of Public Economics 2*, 35-58.

Pauly, M.V., 1974, Overinsurance and Public Provision of Insurance: The Roles of Moral Hazard and Adverse Selection, *Quarterly Journal of Economics 88*, 44-62.

Phelps, E.S., 1968, Money-Wage Dynamics and Labor-Market Equilibrium, *Journal of Political Economy 76*, 678-711.

Phelps, E.S., 1994, Structural Slumps: The Modern Equilibrium Theory of Unemployment, Interest, and Assets, Cambridge MA: Harvard University Press.

Pigou, A.C., 1920, The Economics of Welfare, London: Macmillan.

Piore, M.J., 1979, Birds of Passage: Migrant Labor and Industrial Societies, Cambridge MA: Cambridge University Press.

Pisauro, G., 1991, The Effects of Taxes on Labor in Efficiency Wage Models, *Journal of Public Economics 46*, 329-345.

Pischke, J.S., und J. Velling, 1997, Employment Effects of Immigration to Germany: An Analysis Based on Local Labor Markets, *Review of Economics and Statistics 79*, 594-604.

Pissarides, C., 1990, Equilibrium Unemployment Theory, Oxford: Basil Blackwell.

Plane, D.A, 1993, Demographic Influences on Migration, *Regional Studies 27*, 375-383.

Raff, H., und J.D. Wilson, 1997, Income Redistribution with Well Informed Local Governments, *International Tax and Public Finance 4*, 407-427.

Rauscher, M., 1998, Leviathan and Competition among Jurisdictions: The Case of Benefit Taxation, *Journal of Urban Economics 44*, 59-67.

Rawls, J., 1971, A Theory of Justice, Cambridge MA: Harvard University Press.

Razin, A., und E. Sadka, 1995a, Resisting Migration: Wage Rigidity and Income Redistribution, *American Economic Review 85*, 312-316.

Razin, A., und E. Sadka, 1995b, Population Economics, Cambridge MA: MIT Press.

Razin, A., und E. Sadka, 1997, Tax Burden and Migration: A Political Economy Perspective, *IMF Working Paper 97/78*, Washington DC: International Monetary Fund.

Reformkommission Soziale Marktwirtschaft, 1998, Reform der Finanzverfassung.

Richter, W.F., und D. Wellisch, 1993, Allokative Theorie eines interregionalen Finanzausgleichs bei unvollständiger Landrentenabsorption, *Finanzarchiv N.F. 50*, 433-457.

Richter, W.F., und D. Wellisch, 1996, The Provision of Local Public Goods and Factors in the Presence of Firm and Household Mobility, *Journal of Public Economics 60*, 73-93.

Saint-Paul, G., 1996, Are the Unemployed Unemployable, *European Economic Review 40*, 1501-1519.

Samuelson, P.A., 1947, Foundations of Economic Analysis, Cambridge MA: Harvard University Press.

Samuelson, P.A., 1948, International Trade and the Equalization of Factor Prizes, *Economic Journal 58*, 163-184.

Samuelson, P.A., 1949, International Factor Price Equalization Once Again, *Economic Journal 59*, 181-197.

Samuelson, P.A., 1954, Pure Theory of Public Expenditures, *Review of Economics and Statistics 36*, 387-389.

Samuelson, P.A., 1955, Diagrammatic Exposition of a Theory of Public Expenditures, *Review of Economics and Statistics 37*, 350-356.

Schmidt, C.M., 1994, Immigration Countries and Migration Research: The Case of Germany, in: G. Steinmann und R.E. Ulrich (Hrsg.), *The Economic Consequences of Immigration to Germany*, Heidelberg: Physica.

Schwager, R., 1996, Matching Grants for Welfare Expenditures with a Decentralized Administration, Finanzarchiv N.F. 53, 434-460.

Schwager, R., 1997, Redistribution and Administrative Federalism, *Canadian Journal of Economics 30*, 1161-1183.

Schwarze, J., und G. Wagner, 1992, Abwanderung von Arbeitskräften und Einkommenspolitik in Ostdeutschland, *DIW Wochenbericht 59*, 58-61.

Sen, A.K., 1970, Collective Choice and Social Welfare, San Francisco: Holden-Day.

Shapiro, C., und Stiglitz, J.E., 1984, Equilibrium Unemployment as a Worker Discipline Device, *American Economic Review 74*, 433-444.

Simon, J.L., 1984, Immigrants, Taxes, and Welfare in the United States, *Population and Development 10*, 55-69.

Siebert, H., 1997, Labor Market Rigidities: At the Root of Unemployment in Europe, *Journal of Economic Perspectives 11*, 37-54.

Sinn, H.W., 1990, Tax Harmonization and Tax Competition in Europe, *European Economic Review 34*, 489-504.

Sinn, H.W., 1994, Schlingerkurs – Lohnpolitik und Investitionsförderung in den neuen Bundesländern, *CES Working Paper 67*, München: Center for Economic Studies.

Sinn, H.W., 1997a, The Selection Principle and Market Failure in Systems Competition, *Journal of Public Economics 66*, 247-274.

Sinn, H.W., 1997b, Kapitalbeteiligung und Lohndifferenzierung: Ein Vorschlag zur Lösung der Beschäftigungskrise, *Mitteilungen aus der Arbeitsmarkt- und Berufsforschung 30*, 822-826.

Sjaastad, L., 1962, The Costs and Returns of Human Migration, *Journal of Political Economy 70*, 80-93.

Skinner, J., 1991, If Agricultural Land Taxation Is So Efficient, Why Is It So Rarely Used? *World Bank Economic Review 5*, 113-133.

Solow, R., 1979, Another Possible Source of Wage Stickiness, *Journal of Macroeconomics 1*, 79-82.

Statistisches Bundesamt, 1995, Statistisches Jahrbuch 1995 für das Ausland, Stuttgart: Metzler-Poeschel.

Statistisches Bundesamt, 1998, Statistisches Jahrbuch 1998 für das Ausland, Stuttgart: Metzler-Poeschel.

Stigler, G.J., 1957, The Tenable Range of Functions of Local Government, in: Joint Economic Committee, *Federal Expenditure Policy for Economic Growth and Stability*, nachgedruckt in: E.S. Phelps (Hrsg.), 1965, *Private Wants and Public Needs*, New York: Norton.

Stiglitz, J.E., 1977, The Theory of Local Public Goods, in: M. Feldstein und R.P. Inman (Hrsg.), *The Economics of Public Services*, New York: Macmillan.

Stiglitz, J.E., 1985, Can Unemployment be Unvoluntary?: Reply, *American Economic Review 75*, 1215-1217.

Stiglitz, J.E., 1986, Theories of Wage Rigidity, in: J. Butkiewicz, K. Koford und J. Miller (Hrsg.), *Keynes' Economic Legacy: Contemporary Economic Theories*, New York: Praeger.

Stiglitz, J.E., 1988, The Economics of the Public Sector, 2. Aufl., London: Norton.

Strassl, W., 1988, Externe Effekte auf Versicherungsmärkten: Eine allokationstheoretische Begründung staatlicher Regulierung, Tübingen: Mohr.

Straubhaar, T., 1988, On the Economics of International Labor Migration, Bern/Stuttgart: Haupt.

Thurow, L.C., 1971, The Income Distribution as a Pure Public Good, *Quarterly Journal of Economics 85*, 327-336.

Tiebout, C.M., 1956, A Pure Theory of Local Expenditures, *Journal of Political Economy 64*, 416-424.

Ulrich, R.E., 1994, Foreigners and the Social Insurance System in Germany, in: G. Steinmann und R.E. Ulrich (Hrsg.), *The Economic Consequences of Immigration to Germany*, Heidelberg: Physica.

Usher, D., 1995, The Uneasy Case for Equalization Payments, Vancouver: Fraser Institute.

Varian, H.R., 1980, Redistributive Taxation as Social Insurance, *Journal of Public Economics 14*, 49-68.

Varian, H.R., 1992, Microeconomic Analysis, 3. Aufl., New York: Norton.

von Hagen, J., 1993, Monetary Union and Fiscal Union: A Perspective from Fiscal Federalism, in: P.R. Masson und M.P. Taylor (Hrsg.), *Policy Issues in the Operation of Currency Unions*, Cambridge MA: Cambridge University Press.

von Hagen, J., und B. Eichengreen, 1996, Federalism, Fiscal Constraints, and European Monetary Union, *American Economic Review 86*, 134-138.

Walz, U., und D. Wellisch, 1998, Why Do Rich Countries Prefer Free Trade over Free Migration? - The Role of the Modern Welfare State, *European Economic Review 42*, 1595-1612.

Weber, R., 1993, Einwanderung und staatliche Umverteilung: Eine ökonomische Wirkungsanalyse für die Schweiz, Chur/Zürich: Rüegger.

Wehrmann, M., 1989, Auswirkungen der Ausländerbeschäftigung auf die Volkswirtschaft der Bundesrepublik Deutschland in Vergangenheit und Zukunft, Baden-Baden: Nomos.

Wellisch, D., 1995, Dezentrale Finanzpolitik bei Mobilität, Tübingen: Mohr.

Wellisch, D., 1996, Decentralized Fiscal Policy with High Mobility Reconsidered: Reasons for Inefficiency and an Optimal Intervention Scheme, *European Journal of Political Economy 12*, 91-111.

Wellisch, D., 1999, Theory of Public Finance in a Federal State, Cambridge MA: Cambridge University Press.

Wellisch, D., und D.E. Wildasin, 1996, Decentralized Income Redistribution and Immigration, *European Economic Review 40*, 187-217.

Wellisch, D., und J. Hülshorst, 1999, A Second-Best Theory of Local Government Policy, *International Tax and Public Finance*, erscheint demnächst.

Wildasin, D.E., 1980, Locational Efficiency in a Federal System, *Regional Science and Urban Economics 10*, 453-471.

Wildasin, D.E., 1986, Urban Public Finance, Chur: Harwood Academic Publishers.

Wildasin, D.E., 1987, Theoretical Analysis of Local Public Economics, in: E.S. Mills (Hrsg.), *Handbook of Regional and Urban Economics*, Vol. II, Amsterdam: Elsevier.

Wildasin, D.E., 1989, Interjurisdictional Capital Mobility: Fiscal Externality and a Corrective Subsidy, *Journal of Urban Economics 25*, 193-212.

Wildasin, D.E., 1990, Budgetary Pressures in the EEC: A Fiscal Federalism Perspective, *American Economic Review 80*, 69-74.

Wildasin, D.E., 1991, Income Redistribution in a Common Labor Market, *American Economic Review 81*, 757-774.

Wildasin, D.E., 1994, Income Redistribution and Migration, *Canadian Journal of Economics 27*, 637-656.

Wildasin, D.E., 1998, Factor Mobility and Redistributive Policy: Local and International Perspectives, in: P.B. Sørensen (Hrsg.), *Public Finance in a Changing World*, London: Macmillan.

Wildasin, D. E., 1999, Public Pensions in the EU: Migration Incentives and Impacts, in: A. Panagariya, R.R. Portney und R.M. Schwab (Hrsg.), *Environmental Economics and Public Policy: Essays in Honor of Wallace E. Oates*, Cheltenham: Edward Elgar, erscheint demnächst.

Wilson, J.D., 1990, The Optimal Taxation of Internationally Mobile Capital in an Efficiency Wage Model, in: A. Razin und J. Slemrod (Hrsg.), *Taxation in the Global Economy*, Chicago: University of Chicago Press.

Winkelmann, R., und K.F. Zimmermann, 1993, Ageing, Migration and Labor Mobility, in: P. Johnson und K.F. Zimmermann (Hrsg.), *Labor Market Implications of European Ageing*, Cambridge MA: Cambridge University Press.

Wissenschaftlicher Beirat zum Bundesministerium für Wirtschaft, 1994, Ordnungspolitische Orientierung für die Europäische Union.

Wissenschaftlicher Beirat zum Bundesministerium für Wirtschaft, 1998, Neuordnung des Finanzierungssystems der Europäischen Gemeinschaft.

Yellen, J.L., 1984, Efficiency Wage Models of Unemployment, *American Economic Review 74*, 200-205.

Zodrow, G.R., und P. Mieszkowski, 1986, Pigou, Tiebout, Property Taxation, and the Underprovision of Local Public Goods, *Journal of Urban Economics 19*, 356-370.

FSC
www.fsc.org
MIX
Papier | Fördert gute Waldnutzung
FSC® C083411

Kolibri 360 GmbH
Ferdinand-Jühlke-Straße 7
99095 Erfurt, Deutschland
produktsicherheit@kolibri360.de

Druck:
CPI Druckdienstleistungen GmbH
im Auftrag der
Kolibri 360 GmbH
Ferdinand-Jühlke-Str. 7
99095 Erfurt